职业教育·铁道运输类专业教材
中国大学MOOC平台课程配套教材

Dianli Jiche Zhidong Xitong
电力机车制动系统

李 丹 主 编
黄剑锋 副主编
周方圆 主 审

人民交通出版社股份有限公司
北 京

内 容 提 要

本教材为职业教育铁道运输类专业教材、中国大学MOOC平台课程配套教材。全书共分为2个模块(包括6个项目30个任务),每个模块包括不同的学习任务,主要讲述韶山型电力机车所使用的DK-1型电空制动机与和谐型电力机车所使用的CCBⅡ型电空制动机,按照制动机的风源系统、结构组成、工作原理及综合作用循序渐进地进行内容编排,具有连贯性、系统性,其主要内容包括:模块一 DK-1型电空制动机的基础知识及操作,主要介绍DK-1型电空制动机的风源系统的结构及功能,DK-1型电空制动机组成部件的拆装方法及工作原理,操作DK-1型电空制动机的综合作用;模块二 CCBⅡ型电空制动机的基础知识及操作,主要介绍CCBⅡ型电空制动机风源系统的结构及功能,CCBⅡ型电空制动机电空控制单元EPCU模块的结构组成及工作原理,操作CCBⅡ型电空制动机的综合作用[包括均衡风缸控制模块(ERCP)和制动缸控制模块(BCCP)的故障情况)]。

本教材重点知识配有微课视频、动画、图片等丰富的数字化资源,视频类资源可登录中国大学MOOC平台搜索课程"电力机车制动机的操作与维护"进行在线学习。

本教材作为电力机车运用与检修(中职)、铁道机车运用与维护(高职专科)、铁道机车智能运用技术(高职本科)专业核心教材,可用作司乘人员和维修人员岗前培训教材。

为方便教学,本教材配套教学课件,教师可加入QQ群(教师专用QQ群号:211163250)免费获取。

图书在版编目(CIP)数据

电力机车制动系统/李丹主编. —北京:人民交通出版社股份有限公司,2022.12

ISBN 978-7-114-18210-5

Ⅰ.①电⋯ Ⅱ.①李⋯ Ⅲ.①电力机车—车辆制动—制动装置—高等职业教育—教材 Ⅳ.①U264.2

中国版本图书馆CIP数据核字(2022)第251567号

职业教育·铁道运输类专业教材
中国大学MOOC平台课程配套教材

书　　名:	电力机车制动系统
著 作 者:	李　丹
责任编辑:	袁　方
责任校对:	赵媛媛　魏佳宁
责任印制:	张　凯
出版发行:	人民交通出版社股份有限公司
地　　址:	(100011)北京市朝阳区安定门外外馆斜街3号
网　　址:	http://www.ccpcl.com.cn
销售电话:	(010)59757973
总 经 销:	人民交通出版社股份有限公司发行部
经　　销:	各地新华书店
印　　刷:	北京市密东印刷有限公司
开　　本:	880×1230　1/16
印　　张:	18.25
插　　页:	1
字　　数:	537千
版　　次:	2022年12月　第1版
印　　次:	2023年5月　第2次印刷
书　　号:	ISBN 978-7-114-18210-5
定　　价:	55.00元

(有印刷、装订质量问题的图书,由本公司负责调换)

前言

本教材贯彻《国家职业教育改革实施方案》(以下简称"职教二十条")中的职教精神,依据教育部最近颁布的《高等职业学校铁道机车专业教学标准》和全国铁道职业教育教学指导委员会最新制定的《高等职业学校铁道机车专业建设指导标准》进行编写。教材内容对接国家铁路机务部门的实际应用,参考铁路特有工种(电力机车司机、电力机车钳工、机车检查保养员)技能培训规范,符合铁道机车运用、检修岗位人才培养的需求。

本教材具有以下特点:

(1)内容先进。本教材选取两个型号的制动机,分别为韶山型电力机车上主要使用的 DK-1 型电空制动机与和谐型电力机车上主要使用的 CCB Ⅱ 型电空制动机,其中 CCB Ⅱ 型电空制动机来源于德国克诺尔公司,本教材用更直观、形象的结构形式展现其工作原理。

(2)充分融入课程思政。遵循技术技能人才成长规律,知识传授与技术技能培养并重,强化学生职业素养养成和专业技术积累,将专业精神、职业精神和工匠精神融入教材内容。本教材强调,机车驾驶和检修人员应树立正确的人生观、价值观、职业观,培养学生安全意识、责任意识、团队合作意识,贯彻安全优质、兴路强国的新时期铁路精神,养成爱岗敬业、刻苦钻研、勇于创新的工作态度。

(3)突出"学"与"练"的结合。本教材采用"模块—项目—任务"的架构来编写,将实操任务转化为学习型任务,并将相关的操作理论作为相关知识贯穿于各模块的学习任务之中。每个模块都安排有实操任务,通过实际操作来培养学生职业素养和提高学生职业能力。

(4)数字化资源建设。与教材完全匹配的"电力机车制动机的操作与维护"在线开放课程已在中国大学 MOOC 平台运行,在线课程含电子课件、微课视频、动画等整体信息化教学资源,学习者可扫描右侧二维码。本教材以二维码的形式嵌入相关知识链接、视频和动画,实现教材的立体化。丰富的教学资源,成熟的在线课程,方便教师开展"线上+线下"的混合式教学,有助于自主学习。

本教材由湖南铁道职业技术学院李丹担任主编,黄剑锋担任副主编,湖南铁道职业技术学院周方圆担任主审。具体编写分工如下:模块1的项目1、模块2的项目1由湖南铁道职业技术学院周博编写,模块1的项目2的任务1至任务5由湖南铁道职业技术学院黄剑锋编写,模块1的项目2的任务6至任务9由湖南铁道职业技术学院梁坤编写,模块1的项目3由湖南铁道职业技术学院谢菲编写,模块2的项目2由湖南铁道职业技术学院李丹编写,模块2的项目3由中国铁路广州局原株洲机务段首席技师邓毅编写。在此特别感谢湖南铁道职业技术彭涛在教材编写过程中给予的帮助与指导。全书由湖南铁道职业技术学院李丹统稿。

课程二维码

全书 CCB Ⅱ 型电空制动机的相关内容及展现形式,为团队成员原创,严禁盗版。由于编者水平有限,书中难免存有疏漏,敬请读者批评指正,不甚感谢!

编 者
2021 年 10 月

目录

本教材配套资源列表	I
课程导学	III

模块1　DK-1型电空制动机的基础知识及操作 … 1

项目1　DK-1型电空制动机认知 … 3
　　任务1　DK-1型电空制动机风源系统认知 … 3
　　任务2　DK-1型电空制动机主要部件认知 … 10
　　任务3　DK-1型电空制动机控制关系认知 … 17

项目2　DK-1型电空制动机组成部件拆装 … 19
　　任务1　电空制动控制器拆装 … 19
　　任务2　空气制动阀拆装 … 25
　　任务3　电空阀拆装 … 34
　　任务4　中继阀拆装 … 39
　　任务5　分配阀拆装 … 50
　　任务6　电动放风阀拆装 … 62
　　任务7　紧急阀拆装 … 65
　　任务8　重联阀拆装 … 70
　　任务9　辅助部件拆装 … 77

项目3　DK-1型电空制动机的操作 … 84
　　任务1　电空位电空制动控制器的操作 … 84
　　任务2　电空位空气制动阀的操作 … 98
　　任务3　空气位空气制动阀的操作 … 104

模块2　CCBⅡ型电空制动机的基础知识及操作 … 113

项目1　CCBⅡ型电空制动机总体认知 … 115
　　任务1　CCBⅡ型电空制动机风源系统认知 … 115
　　任务2　CCBⅡ型电空制动机主要部件认知 … 122
　　任务3　CCBⅡ型电空制动机逻辑控制关系认知 … 128

项目2　CCBⅡ型电空制动机电空控制单元认知 … 132
　　任务1　均衡风缸控制模块认知 … 132
　　任务2　列车管控制模块认知 … 145
　　任务3　制动缸控制模块认知 … 160

任务4　16CP 控制模块认知 ··· 179
　　　任务5　20CP 控制模块认知 ··· 194
　　　任务6　13CP 控制模块认知 ··· 206
　　　任务7　DBTV 控制模块认知 ·· 216
项目3　CCB Ⅱ型电空制动机的操作 ··· 226
　　　任务1　自动制动阀的操作 ··· 226
　　　任务2　单独制动阀的操作 ··· 236
　　　任务3　均衡风缸控制模块(ERCP)电源故障的操作 ······················· 248
　　　任务4　制动缸控制模块故障的操作 ··· 258
　　　任务5　无动力回送的操作 ··· 268

附录1 "电力机车制动系统"课程教学参考标准 ································ 276

附录2 本教材专业术语中英文对照表 ·· 280

附图1 DK-1 型电空制动机综合作用原理结构图

附图2 自动制动阀(大闸)运转位,单独制动阀(小闸)置于运转位
　　　　工作原理结构图

参考文献

本教材配套资源列表

课程二维码	中国大学 MOOC 平台二维码
[QR码]	[QR码]
微信扫描二维码,注册中国大学 MOOC 平台账号可加入课程学习。	中国大学 MOOC 平台二维码(可扫码下载 APP),搜索课程《电力机车制动机的操作与维护》,可加入学习。

二维码编号	资源名称	书中位置
二维码1	DK-1 型制动机风源系统认知	模块1 项目1 任务1
二维码2	空气压缩机和干燥器认知	模块1 项目1 任务1
二维码3	风源系统其他辅助部件认知	模块1 项目1 任务1
二维码4	DK-1 型制动机主要组成部件认知	模块1 项目1 任务2
二维码5	电空制动控制器	模块1 项目2 任务1
二维码6	空气制动阀	模块1 项目2 任务2
二维码7	电空阀	模块1 项目2 任务3
二维码8	中继阀	模块1 项目2 任务4
二维码9	分配阀	模块1 项目2 任务5
二维码10	电动放风阀	模块1 项目2 任务6
二维码11	紧急阀	模块1 项目2 任务7
二维码12	重联阀	模块1 项目2 任务8
二维码13	其他辅助部件	模块1 项目2 任务9
二维码14	电空位电空制动控制器(大闸)综合作用	模块1 项目3 任务1
二维码15	电空位空气制动阀(小闸)综合作用	模块1 项目3 任务2
二维码16	空气位综合作用	模块1 项目3 任务3
二维码17	DK-1 型制动机五步闸试验	模块1 项目3 任务3
二维码18	列车制动软管破损更换	模块1 项目3 任务3
二维码19	CCB Ⅱ型制动机风源系统认知	模块2 项目1 任务1
二维码20	CCB Ⅱ型制动机主要部件认知	模块2 项目1 任务2
二维码21	CCB Ⅱ型制动机控制逻辑关系认知	模块2 项目1 任务3

续上表

二维码编号	资源名称	书中位置
二维码 22	ERCP 均衡风缸控制模块认知	模块 2　项目 2　任务 1
二维码 23	BPCP 列车管控制模块认知	模块 2　项目 2　任务 2
二维码 24	BCCP 制动缸控制模块认知	模块 2　项目 2　任务 3
二维码 25	16CP 控制模块认知	模块 2　项目 2　任务 4
二维码 26	20CP 控制模块认知	模块 2　项目 2　任务 5
二维码 27	13CP 模块认知	模块 2　项目 2　任务 6
二维码 28	DBTV 控制模块认知	模块 2　项目 2　任务 7
二维码 29	自动制动阀操作工作原理	模块 2　项目 3　任务 1
二维码 30	单独制动阀操作工作原理	模块 2　项目 3　任务 2
二维码 31	ERCP 模块电源故障操作工作原理	模块 2　项目 3　任务 3
二维码 32	BCCP 模块电源故障操作工作原理	模块 2　项目 3　任务 4
二维码 33	无动力回送操作工作原理	模块 2　项目 3　任务 5

课程导学

铁路是国民经济的大动脉,对国家经济发展和人民生活水平提高起着至关重要的作用。合格的电力机车司机是保障铁路高效、安全运输的"排头兵",也是铁道机车运用与维护专业人才培养主要面向工作岗位之一。

1. 课程性质

《电力机车制动系统》是铁道机车运用与维护专业的核心专业针对铁路机务部门从业人员所从事的驾驶、检修、调试等关键岗位,经过对企业岗位典型工作任务的调研和分析后,归纳总结出来的为适应铁道机车检修、运用、调试司乘驾驶等能力而设置的一门核心专业课程。

2. 课程任务

《电力机车制动系统》课程通过与电力机车制动机相关的实际项目学习,让他们熟练掌握直流电力机车 DK-1 型制动机和交流电力机车 CCB Ⅱ 型制动机的结构组成及工作原理,熟悉电力机车制动机的操作与检查、维护等内容,从而满足企业对相应岗位的职业能力需求。

3. 课程特色

(1)线上线下混合模式

本教材适用于线上线下混合教学模式,结合在线开放课程、模拟操纵台和制动屏柜等资源,全面提高了教师的信息化素养,拓展了学生的学习资源。利用线上资源帮助学生课前的自主学习,提前了解知识内容,为课上教学做好充足的准备,同时利于学生课后的知识回顾与复习,甚至可延续至学生毕业仍可继续学习使用。

通过线上线下混合模式,可以实时监控学生学习效果,及时发现问题,针对学生薄弱环节进行针对处理,从而可以有效实现教学、评价、反馈、改进的闭环模式。

(2)课程思政-铁路精神贯穿始终

在整个教学实施过程中,每个教学任务下的在线开放课程中都配备了优秀铁路人的优秀事迹的视频,"安全优质,兴路强国"的新时期铁路精神贯穿了教学始终。

(3)理实一体做中教

本教材采用了理实一体教学模式让学生切实体会工作环境和工作过程,在完成工作任务的过程中学习了相关理论和技能,强化了动手操作能力,锻炼了合作、沟通能力和责任心。

4. 学习建议

使用本教材学习时,可通过项目中任务目标了解每个学习任务的学习重点;并可通过在线开放课程中的课程思政相关视频强化铁路人的职业素养。学习过程中,应尽可能多使用教材中以二维码形式展示的视频、动画等电子资源,以及教材配套的微课视频,以增强学习内容的直观性和趣味性,加深对所学知识的理解。每个项目的学习完成后,通过在线开放课程的项目测试题可进一步检查学生对所学知识掌握情况。

在教学实施过程中可采用班组角色扮演制度,通过班组角色扮演中操作员、安全员、记录员等岗位的划分,学生在完成工作任务的过程中学习了相关理论和技能,明确岗位职责与分工,利于学生对于班组制度管理的适应,提升学生职业能力与素养,让学生提前从校园走向工作岗位。班组角色扮演制度,可以显著提高让学生职业能力与素养,而且能实现校园和企业、专业和岗位工作的无缝对接。

模块1　DK-1型电空制动机的基础知识及操作

概况：×年×月×日××机班，操纵SS8型电力机车，牵引9031次旅客列车，编组18辆车，司机在库内整备作业检查时，未发现异常，整备作业完毕后，按正点出库，到某始发站×道挂好车，站内客列检人员接列车管，觉得列车管连接困难，请机班学习司机(副司机)帮忙，俩人配合接好列车管，列车管连接状态接近直线。司机进行机车与车辆连挂状态检查，也未发现列车管连接异常，进行制动机试验，列车管排风时间仅有7s左右，运转车长也确认最后一辆车制动表减压量和车辆制动状态，通知司机缓解，司机也未确认充风时间，再次制动保压，等待发车。待列车具备发车条件后，司机缓解按规定开车，运行途中，司机进行"贯通"试验，发现列车不起制动作用，用无线调度通信设备呼叫运转车长，使用车长紧急制动阀将列车停在区间，司机报告前方站9031次旅客列车制动机失效，停车后司机也未检查，与运转车长联系，以低速将列车牵引前方进站，用小闸将列车停在站内。

事故原因：

(1)机务检修人将牵引端列车管(外径36mm)与供风软管(外径22.7mm)互换安装位置，接班司机整备作业检查未发现。

(2)列检人员连接列车管不需要帮忙，而学习司机(副司机)在帮忙后，两列车管连接后成接近直线形状。正常应成抛物相线状态，机班俩人都未发现列车管连接异常现象。

(3)司机进行制动机性能试验检查时，未认真确认列车管充、排风时间，与运转车长制动试验配合时敷衍了事。

(4)由于机车列车管错误接入总风联管上，该总风供风管压力设置为600kPa，列检人员根据车辆列车管外径与机车软管外径相同连接一起。列车管充入600kPa，而机车总风联管压力不受机车制动机控制，司机施行制动时车辆列车压力管不发生变化。所以，列车失去制动作用。

(5)司机在运行途中发现制动作用失效，并与运转车长联系采取应急制动停车处理，未对列车制动失效原因进行检查，盲目地将列车低速运行前方站，用单阀制动停在站内。

责任：机务部门。

教训：

(1)司机对列车管与供风管大小外径用意不明确，所以两个软管组装位置不熟悉，缺乏技能专业知识。

(2)机班两人对列车管连接后的正常形状没有正确认知，错过消除安全隐患的最佳时机。

(3)司机对制动机性能试验目的不明确，敷衍了事，基本没有安全责任感。

(4)司机在运行途中发现制动机作用不良，与运转车长联系采取了紧急停车处理，没有查找原因并把握好区间停车时机，严重违反操作规定；在列车无制动功能情况下，盲目地牵引列车进入前方站，用单独制动阀使列车停车。

处理：机班调离乘务员队伍，并按规定考核。

措施：

(1)加强机车乘务员机车结构知识培训，重点对牵引旅客列车机车各软管连接及组装结构、作用要熟记，防止同类故障发生。

(2) 强调司机进行制动性能试验时,必须确认列车管排风时间,并核对与实际辆数相符,并将中继阀列车管排风口排风时间记录在司机手账。

(3) 严格执行操规规定,挂车后,机车保持制动,司机认真检查机车与第一位车辆的车钩、软管连结和折角塞门状态,必须符合技术状态。

(4) 凡遇列车发生异常时,停车后必须查找原因,未查出原因不得动车,待原因消除后,方可按规定开车,杜绝不计后果蛮干意识,确保行车安全。

根据以上案例,我们了解到机车在复杂的线路环境中运行,制动机是保证行车安全的首要条件,那么制动机是怎样控制机车和车辆制动的呢？它由哪些部件组成？它的工作原理是怎样？带着这些问题我们接下来进行 DK-1 型制动机的学习之旅吧。

知识导图

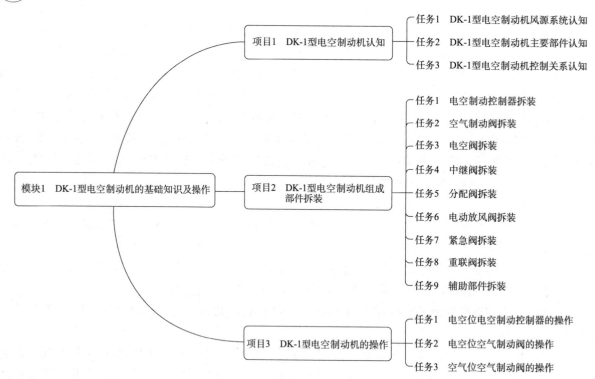

项目1　DK-1型电空制动机认知

📖 项目描述

DK-1型电空制动机被广泛应用于我国韶山(SS)系列电力机车上,它以电信号为控制指令、以压力空气为动力源,具有性能稳定、工作可靠的特点。DK-1型电空制动机主要由风源系统、主控系统、基础制动装置三部分组成。本项目的主要任务是学习DK-1型电空制动机的风源系统、主要组成部件和控制关系,为后续学习DK-1型电空制动机的拆装和操作打下基础。

任务1　DK-1型电空制动机风源系统认知

📖 任务导入

列车的管路系统主要由风源系统、控制系统、辅助系统和制动机系统四大部分组成。其中,风源系统的作用是生产、储存和调节压力空气,并为全列车气路提供清洁、高质、稳定和可靠的压力空气。

思考:风源系统主要结构和组成部件是什么?它是怎样生产、储存和调节压力空气的呢?

带着这些疑问,我们开始任务1的学习。学习前请扫描二维码1~3预习。

📖 任务目标

1. 掌握风源系统的结构和主要组成部件。
2. 掌握空气压缩机的结构和工作原理。
3. 掌握干燥器的结构和工作原理。
4. 掌握高压安全阀的结构和工作原理。
5. 掌握无负载电空阀的结构和工作原理。
6. 掌握逆流止回阀的结构和工作原理。
7. 掌握压力开关的结构和工作原理。

二维码1
DK-1型制动机风源系统认知

二维码2
空气压缩机和干燥器认知

二维码3
风源系统其他辅助部件认知

📖 任务实施

一、风源系统结构

请在图1-1-1中空白框内填写风源系统主要部件的名称。

二、风源系统主要部件及工作原理

(一) NPT5型空气压缩机的结构及工作原理

请在图1-1-2中标出活塞运动方向、气路走向,并试着描述NPT5型空气压缩机的工作原理。

工作原理:

_____

_____

_____

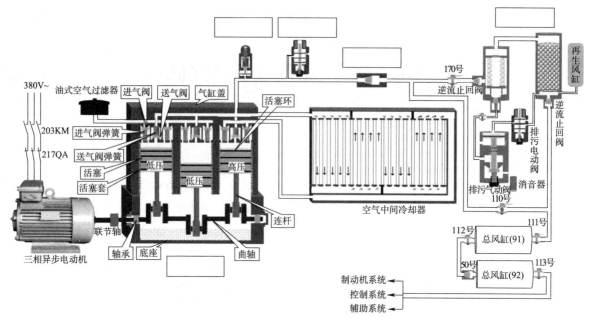

图 1-1-1　DK-1 型电空制动机风源系统结构图

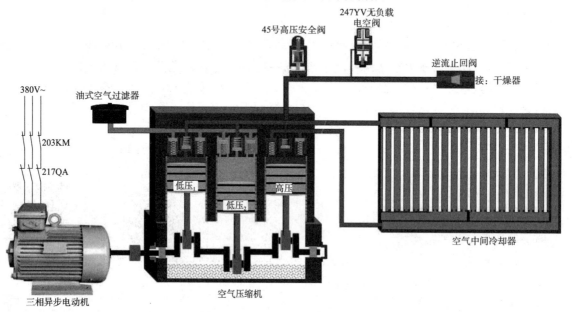

图 1-1-2　NPT5 型空气压缩机结构图

(二) 空气干燥器的结构及工作原理

请在图 1-1-3 中标出干燥器内气路走向,并试着描述干燥器工作原理。

工作原理：

_____

_____

_____

(三) 高压安全阀的结构及工作原理

请根据图 1-1-4 所示高压安全阀结构,试着描述其工作原理。

工作原理：

_____

_____

_____

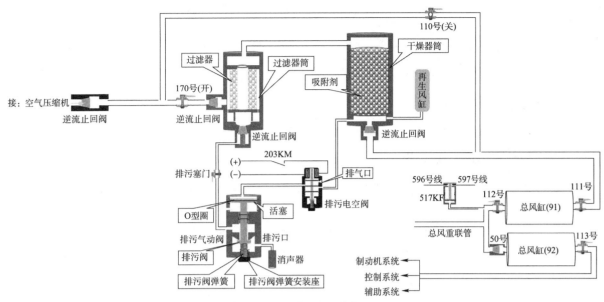

图 1-1-3　空气干燥器结构图

（四）无负载电空阀的结构及工作原理

请根据图 1-1-5 所示无负载电空阀结构，试着描述其工作原理。

工作原理：

_____

_____

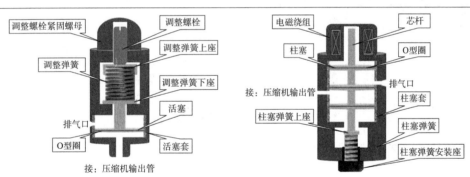

图 1-1-4　高压安全阀结构图　　　图 1-1-5　无负载电空阀结构图

（五）517KF 压力开关的结构及工作原理

请根据图 1-1-6 所示 517KF 压力开关结构，试着描述其工作原理。

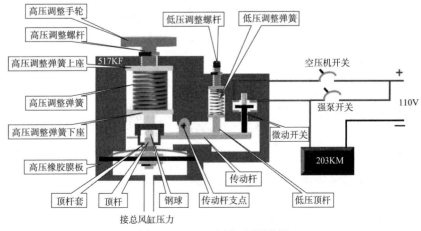

图 1-1-6　517KF 压力开关结构图

工作原理：
_____
_____
_____

相关知识

一、风源系统的组成及作用

DK-1 型电空制动机风源系统结构图如图 1-1-7 所示。风源系统主要由空气压缩机、空气干燥器、高压安全阀、无负载电空阀、逆流止回阀、压力开关、总风缸、塞门和连接管等部件组成。风源系统的作用是生产、储存和调节压力空气，并为全列车气路提供清洁、高质、稳定和可靠的压力空气。

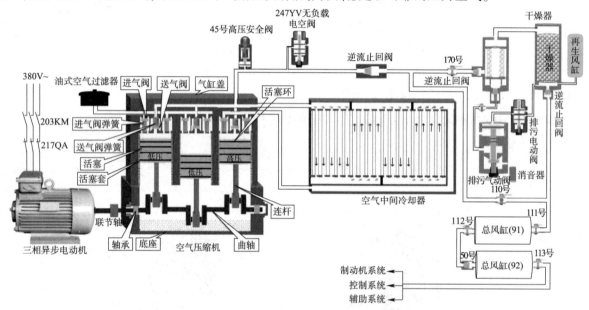

图 1-1-7 DK-1 型电空制动机风源系统结构图

二、风源系统主要部件及工作原理

（一）NPT5 型空气压缩机的结构及工作原理

空气压缩机用于生产具有较高压力的压缩空气，供全车空气管路系统使用。

三相异步电动机驱动曲轴转动，并带动活塞在气缸内做往复运动。当低压活塞向下运行时，活塞顶部与气缸盖间形成负压，空气经滤清器进入低压气缸。当低压活塞上行时，气缸内空气被压缩，当压力高于排气阀弹簧力和排气管道压力空气所产生背压的合力时，顶开送气阀，2 个低压气缸送出的低压空气，完成一级压缩，经同一通道进入中间冷却器。而后压缩空气再进入高压气缸，进行二级压缩，最终使压力空气送入空气干燥器及总风缸内储存。NPT5 型空气压缩机工作原理图如图 1-1-8 所示。

（二）空气干燥器的结构及工作原理

空气干燥器的作用是将空气压缩机产生的压缩空气过滤，除去压缩空气中的油雾、水和机械杂质等，使压缩空气既清洁又干燥，提高压缩空气运用质量，避免空气中含水进而造成对制动部件的腐蚀。空气干燥器的工作原理分为吸附干燥过程和再生过程。

1. 吸附干燥过程

空气压缩机开始运转，产生的压力空气经 170 号塞门和逆流止回阀进入过滤器筒，压力空气中的油雾、水分和机械杂质等被过滤网拦截捕获，接着经过滤器筒过滤的压力空气进入干燥器筒，利用筒内吸附剂的作用,除去压力空气中的水蒸气分子,形成洁净、干燥的压力空气。经过滤和干燥后的压力空气分成两路:一部分经干燥器筒底部的逆流止回阀进入总风缸,为制动机系统、控制系统、辅助系统提供风源;另一路经节流孔向再生风缸充风。空气干燥器吸附干燥过程原理图如图 1-1-9 所示。

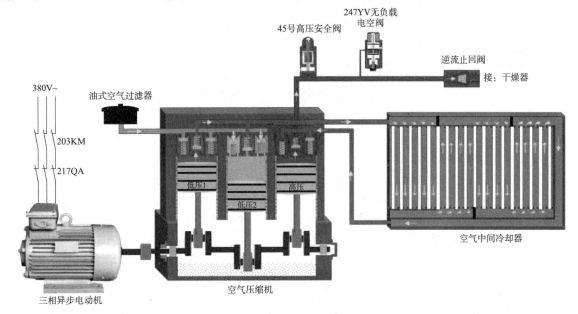

图 1-1-8 NPT5 型空气压缩机工作原理图

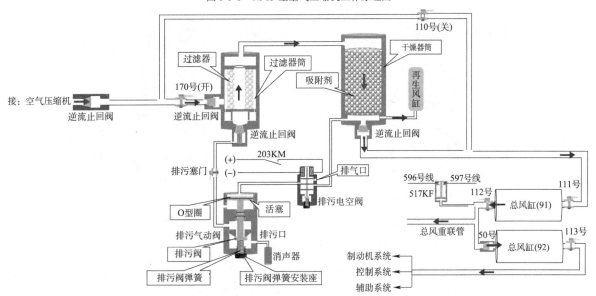

图 1-1-9 空气干燥器吸附干燥过程原理图

2. 再生过程

当空气压缩机停止运转时,排污电空阀得电,再生风缸内部的压力空气进入排污气动阀活塞上部,推动活塞杆下移打开排污阀口。再生风缸内的压力空气经干燥器筒底部流出,与吸附干燥过程做反向流动,自下而上流经吸附剂,将其内部吸附的水蒸气分子带出,再经过滤器筒至排污气动阀,最后从消声器处排入大气,使空气干燥器恢复干燥状态。空气干燥器再生过程原理图如图 1-1-10 所示。

(三) 高压安全阀的结构及工作原理

为确保空气管路系统的安全,需严格控制压力空气的最高值,在空气管路系统中必须设置高压安全阀,用以在正常压力控制装置失效后,能够自动降低压力并报警,起到安全保护作用。

在空气压缩机工作时,输出管内及安全阀活塞下方产生压力,无负载电空阀247YV(失电)排气口呈关闭状态。安全阀活塞下方压力大于950kPa时,推活塞并压缩调整弹簧上移,开启排气口,安全阀发出喷气音响,警示司机迅速停止空气压缩机工作。空气压缩机工作示意图如图 1-1-11 所示。

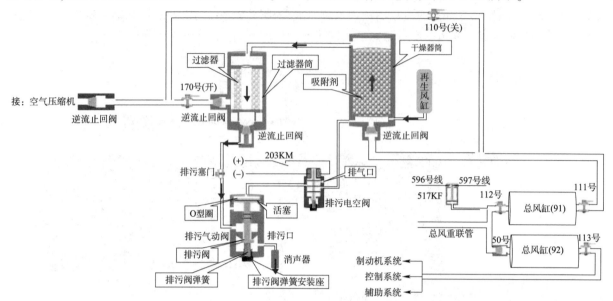

图 1-1-10　空气干燥器再生过程原理图

空气压缩机停止工作时,输出管内及安全阀活塞下方的压力空气,经无负载电空阀 247YV(得电)排气口排向大气,安全阀活塞下方压力低于950kPa 时,排气口呈关闭状态。空气压缩机停止工作示意图如图 1-1-12 所示。

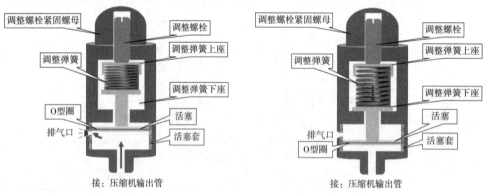

图 1-1-11　空气压缩机工作示意图　　　　图 1-1-12　空气压缩机停止工作示意图

(四) 无负载电空阀的结构及工作原理

无负荷启动电空阀用于减小空气压缩机组在启动过程中的启动负载,以保证空气压缩机顺利启动。

当总风压力达到900kPa 时,203KM 接触器控制电路中的517KF 常开联锁断开而失电,247YV 电空阀控制电路561 号线与615 号线间203KM 常闭联锁闭合。247YV 电空阀得电,上凹槽连通空气压缩机输出管与排气口排大气通路。其工作原理如图 1-1-13a)所示。

当总风压力低于750kPa 时,203KM 接触器控制电路中的517KF 常开联锁闭合而得电,247YV 电空阀控制电路561 号线与615 号线间203KM 常闭联锁断开。247YV 电空阀失电,柱塞在弹簧作用下上移,切断空气压缩机输出管排大气通路。其工作原理如图 1-1-13b)所示。

(五) 逆流止回阀的结构及工作原理

逆流止回阀的作用是限制压力空气的流动方向,以防止压力空气向空气压缩机气缸内逆流或防止压力空气逆流到无负载启动电空阀排入大气。

1. 逆流止回阀开通

当空气压缩机工作时,无负载启动电空阀失电,切断空气压缩机输出管与止回阀左侧排大气,逆流止回阀橡胶柱塞阀被压缩空气压力作用,推向右移离开阀座,开启向空气干燥器及总风缸充气。图 1-1-14

所示为逆流止回阀开通作用原理图。

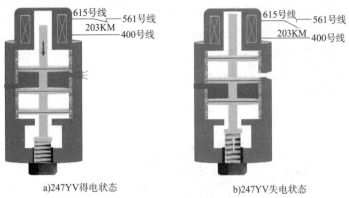

图 1-1-13　无负载电空阀结构图

2. 逆流止回阀关闭

当空气压缩机停止工作时,无负载启动电空阀得电,开通空气压缩机输出管与逆流止回阀左侧排大气,逆流止回阀右侧压力作用,推橡胶柱塞止回阀与阀口密贴,切断空气压缩机与空气干燥器及总风缸充气通路,同时,防止总风缸空气压力逆流到空气压缩机而泄漏。图 1-1-15 所示为逆流止回阀关闭作用原理图。

图 1-1-14　逆流止回阀开通作用原理图　　　　　图 1-1-15　逆流止回阀关闭作用原理图

(六)517KF 压力开关的结构及工作原理

压力开关是利用总风缸压力的变化自动控制空气压缩机的工作,使总风缸压力空气的压力保持在一定范围内。当总风缸空气压力达到最大规定值时,自动切断空气压缩机电动机的电源电路,空气压缩机停止工作;当总风缸空气压力低于最小规定值时,自动闭合空气压缩机电动机的电源电路,空气压缩机恢复打风。

1. 517KF 压力开关控制空气压缩机工作

当总风缸压力空气逐渐降低时,高压调整弹簧逐渐伸张力作用,压传动杆左侧下移,传动杆经支点逆时针旋转,传动杆右侧上移。当总风缸压力空气降至750kPa 以下时,传动杆顶低压顶杆并压缩低压调整弹簧上移,传动杆右侧端顶微动开关芯杆带动触头与上端静触头闭合,接通空气压缩机接触器线圈控制电路,接触器得电吸合,接通空气压缩电动机110V 单相交流电路。图 1-1-16 所示为517KF 压力开关控制空气压缩机工作原理图。

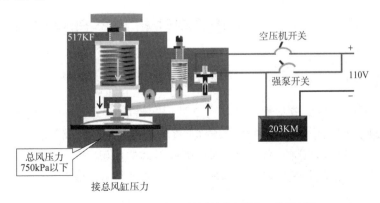

图 1-1-16　517KF 压力开关控制空气压缩机工作原理图

2. 517KF 压力开关控制空气压缩机停止工作

当总风缸压力空气达到 900kPa 时,总风缸压力空气作用使橡胶膜板鼓起,推动顶杆带动钢球及高压调整弹簧下座、高压调整弹簧上移,带动传动杆左侧上移,传动杆经支点顺时针旋转,传动杆右侧下移,低压调整弹簧伸张力作用,推顶杆下移,微动开关联锁在弹簧作用力,推触头及芯杆离开上端静触头,断开空气压缩机接触器线圈控制电路,接触器线圈失电,切断空气压缩电动机 110V 单相交流电路。图 1-1-17 所示为 517KF 压力开关控制空气压缩机停止工作原理图。

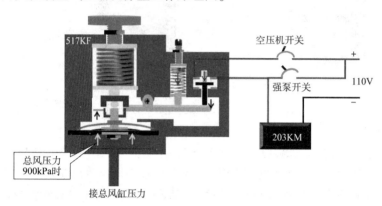

图 1-1-17　517KF 压力开关控制空气压缩机停止工作原理图

任务评价

序号	主要内容	考核要求	配分	评分标准	得分
1	风源系统的结构及作用	能完整描述风源系统的结构组成及各个部件的作用	15	1. 风源系统组成描述错误,每处扣 1 分。 2. 主要部件作用描述错误,每处扣 2 分	
2	空气压缩机的结构及工作原理	能完整描述空气压缩机工作原理	20	原理描述错误,每处扣 2 分	
3	空气干燥器的结构及工作原理	能完整描述空气干燥器工作原理	15		
4	高压安全阀的结构及工作原理	能完整描述高压安全阀工作原理	15		
5	无负载电空阀的结构及工作原理	能完整描述无负载电空阀工作原理	10		
6	逆流止回阀的结构及工作原理	能完整描述逆流止回阀工作原理	10		
7	517KF 压力开关的结构及工作原理	能完整描述 517KF 压力开关工作原理	15		
合计					

任务 2　DK-1 型电空制动机主要部件认知

任务导入

DK-1 型电空制动机的主要组成部件包括电空制动控制器(大闸)、空气制动阀(小闸)、电空阀、中继阀、分配阀、电动放风阀、紧急阀、重联阀及其他辅助部件。

思考:各个部件的组成是什么样?各个部件又有哪些具体的作用?

带着对这些问题的思考,我们进入任务 2 的学习。学习前请扫描二维码 4 预习。

二维码4
DK-1型制动机主要组成部件认知

任务目标

1. 掌握 DK-1 型电空制动机的主要组成部件。
2. 掌握电空制动控制器的作用。
3. 掌握空气制动阀的作用。
4. 掌握电空阀的作用。
5. 掌握中继阀的作用。
6. 掌握分配阀的作用。
7. 掌握电动放风阀的作用。
8. 掌握紧急阀的作用。
9. 掌握重联阀的作用。
10 掌握辅助部件的作用。

任务实施

一、DK-1 型电空制动机的主要组成部件认知

请在图 1-1-18 中空白框内标出 DK-1 型电空制动机上主要部件的名称。

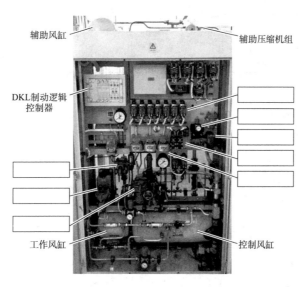

图 1-1-18 SS9 型电力机车电空制动屏柜

二、DK-1 型电空制动机主要部件及作用

(一) 电空制动控制器的 6 个工作位置和作用

请简述电空制动控制器的 6 个工作位置和作用。

电空制动控制器的 6 个工作位置：

_____

_____

电空制动控制器的作用：

_____

_____

_____

(二)空气制动阀的4个工作位置和作用

请简述空气制动阀的4个工作位置和作用。

空气制动阀的4个工作位置：

_____
_____
_____

空气制动阀的作用：

_____
_____
_____

(三)电空阀的作用

请简述电空阀的作用。

电空阀作用：

_____
_____
_____
_____

(四)中继阀的作用

请简述中继阀的作用。

中继阀的作用：

_____
_____
_____
_____

(五)分配阀的作用

请简述分配阀的作用。

分配阀的作用：

_____
_____
_____

(六)电动放风阀的作用

请简述电动放风阀的作用。

电动放风阀的作用：

_____
_____
_____

(七)紧急阀的作用

请简述紧急阀的作用。

紧急阀的作用：

_____
_____
_____

(八)重联阀的作用

请简述重联阀的作用。

重联阀的作用：

(九)辅助部件的作用

(1)调压阀的作用

请简述调压阀的作用。

调压阀的作用：

(2)转换阀的作用

请简述转换阀的作用。

转换阀的作用：

一、性能参数

DK-1型电空制动机的性能参数见表1-1-1～表1-1-3。

单独制动性能 表1-1-1

序号	项　　目	技　术　要　求
1	全制动时制动杆最高压力	300kPa
2	制动缸压力由0升到280kPa的时间	≤4s
3	缓解位,制动缸由300kPa降至40kPa的时间	≤5s

自动制动性能(列车管定压500kPa) 表1-1-2

序号	项　　目	技术要求
1	初制动的列车管减压量	40～50kPa
2	运转位,列车管压力由0升至480kPa的时间	≤9s
3	均衡风缸自500kPa,常用制动减压140kPa排风时间	≤5～7s
4	常用全制动时,制动缸最高压力	340～360kPa
5	常用全制动时,制动缸升至最高压力的时间	≤6～8s
6	运转位,缓解机车制动缸最高压力降至40kPa的时间	≤7s
7	紧急位,列车管压力由500kPa定压降至0的排风时间	≤3s
8	紧急位,机车制动缸最高压力	≤450±10kPa
9	紧急位,机车制动缸压力升至400kPa的时间	≤5s

辅　助　性　能 表1-1-3

序号	项　　目	技　术　要　求
1	紧急位,切除动力源	牵引手柄有级位时切除动力源,无级位时不切除
2	列车分离(断钩、拉紧急制动阀保护)	切除机车动力源,切除列车管补风,机车产生紧急制动作用
3	控制电路无电源	制动机自动转入常用制动作用

二、DK-1型电空制动机的主要组成部件

DK-1型电空制动机的主要组成部件按照位置分类,可以分为操纵台部、制动屏柜。在操纵台部,主要

分布有电空制动控制器、空气制动阀、空气压力表等部件。在制动屏柜部,主要分布有电空阀、中继阀、分配阀、电动放风阀、紧急阀、重联阀及辅助部件。SS9 型电力机车电空制动屏柜部件分布如图 1-1-19 所示。

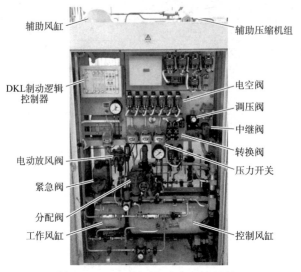

图 1-1-19　SS9 型电力机车电空制动屏柜

三、DK-1 型电空制动机主要部件及作用

(一) 电空制动控制器

电空制动控制器又称"大闸",作为 DK-1 型电空制动机的操纵部件,它是一种电器组合转换开关。司机操纵电空制动控制器可以控制全列车的制动或缓解。电空制动控制器的作用是通过操纵电空制动控制器手柄在不同位置,接通不同电路,进而传递给对应的电空阀,以此来开放或关闭气路,控制列车空气制动系统进行制动、缓解和保压。

电空制动控制器主要由操纵手柄(手把)、安装面板、凸轮轴组装、静触头组和定位机构等组成。其中,操纵手柄为司机操纵部件,共设有 6 个工作位置,按逆时针方向排列依次为过充位、运转位、中立位、制动位、重联位和紧急位,且操作手柄只能在重联位装入或取出。凸轮轴组装包含有 9 个动触头,静触头组包含 18 个静触头,一个凸轮动触头和两个对应的静触头构成两对独立的触头组。电空制动控制器结构和操纵手柄如图 1-1-20 所示。

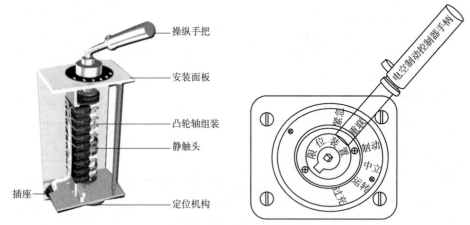

图 1-1-20　电空制动控制器结构和操纵手柄

(二) 空气制动阀的结构及作用

空气制动阀又称"小闸",作为 DK-1 型电空制动机的操纵部件。空气制动阀的主要作用是在"电空位"下,单独操纵机车的制动、缓解和保压;在"空气位"下,控制全列车的制动、缓解和保压。

空气制动阀主要由阀座、阀体、凸轮盒部分组成,如图 1-1-21 所示。其中,阀座既是安装基座,又是管路的连接座。阀体部分主要包含了电空转换阀、作用柱塞和定位柱塞等部件。凸轮盒部分主要由操纵手柄、凸轮机构、单独缓解阀(以下简称单缓阀)、微动开关和接线座等部件组成。操纵手柄共设有4个工作位置,按逆时针方向排列依次为缓解位、运转位、中立位和制动位,且操纵手柄只能在运转位装入或取出。

图1-1-21 空气制动阀

(三)电空阀的结构及作用

电空阀是一种进行电路-气路转换的控制部件。它受电空制动控制器的控制,通过电磁力控制相关气路的开通或关闭,从而实现远距离控制气动装置。电空阀的结构主要由电磁机构和气阀两大部分组成。

电空阀代号组成为"数字+YV",各电空阀管路连接及作用见表1-1-4。

各电空阀的管路连接及作用　　　　　　　　　表1-1-4

名称	代号	管路连接			作用
		输入端	输出端	排气端	
撒砂	240YV 241YV 250YV 251YV	总风管	撒砂管	大气	紧急制动时得电,自动撒沙
过充	252YV	总风管	中继阀过充管	—	过充位得电,列车管得到过充压力(高于定压30~40kPa)
中立	253YV	总风管	总风遮断阀管	大气	中立位、制动位、紧急位、重联位时得电,切断总风向列车管供风风源
制动	257YV	—	初制风缸管	大气	257YV失电时,排初制风缸空气; 257YV得电时,关闭初制风缸排气路径
缓解	258YV	55调压阀管	均衡风缸管	初制风缸管	过充位、缓解位时得电,总风经55调压阀向均衡风缸充风;失电时,连接初制风缸与均衡风缸气路
紧急	94YV	总风管	电动放风阀膜板下方	大气	紧急位时得电,连通总风向电动放风阀膜板下方,开放列车管向大气排气路;非紧急时失电,切断列车管向大气排气的气路
重联	259YV	列车管	均衡风缸管	—	重联位、紧急位时得电,连接列车管与均衡风缸气路
排风1	254YV	作用管	大气	大气	254YV得电,连接作用管排大气的气路,使机车缓解;254YV失电,切断作用管排大气的气路
排风2	256YV	—	过充风缸管	大气	中立位、制动位、紧急位、重联位时失电,加快过充风缸空气排气

注:"—"表示该气路不通。

(四)中继阀的结构及作用

中继阀是总风遮断阀和双阀口式中继阀的统称,如图1-1-22所示。总风遮断阀受中立电空阀253YV的控制,开通或关闭总风向双阀口式中继阀的供风;双阀口式中继阀根据均衡风缸的压力变化,控制列车管的充风和排风,从而完成列车的制动、保压和缓解等作用。

图1-1-22 中继阀

(五)分配阀的作用

DK-1型电空制动机的分配阀不仅受电空制动控制器的控制,还受空气制动阀的控制。分配阀受列车管压力变化控制,进而控制机车的制动、缓解和保压。

分配阀主要由安装座、主阀、安全阀等组成。安装座内分布有1.85L的容积室和0.6L的局减室,其正面是主阀安装面,顶面装有安全阀,背面接有总风管、工作风缸管、列车管、制动缸管和作用管。主阀是分配阀的主要组成部分,由主阀部、均衡阀部、紧急增压阀部组成。安全阀装在安装座上,其作用主要是在紧急制动后将制动缸压力控制在规定范围。图 1-1-23 所示为 109 型分配阀组成图。

(六)电动放风阀的结构及作用

电动放风阀设置在制动屏柜内,受紧急电空阀 94YV 控制。其作用是在紧急制动时,使列车管的压力空气迅速排向大气,机车车辆产生紧急制动。电动放风阀如图 1-1-24 所示。

图 1-1-23 109 型分配阀　　　　图 1-1-24 电动放风阀

(七)紧急阀的结构及作用

紧急阀设置在制动屏柜内,主要由阀体和阀座组成,其中,阀座内部设置一个容积为 1.5L 的紧急室。紧急阀的作用是根据列车管的排风速度,自动选择作用位置。当列车管压力空气急剧降低(使用紧急制动、按压"紧急停车"按钮、拉运转车长阀、列车发生分离)时,开启紧急阀,使列车管压力空气经放风阀口排向大气,加快紧急制动波速。同时,95SA 压力开关联锁闭合,接通列车分离保护电路,切除机车牵引动力源,实现列车紧急制动作用的可靠性。

(八)重联阀的结构及作用

为满足多机牵引的需要,在 DK-1 型电空制动机中设置重联阀,并安装于制动屏柜内。重联阀具有以下两方面的作用:

(1)本务机车重联阀置于"本机位",连通本务机车制动缸管与平均管,重联机车重联阀置于"补机位",连通重联机车作用管与平均管,使重联机车制动缸压力与本务机车制动缸压力变化协调一致。

(2)在发生机车之间的脱钩时,重联阀遮断制动缸与平均管的通路,保证机车的紧急制动性能。

(九)辅助部件的作用

1. 调压阀的作用

调压阀的作用是将总风缸输出的压力空气调整为所需要的稳定压力。DK-1 型电空制动机设置有三个调压阀,代号分别为 53、54、55。其中,调压阀 53、54 用于调整通往两端空气制动阀的总风压力,安装在两端空气制动阀的下方,整定值为:电空位 300kPa,空气位 500kPa 或 600kPa。调压阀 55 用于调整供给均衡风缸充风的总风压力,安装在制动屏柜内,整定值为 500kPa 或 600kPa。

2. 转换阀的作用

DK-1 型电空制动机设置有两个转换阀,代号分别为 153、154,均安装在制动屏柜内。转换阀 153 的作用是控制均衡风缸与电空阀 255YV、258YV、259YV 及压力开关 208、209 间气路的连通与关闭,电空位连通,空气位关闭。转换阀 154 作用是控制两个初制风缸间的连通与关闭,货车位连通、客车位关闭。

任务评价

序号	主要内容	考核要求	配分	评分标准	得分
1	DK-1 型电空制动机的主要组成部件认知	能完整描述并认知 DK-1 型电空制动机的主要组成部件	10	电空制动控制器、空气制动阀、制动屏柜内主要部件描述错误,每处扣 1 分	

续上表

序号	主要内容	考核要求	配分	评分标准	得分
2	电空制动控制器的作用	能完整描述电空制动控制器的作用	10	结构及作用描述错误，每处扣2分	
3	空气制动阀的作用	能完整描述空气制动阀的作用	10		
4	电空阀的作用	能完整描述电空阀的作用	10		
5	中继阀的作用	能完整描述中继阀的作用	10		
6	分配阀的作用	能完整描述分配阀的作用	10		
7	电动放风阀的作用	能完整描述电动放风阀的作用	10		
8	紧急阀的作用	能完整描述紧急阀的作用	10		
9	重联阀的作用	能完整描述重联阀的作用	10		
10	辅助部件的作用	能完整描述调压阀、转换阀的作用	10		

任务 3　DK-1 型电空制动机控制关系认知

任务导入

通过本项目任务 1 和任务 2 的学习，我们对 DK-1 型电空制动机的风源系统、制动机组成部件及其作用功能有了初步的了解。

思考：DK-1 型电空制动机在工作时，众多的组成部件之间是什么关系？哪个部件控制其他部件的动作？

带着这些疑问，我们进入任务 3 的学习。

任务目标

1. 掌握电空位控制全列车的控制关系。
2. 掌握电空位控制机车的控制关系。
3. 掌握空气位控制全列车的控制关系。
4. 掌握空气位控制机车的控制关系。
5. 掌握重联机车的控制关系。

任务实施

DK-1 型电空制动机有电空位(正常位)和空气位(故障位)两种工况。在电空位工作时，可以通过操纵电空制动控制器控制全列车的制动、缓解和保压；通过空气制动阀控制机车的制动、缓解和保压。在空气位工作时，通过操纵空气制动阀控制全列车的制动、缓解和保压。

请试着在横线处补充完整各工况下 DK-1 型电空制动机的控制关系。

一、电空位

(一) 控制全列车

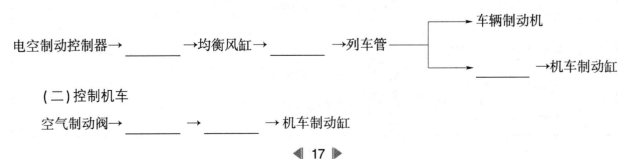

(二) 控制机车

空气制动阀→_____→_____→机车制动缸

二、空气位

(一) 控制全列车

空气制动阀→均衡风缸→_____→列车管──┬─→车辆制动机
　　　　　　　　　　　　　　　　　　　　　└─→_____→机车制动缸

(二) 控制机车

空气制动阀（下压手柄）→_____→机车分配阀→机车制动缸

三、重联机车

本务机车制动缸→_____→_____→重联机车重联阀→重联机车作用管→重联机车分配阀→重联机车制动缸

相关知识

一、电空位

(一) 控制全列车

电空制动控制器→电空阀→均衡风缸→中继阀→列车管──┬─→车辆制动机
　　　　　　　　　　　　　　　　　　　　　　　　　└─→机车分配阀→机车制动缸

(二) 控制机车

空气制动阀→ 作用管 →机车分配阀→机车制动缸

二、空气位

(一) 控制全列车

空气制动阀→均衡风缸→中继阀→列车管──┬─→车辆制动机
　　　　　　　　　　　　　　　　　　　└─→机车分配阀→机车制动缸

(二) 控制机车

空气制动阀(下压手柄)→作用管→机车分配阀→机车制动缸

三、重联机车

本务机车制动缸→本务机车重联阀→平均管→重联机车重联阀→重联机车作用管→重联机车分配阀→重联机车制动缸

任务评价

序号	主要内容	考核要求	配分	评分标准	得分
1	电空位控制全列车的控制关系	能完整描述电空位控制全列车的控制关系	20	控制关系描述错误，每处扣2分	
2	电空位控制机车的控制关系	能完整描述电空位控制机车的控制关系	20		
3	空气位控制全列车的控制关系	能完整描述空气位控制全列车的控制关系	20		
4	空气位控制机车的控制关系	能完整描述空气位控制机车的控制关系	20		
5	重联机车的控制关系	能完整描述重联机车的控制关系	20		

项目2　DK-1型电空制动机组成部件拆装

📖 项目描述

DK-1型电空制动机是韶山系列电力机车上所配备的制动机的主要型号,主要由电空制动控制器、空气制动阀、电空阀、中继阀、分配阀、电动放风阀、紧急阀、重联阀等部件组成。

思考:各个部件的组成有哪些?各个部件在不同工况下的工作原理是什么?

任务1　电空制动控制器拆装

📖 任务导入

电空制动控制器设有6个工作位,是机车乘务人员进行列车制动操作的主要部件。通过电空制动控制器,机车乘务人员可以控制列车进行制动、缓解、紧急制动、重联等动作。

思考:电空制动控制器操作手柄移动至不同位置时如何实现不同功能?它的工作原理是什么?它由哪些部分组成?如何进行拆卸及组装?

带着这些疑问,我们进入任务1的学习。学习前请扫描二维码5预习。

📖 任务目标

1. 熟悉电空制动控制器的组成及功能。
2. 了解电空制动控制器的工作原理。
3. 掌握电空制动控制器的拆装方法。

📖 任务实施

一、识结构

请在图1-2-1、图1-2-2中空白框内标出相应部件名称。

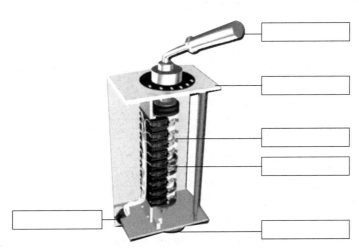

图1-2-1　电空制动控制器总体结构

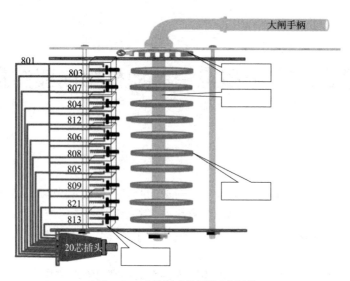

图 1-2-2　电空制动控制器内部结构

二、练拆装

(一)任务准备

根据电空制动控制器拆装工序要求,准备好相应的设备、工具与材料:

检修工作台、毛刷、130mm 游标卡尺、200mm 细锉刀、冲子、手锤、专用量具、500V 兆欧表、13mm/14mm 开口扳手、100mm/250mm 一字螺丝刀、十字螺丝刀、175mm 钢丝钳、150mm 尖嘴钳、DK-1 型电空制动控制器试验台、8~10mm 开口扳手、小一字螺丝刀、内六角扳手、推针、风枪、压针钳、压线钳、剥线钳、00 号纱布、白绸布、工业用凡士林。

(二)电空制动控制器拆卸

(1)用 14mm 开口扳手拆下定位机构固定螺母,取下定位弹簧、滚轮及杠杆。
(2)用冲子和手锤(不宜过大)将圆锥销冲出,用螺丝刀拧松定位螺钉,取下棘轮。
(3)用专用工具拆下手柄座(手把座)。

(三)电空制动控制器组装

(1)按拆卸的反序组装凸轮组,要求位置正确。
(2)用螺丝刀安装手柄座。
(3)用螺丝刀接好插座接线。
(4)在凸轮工作表面均匀涂一层工业凡士林。

三、探原理

1. 请根据图 1-2-3 触头接线图及图 1-2-4 的凸轮状态,标出电空制动控制器的各个位置。

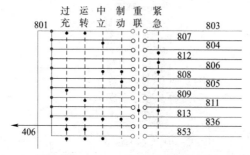

运转位:803、809(Ⅱ端819线)、813、853线得电,动力制动状态时836线从406线得电。

图 1-2-3　触头接线图

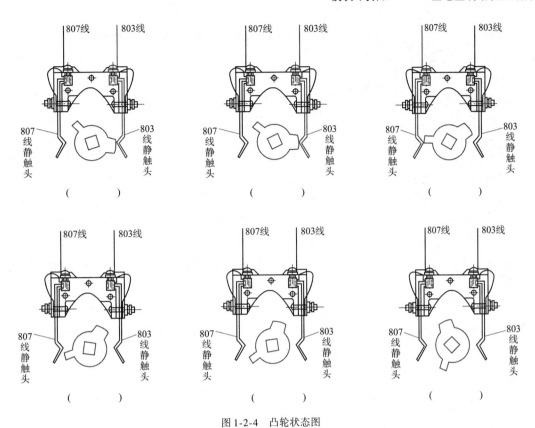

图 1-2-4 凸轮状态图

2. 请根据表 1-2-1 触头接线图标出触头通断表(通电"＋",断电"－")。

触 头 通 断 表　　　　　　　　　　　　表 1-2-1

触　点	位　置					
	过充	运转	中立	制动	重联	紧急
803						
807						
804						
812						
806						
808						
805						
809						
811						
813						
836						

相关知识

电空制动控制器是一种电器组合转换开关,是 DK-1 型电空制动机的操纵部件。

电空制动控制器是操纵全列车制动或缓解的控制装置。当司机操纵电空制动控制器时,电空制动控制器手柄在不同位置会接通不同的电路,进而将产生电信号传递给电空阀,通过控制不同的电空阀开启或关闭相关气路以实现控制列车空气制动系统的制动、缓解与保压的作用。

到目前为止,DK-1 型电空制动机先后采用了 TKS13 型和 TKS22 型两种结构的电空制动控制器,它们通用手柄,工作位置相同,闭合表也基本相同。

一、电空制动控制器的主要结构

TKS22型电空制动控制器主要由操作手柄、限位装置、安装面板、铭牌、凸轮轴组装、定位机构、辅助触头盒、插座等组成,如图1-2-5所示。

通过安装面板可将电空制动控制器固定安装在司机台面板上。安装面板上的铭牌显示了电空制动控制器的6个工作位置:过充位、运转位、中立位、制动位、重联位和紧急位。由于安装面板上限位装置的作用,操作手柄只能在重联位取出和放入。当机车作为重联补机时,操作手柄应放重联位或取出,以确保行车安全。

如图1-2-6所示,TKS22型电空制动控制器凸轮轴组装由转轴(序1)和在其上的定位凸轮(序2)、凸轮架(序3)以及凸轮架上拼装的不同凸轮组成。转轴上部与手柄相连,并受定位机构的控制,利用有缺口的定位凸轮和有弹簧张力并带滚轮的定位杠杆来实现定位(图1-2-7),以使操作手柄准确地停留在各个工作位置上。

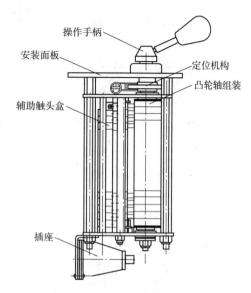

图1-2-5 TKS22型电空制动控制器

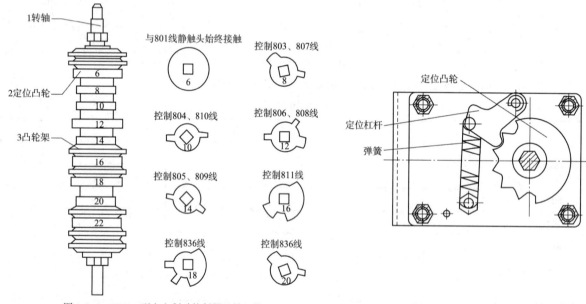

图1-2-6 TKS22型电空制动控制器凸轮组装

图1-2-7 TKS22型电空制动控制器定位机构示意图

二、电空制动控制器的工作原理

当转动电空制动控制器操作手柄时,凸轮随转轴转动到不同的工作位置,凸轮分别与对应布置的辅助静触头接触或分离,从而使相应的电路开断或接通。如图1-2-8所示,以8号凸轮为例,当电空制动控制器操作手柄处于过充位时,8号凸轮与803线静触头接触,803电路接通;当电空制动控制器操作手柄处于运转位时,8号凸轮与803线静触头接触,803电路接通;当电空制动控制器操作手柄处于中立位时,8号凸轮与807线静触头接触,807电路接通;当电空制动控制器操作手柄处于其他工作位置时,8号凸轮不与任何静触头接触,807和803电路断开。通常用触头闭合表来表示操作手柄在不同工作位置下对应的电路闭合与断开情况,如图1-2-9所示。

识读触头闭合表需要注意以下几点:

(1)静触头连接导线的线号标注在该导线的上侧。

(2)当电空制动控制器操作手柄处在某一工作位置时,线路下侧加注"■"表示该线号的电路闭合,线路下侧无"■"表示该线号的电路断开。

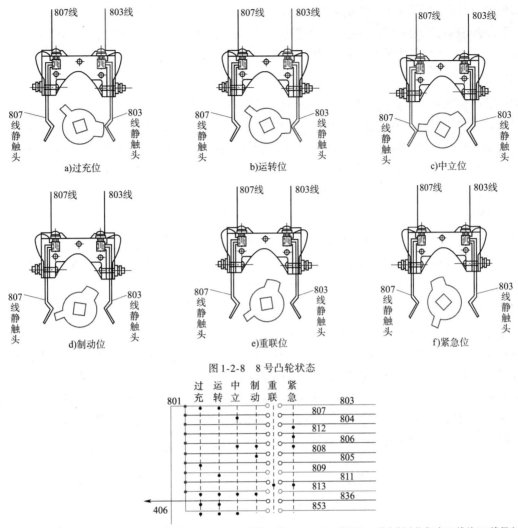

图 1-2-8 8 号凸轮状态

注：当电空制动控制器操作手柄处于运转位时，803、809（Ⅱ端819线）、813、853线得电，动力制动状态时836线从406线得电。

图 1-2-9 触头接线图

三、电空制动控制器的作用

(一) 过充位

该位置是在对列车施行制动后，为了适应列车运行于长大坡道或长大列车运行时对缓解充风速度的要求，缩短充风时间，以实现列车的快速充风而使用的位置。

电空制动控制器操作手柄在此位置时，导线801接通导线803，使缓解电空阀得电，总风向均衡风缸及列车管充风；同时，接通导线805，使过充电空阀得电，经中继阀作用使列车管得到高于定压30~40kPa的过充压力。

(二) 运转位

该位置是列车正常运行中电空制动控制器的常置位置。

电空制动控制器操作手柄置于此位置时，导线801接通导线803，使缓解电空阀得电，总风向均衡风缸及列车管充风；同时，导线801接通导线809，使排风1电空阀得电，作用管通大气，机车与车辆处于缓解状态。

(三) 中立位

该位置是司机准备制动前或施行制动后置于的位置。

电空制动控制器操作手柄在制动前的中立位，导线801接通导线807使制动电空阀得电动作关闭均衡风缸排风口；同时，导线807使缓解电空阀得电，均衡风缸处在充风状态。导线801接通导线806使中立电空阀得电,切断了总风向列车管的充风通路。

电空制动控制器操作手柄在制动后的中立位与制动前的中立位的不同在于,均衡风缸因压力开关209断开了导线807到缓解电空阀的电路而不再处于充风状态。

(四)制动位

该位置是司机有目的地进行常用制动调速或正常停车的位置。

电空制动控制器操作手柄在此位置时,导线803失电,缓解电空阀失电使均衡风缸的压力经失电的制动电空阀排大气,机车列车均产生制动作用。导线801接通导线806使中立电空阀得电切断列车管的充风通路。同时,导线801接通导线808,当均衡风缸减压量达到压力开关208动作值时,208接点接通制动电空阀使其动作关闭均衡风缸排风通路。

(五)重联位

该位置是机车重联加挂或司机换端时电空制动控制器的手柄取出位。

电空制动控制器操作手柄在此位置时,导线接801接通导线811使重联电空阀得电,中继阀自锁;使制动电空阀得电关闭排风口,使中立电空阀得电切断列车管的充风通路。

(六)紧急位

该位置是在运行中遇有特殊情况需要立即停车时使用的位置。

电空制动控制器操作手柄在此位置时,导线801接通导线804使紧急电空阀得电动作,连通总风到电动放风阀的通路,电动放风阀及紧急放风阀动作排出列车管的压力空气,使列车紧急制动;导线801接通导线812,使撒砂电空阀动作开始自动撒砂;导线801接通导线811,使重联电空阀得电,沟通均衡风缸与列车管的通路,使均衡风缸压力空气排大气;同时,制动电空阀,中立电空阀也得电动作。

电空制动控制器操作手柄在6个位置的电路工作情况及作用见表1-2-2。

电空制动控制器各位电路通断及作用表　　　　　　　　　　表1-2-2

手柄位置	SS9型机车得电导线	作　　用
过充位	803、805、813、836(经406)、853	车辆快速缓解,机车保压
运转位	803、809(Ⅱ端:819)、813、836(经406)、853	正常运行位,机车、车辆缓解
中立位	807、806、813、853	全列车保压
制动位	806、808、813	常用制动位,机车、车辆制动
重联位	811(Ⅱ端:811与821连接)	换端操纵、重联机车位,接受本务机车控制
紧急位	804、812、806、811(Ⅱ端:811与821连接)	紧急制动位,全列车紧急制动

任务评价

主要内容		考核要求及评分标准	配分	得分
任务准备	任务书编写	电空制动控制器的结构及电空制动控制器拆装作业流程	10	
	作业前准备	劳动保护用品的穿戴齐备,错漏一处扣2分。 防护措施是否到位,错漏一处扣2分。 工具准备是否到位,错漏一处扣2分	5	
操作过程	电空制动控制器部件认知	电空制动控制器部件认知、功能分析、线路识别是否正确,错漏一处扣2分	10	
	电空制动控制器拆装	作业顺序出现差错扣5分。 拆卸时伤及铜件扣10分。 分解时损伤密封件扣5分。 工具及零件掉落扣5分。 工具选择不合理扣5分。 本项满分35分,扣完为止	35	
	电空制动控制器工作原理分析	电空制动控制器工作原理分析是否正确,错漏一处扣2分	20	

续上表

主要内容		考核要求及评分标准	配分	得分
职业素养	作业质量	零部件齐全,每遗漏一个零部件扣2分。 拆解后的各零部件未分类摆放至各配件盒扣2分。 按规定程序进行作业,作业程序混乱扣2分	10	
	基本要求及安全防护	操作过程中及作业完成后,工具、仪表、设备等摆放不整齐扣1分。 作业完成后未整理工具、清洁工作现场扣2分。 没有穿戴安全防护用品,作业防护项目不齐全,每缺一处扣2分	10	

任务2 空气制动阀拆装

任务导入

空气制动阀是DK-1型电空制动机的操纵部件。空气制动阀有两大工作状态,分别是电空位和空气位。当空气制动阀处于电空位状态下,可以用来单独控制机车的制动、缓解与保压;当空气制动阀处于空气位状态下,可以用来控制全列车的制动、缓解与保压。

思考:空气制动阀如何实现这种特殊的控制方式?它的结构与工作原理是什么?

带着这些疑问,我们进入任务2的学习。学习前请扫描二维码6预习。

任务目标

1. 熟悉空气制动阀的组成及功能。
2. 了解空气制动阀分别在电空位与空气位时,缓解位、制动位、中立位、运转位、下压手柄位工作原理。
3. 掌握空气制动阀的拆装方法。

二维码6
空气制动阀

任务实施

一、识结构

请将图1-2-10中空气制动阀各部件(数字)及管路(字母)名称写出,并填入表1-2-3中。

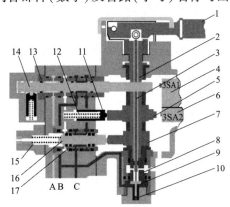

图1-2-10 空气制动阀结构

空气制动阀结构名称表 表1-2-3

序号	名称	序号	名称	序号	名称	序号	名称
1		3		5		7	
2		4		6		8	

续上表

序号	名　称	序号	名　称	序号	名　称	序号	名　称
9		12		15		A	
10		13		16		B	
11		14		17		C	

二、练拆装

(一)任务准备

根据中继阀拆装工序要求,准备好相应的设备与工具:

钳工台,钢针,250mm一字螺丝刀、十字螺丝刀,6mm内六角扳手,30mm专用扳手,14mm、17mm、19mm开口扳手,32专用梅花扳手,小一字螺丝刀,大小铜棒,尖嘴钳,手锤,刮刀,专用工具顶杆,150mm直尺,13mm棘轮头,风枪,工业凡士林。

(二)空气制动阀拆解

(1)将操作手柄移至运转位,取出手柄。

(2)用19mm开口扳手拆除管座与阀体连接螺栓,分开管座与阀体。

(3)用17mm开口扳手拆下凸轮盒与阀体连接螺栓,分离凸轮盒与阀体。

(4)用螺丝刀拧下手柄座底盖止钉,取下手柄座盖及手柄座。

(5)用6mm内六角扳手,松开转轴座螺钉,抽出转轴,将凸轮盒口朝上,取出凸轮组及套。

(6)用螺丝刀拆下接线板固定螺钉,取下接线板及微动开关。

(7)用专用扳手拆下单缓阀螺盖,取出单缓阀弹簧、单缓阀。

(8)取出定位柱塞及弹簧。

(9)用螺丝刀拆下防动柱塞螺堵,取出防动弹簧和防动柱塞,抽出转换柱塞。

(10)抽出作用柱塞、弹簧及套。

(11)用冲子冲出卡铁销,取下卡铁。

(12)拆换所有的O型橡胶密封圈(以下简称O型圈)。

(三)空气制动阀组装

(1)按拆解的反序方向进行组装,给各柱塞及相应的套装上相应的O型圈。装配O型圈时,均匀涂一层工业凡士林。检查所组装的各O型圈不得歪扭。

(2)在开关座上安装好微动开关及插头连线。

(3)安装转换柱塞时,应保持位置正确,再装防动柱塞。

(4)组装定位柱塞。定位柱塞弹簧用工业凡士林与柱塞黏结一起,一同装入。

(5)组装作用柱塞、弹簧及排风缩堵。

(6)组装凸轮盒时,应注意套、定位凸轮、作用凸轮从上至下的顺序。在凸轮工作面上均涂一层工业凡士林。

(7)组装转轴座、手柄座。

(8)组装单缓阀、弹簧、紧固螺堵。

(9)组装微动开关与接线柱。

(10)将转轴调整到运转位,连接阀体与凸轮盒。

三、探原理

1.请根据图1-2-11空气制动阀状态,指出下面哪幅是电空位,哪幅是空气位?

2.请据图1-2-12～图1-2-15分析,在电空位时,简述电空制动阀如何动作,并用笔标出气路走向?

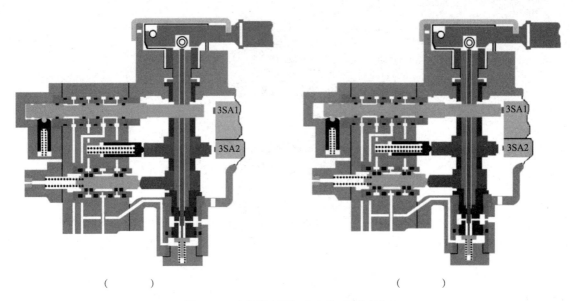

( )　　　　　　　　　　　　( )

图 1-2-11　空气制动阀的"电空位"和"空气位"

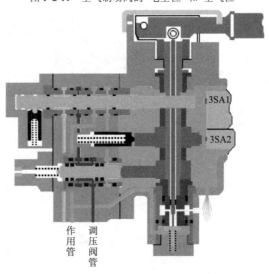

作用管　调压阀管

图 1-2-12　电空位电空制动阀缓解位

缓解位：_____

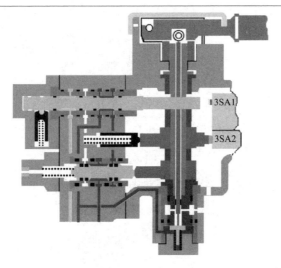

图 1-2-13　电空位电空制动阀制动位

制动位：_____

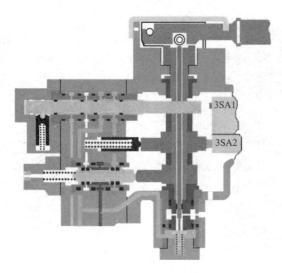

图 1-2-14　电空位电空制动阀中立位

中立位：_____

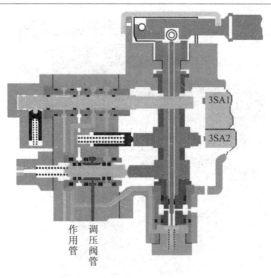

图 1-2-15　电空位电空制动阀运转位

运转位：_____

3. 请据图 1-2-16～图 1-2-19 分析，在空气位时，电空制动阀如何动作，并用笔标出气路走向。

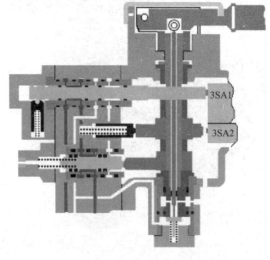

图 1-2-16　空气位电空制动阀缓解位

缓解位：_____

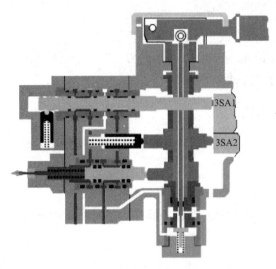

图 1-2-17　空气位电空制动阀制动位

制动位：_____

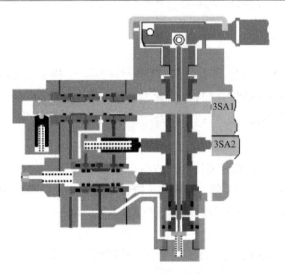

图 1-2-18　空气位电空制动阀中立位

中立位：_____

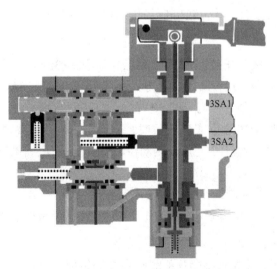

图 1-2-19　空气位电空制动阀下压手柄

下压手柄：_____

> **相关知识**

空气制动阀有 4 个工作位置，按逆时针方向依次为缓解位、运转位、中立位和制动位。由于限位装置的作用，当空气制动阀在运转位时，操作手柄才能取出或装入。

一、空气制动阀的主要结构

空气制动阀主要由操作手柄、凸轮、电空转换柱塞、作用柱塞、定位柱塞、微动开关和单缓阀组装构成。

（一）操作手柄

转动操作手柄，操作手柄与转轴连接，在转动操作手柄时可以通过转轴带动凸轮一起转动。

（二）凸轮

空气制动阀有两个凸轮，分别是定位凸轮和作用凸轮。定位凸轮和作用凸轮均安装在转轴上。定位凸轮与定位柱塞组成定位机构以确保空气制动阀所处位置的准确性，同时定位凸轮转动的过程中与对应布置的辅助静触头接触或分离，从而使相应的电路开断或接通；作用凸轮用于控制作用阻塞阀的左右移动以控制气路的连通或切断。

（三）电空转换柱塞

电空转换柱塞不随操作手柄的转动而动作，它是通过电空转换扳钮的扳动使其在转换柱塞套内移动，并通过尾部定位装置使转换柱塞形成两个位置，对应为空气制动阀的电空位和空气位。电空转换柱塞套上设有径向通孔，分别于均衡风缸管和作用管连接。

（四）作用柱塞

作用柱塞与作用凸轮接触，作用柱塞上开有凹槽。转动操作手柄可以带动凸轮旋转，能够使作用柱塞移动，通过凹槽连通或切断 a 管和 b 管，从而连通或切断相应气路，间接控制均衡风缸或作用管的充、排风，以实现空气制动阀在电空位时单独控制机车的制动、保压、缓解作用或在空气位时控制全列车的制动、保压、缓解作用。

作用柱塞阀套上设有径向通孔，与调压阀管连通，并且作用柱塞两端与大气连通。

（五）定位柱塞

定位柱塞工作端设有钢珠，并嵌在阀体内的定位柱塞端部。定位柱塞与定位凸轮配合，能够实现空气制动阀操作手柄在缓解位、运转位、中立位和制动位的定位作用。

（六）微动开关

在空气制动阀上共装两个微动开关 3SA1 和 3SA2，微动开关 3SA1 受转换柱塞控制，微动开关 3SA2 受定位凸轮的控制。微动开关通过接线端子与外电路相连，微动开关 3SA1 控制导线 801 与导线 800 连通或断开，微动开关 3SA2 控制导线 818 与导线 809 的连通或断开。

当空气制动阀操作手柄处于缓解位或运转位时，定位凸轮不压缩微动开关 3SA2，导线 809 与导线 818 闭合；当空气制动阀操作手柄处于中立位或制动位时，定位凸轮压缩微动开关 3SA2，导线 809 与导线 818 断开，如图 1-2-20 所示。

如图 1-2-21 所示，当空气制动阀操作手柄位于电空位时，微动开关 3SA1 使导线 801 连通，导线 800 断开；当空气制动阀操作手柄处于空气位时，微动开关 3SA1 使导线 800 连通，导线 801 断开。

（七）单缓阀组装

单缓阀组装主要由单缓阀、单缓阀座套及单缓阀弹簧等组成。其中，单缓阀与单缓阀座套构成该阀的阀口，如图 1-2-22 所示。当下压手柄时，推动顶杆下移并顶开单缓阀的阀口，从而连通作用管向大气排风的气路，以实现机车的单独缓解。

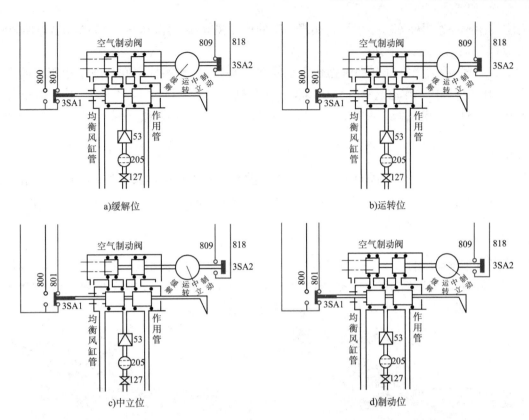

图 1-2-20 空气制动阀电空位各工作位置状态

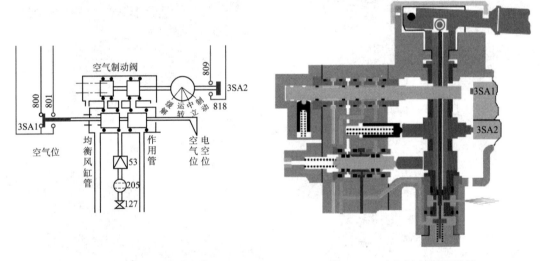

图 1-2-21 空气制动阀空气位状态　　　　图 1-2-22 空气制动阀下压手柄

二、空气制动阀的工作原理

空气制动阀的工作原理是,通过直接控制分配阀容积室压力空气的充入或排出,从而使机车制动或缓解。它包括电空位和空气位两种工况。

(一)电空位

电空位为空气制动阀的正常工作位置,用于单独控制机车的制动与缓解。它有 4 个工作位置,即缓解位、运转位、中立位、制动位。此时电空转换柱塞处于左极端位置,转换柱塞凹槽连通作用管与 b 管的气路,同时微动开关 3SA1 使导线 801 连通,导线 800 断开。

1. 缓解位

如图 1-2-23a)所示,当空气制动阀操作手柄置于缓解位时,作用柱塞阀开通了作用管的排风气路(作用管→电空转换阀→作用柱塞阀→大气),实现机车的单独缓解;同时微动开关 3SA2 闭合电路 809-818。

2. 制动位

如图 1-2-23b)所示,当空气制动阀操作手柄置于制动位时,作用柱塞阀开通了作用管的充风气路(调压阀管→作用柱塞阀→电空转换阀→作用管),实现机车的单独制动;同时,微动开关 3SA2 被压缩断开电路 809-818,排风 1 电空阀 254 失电,关闭分配阀容积室与大气的通路,保证容积室能充气,机车能够制动。

3. 运转位

如图 1-2-23c)所示,当空气制动阀操作手柄置于运转位时,作用柱塞阀左移至中间位,由作用柱塞控制的气路均被切断,同时微动开关 3SA2 不再被压缩闭合电路 809-818,排风电空阀 254YV 得电,分配阀容积室与大气相通,机车处于缓解状态。

4. 中立位

中立位是机车制动后的保压位。如图 1-2-23d)所示,当空气制动阀操作手柄置于中立位时,作用柱塞阀切断调压阀管向作用管充气的通路,同时微动开关 3SA2 切断电路 809-818,排风电空阀 254YV 无电,分配阀容积室压力不变,机车处于制动后保压状态。

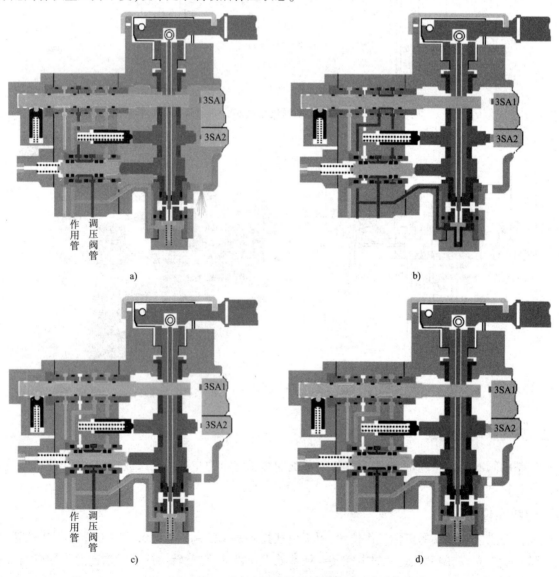

图 1-2-23 电空位空气制动阀各位置状态

当空气制动阀位于中立位时下压空气制动阀操作手柄时,推动顶杆压缩单缓阀弹簧,并顶开单缓阀口,从而连通作用管向大气排风的气路(作用管→单缓阀口→大气),实现机车的单独缓解。

(二)空气位

当运行中发现电空制动控制器或制动机系统有关电路、电器发生故障时,将空气制动阀上的转换柱塞扳钮扳至空气位。此时将实现以下两个作用:

(1)转换柱塞凹槽连通均衡风缸管与a管的气路。

(2)联动微动开关3SA1动作,导线800连通,使制动电空阀(257YV)单独得电;导线801断开,使电空制动控制器断电失去作用,那么微动开关3SA2是否闭合都将使排风1电空阀(254YV)失电,作用管排大气的通路被切断。

在空气位状态时,空气制动阀有以下4个作用位置。

1. 缓解位

如图1-2-24a)所示,当空气制动阀操作手柄置于缓解位时,作用凸轮升程,推动柱塞左移,连通调压阀管与a管的气路(调压阀管→作用柱塞凹槽→a管→转换柱塞凹槽→均衡风缸管)。调压阀将总风压力空气调整为500kPa或600kPa,向均衡风缸充气,控制中继阀向列车管充风,车辆缓解。机车的缓解是靠下压空气制动阀操作手柄。

注意:此时必须下压空气制动阀操作手柄,否则机车不能缓解。

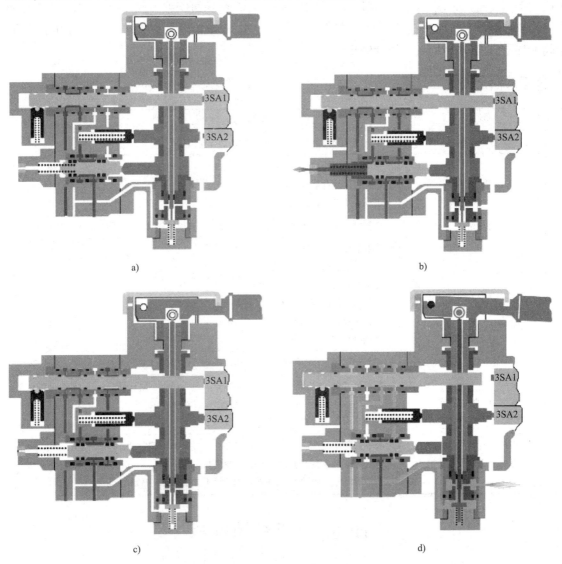

图1-2-24 空气位空气制动阀各位置状态

2. 制动位

如图1-2-24b)所示,空气制动阀操作手柄右移到制动位,作用凸轮得到降程。在作用柱塞弹簧的反力作用下柱塞右移,切断调压阀管向均衡风缸管充气的通路,均衡风缸管与作用柱塞左盖上直径1.4mm的排气缩孔连通,使均衡风缸压力空气排至大气,均衡风缸减压,中继阀使列车管排出与均衡风缸减压量相等的压力空气,全列车制动。

均衡风缸的减压量与手柄在制动位停留的时间成正比,完成所需减压量后,将操作手柄移到中立位,作用柱塞切断均衡风缸排气通路,均衡风缸停止减压,列车进入制动后的保压状态。

3. 中立位

如图1-2-24c)所示,空气制动阀操作手柄在制动位停留时间的长短可确定均衡风缸减压量的多少。如果此时均衡风缸减压量达到了要求,司机可将空气制动阀操作手柄回移至中立位。作用凸轮使作用柱塞左移至中间位置,将调压阀管与均衡风缸管以及均衡风缸管与大气的通路均切断,使机车、车辆保持制动。

注意:在电空位操纵时,运转位与中立位气路相同,但电路不同,因此两位作用不同;在空气位时,制动系统的电路均无电,此两位作用相同。

4. 单缓位

如图1-2-24d)所示,空气制动阀转入空气位操纵全列车制动后,若想使机车单独缓解,可下压空气制动阀操作手柄实现。下压空气制动阀操作手柄时,顶杆下移,将单缓阀推离阀座,分配阀容积室压缩空气经作用管从单缓阀上方大气孔排向大气,机车单独缓解。松开操作手柄时,在单缓阀下方弹簧的作用下,单缓阀上移与阀座紧密贴合,作用管停止排气。

任务评价

主要内容		考核要求及评分标准	配分	得分
任务准备	任务书编写	空气制动阀的结构及空气制动阀拆装作业流程	10	
	作业前准备	劳动保护用品的穿戴齐备,错漏一处扣2分。 防护措施是否到位,错漏一处扣2分。 工具准备是否到位,错漏一处扣2分	5	
操作过程	空气制动阀部件认知	空气制动阀部件认知、功能分析、气路识别是否正确,错漏一处扣2分	10	
	空气制动阀拆装	作业顺序出现差错扣5分。 拆卸时伤及铜件扣10分。 分解时损伤密封件扣5分。 工具及零件掉落扣5分。 工具选择不合理扣5分。 本项满分35分,扣完为止	35	
	空气制动阀工作原理分析	空气制动阀工作原理分析是否正确,错漏一处扣2分	20	
职业素养	作业质量	零部件齐全,每遗漏一个零部件扣2分。 分解后的各零部件未分类摆放至各配件盒扣2分。 按规定程序进行作业,作业程序混乱扣2分	10	
	基本要求及安全防护	操作过程中及作业完成后,工具、仪表、设备等摆放不整齐扣1分。 作业完成后未整理工具、清洁工作现场扣2分。 没有穿戴安全防护用品,作业防护项目不齐全,每缺一处扣2分	10	

任务3 电空阀拆装

任务导入

电空阀是指由电磁力控制气路的接通与关断,从而实现远距离控制气动装置的电器。

思考:电空阀有哪些类型?它的结构与工作原理是什么?

带着这些疑问,我们进入任务3的学习。学习前请扫描二维码7预习。

任务目标

1. 熟悉电空阀的组成及功能。
2. 了解电空阀工作原理。
3. 掌握电空阀的拆装方法。

任务实施

一、识结构

请将图1-2-25、图1-2-26中电空阀部件名称标出,并填入表1-2-4。

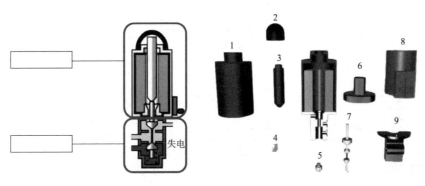

图1-2-25 电空阀总体结构　　　　图1-2-26 电空阀内部结构

电空阀结构名称表　　　　　　　　　　　　　　　　表1-2-4

序号	名　称	序号	名　称	序号	名　称
1		4		7	
2		5		8	
3		6		9	

二、练拆装

(一)任务准备

根据电空拆装工序要求,准备好相应的设备与工具:

6寸、8寸活扳手,内六角扳手,一字螺丝刀,十字螺丝刀,尖嘴钳,钢丝钳,工业凡士林。

(二)电空阀拆解

(1)拧下外壳螺钉,拆下接线柱。

(2)拆下阀座与O型圈。

(3)拆下静铁芯、阀杆、线圈与铜外壳。

(三)电空阀组装

电空阀的组装顺序按其拆解反序进行,先安装线圈与阀杆,再安装静铁芯,最后安装阀座与接线柱。

三、探原理

请据图1-2-27、图1-2-28分析开式电空阀与闭式电空阀的工作原理。

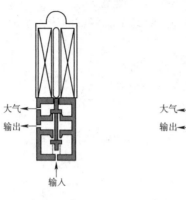

图 1-2-27 闭式电空阀得电　　图 1-2-28 闭式电空阀失电

电空阀得电原理：

电空阀失电原理：

相关知识

电空阀是一种气路控制元件，通过电磁力来控制压缩空气管路的接通或切断，从而达到远距离控制气动装置的目的。目前，电力机车上都统一装有螺管式电磁铁、立式安装的闭式电空阀。

一、TFK1B 型电空阀

DK-1 型电空制动机除采用传统的 TFK1B 型电空阀外，为满足系统的性能还装用 TFK 型电空阀（习惯上称为三通电空阀）。

（一）TFK1B 型电空阀的结构

TFK1B 型电空阀主要由电磁机构部分的励磁线圈、动铁芯、铁芯座、磁轭、接线座及气阀部分的阀座、上阀门、下阀门、弹簧、阀杆等组成。其中，上、下阀门与阀座分别构成上、下阀口。气阀部分被上、下阀口分成 3 个气室，且各气室分别与外部连通。排气室与风源连接，称为输入口；中气室通向控制对象，称为输出口；上气室与大气连通，称为排气口。

（二）TFK1B 型电空阀的工作原理

TFK1B 型电空阀的工作过程包括以下两个状态：

1. 失电状态

当励磁线圈失电时，励磁线圈内不产生电磁力，在弹簧作用下，推动下阀门、阀杆、上阀门、芯杆、动铁芯上移，关闭下阀口，并开启上阀口，连通输出口与排气口之间的气路。

2. 得电状态

当励磁线圈得电时，励磁线圈所产生的电磁力推动铁芯、芯杆、上阀门、阀杆、下阀门压缩弹簧下移，从而关闭上阀口，并开启下阀口，连通输入口与输出（排气）口之间的气路。

综上所述，闭式电空阀的基本工作原理为得电时上阀口关闭而下阀口开启，失电时上阀口开启而下阀口关闭。

二、TFK 型电空阀

(一) TFK 型电空阀的结构

TFK 型电空阀又称"二位三通电空阀",其简图如图 1-2-29 所示。TFK 型电空阀是 TFK1B 型电空阀的派生产品,其结构与 TFK1B 型电空阀相似,两种电空阀只是在气阀部分有所区别。TFK1B 型电空阀的阀口连通的是输出与大气,而 TFK 型电空阀的阀口连通的可以是输出与大气,也可以是输出与另一控制管路。

(二) TFK 型电空阀的工作原理

TFK 型电空阀与 TFK1B 型电空阀的区别在于:前者可在排气口处集中引出,并根据需要接管或加堵,以实现三通的要求;而后者则无法在排气口处集中引出,且由于上阀门与滑道间有间隙,所以无法保证上气室的气密性。

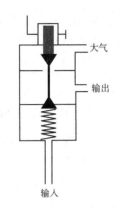

图 1-2-29　TFK 型电空阀

当线圈得电时,TFK 与 TFK1B 型电空阀的工作原理相同;当线圈失电时,下阀门在弹簧作用下密贴阀座并通过阀杆顶开上阀口,使下阀口控制的输入与输出关闭,输出与排风口连通,也可以与另一控制管路连通。

三、各电空阀连接的管路和作用

DK-1 型电空制动机在 SS9 等型机车上使用 13 个电空阀。SS9 型电力机车电空阀代号为"数字 + YV",各电空阀空气管路连接情况及其作用如下。

(一) 撒砂电空阀

SS9 型电力机车上各有 4 个撒砂电空阀,代号分别为 251YV、241YV、250YV 和 240YV。撒砂电空阀的输入口接总风管,输出口经逆流止回阀与撒砂器连接,排气口通大气。当电空制动控制器操作手柄置于紧急制动位时,使撒砂电空阀得电以完成自动撒砂,防止车轮在制动时滑行。

(二) 过充电空阀

过充电空阀代号为 252YV。输入口接总风管,输出口接过充风缸管,排气口被堵。当电空制动控制器操作手柄置于过充位时,过充电空阀得电,输入口与输出口连通,总风向过充风缸充风,通过双阀口式中继阀的作用,使列车管快速充风,并得到过充压力。

(三) 中立电空阀

中立电空阀代号为 253YV。输入口接总风管,输出口接总风遮断阀管,排气口通大气。当操纵电空制动控制器使其得电时,连通总风向总风遮断阀充风的气路,以关闭总风遮断阀口,切断列车管供气风源;当操纵电空制动控制器使其失电时,则开通列车管的供气风源。

(四) 排风 1 电空阀

排风 1 电空阀代号为 254YV。输入口接作用管,输出口和排气口通大气。当其得电时,连通作用管向大气排风的气路,以实现机车的缓解;当其失电时,则切断该排风气路。

(五) 排风 2 电空阀

排风 2 电空阀代号为 256YV。输入口被堵,输出口接过充风缸管,排气口通大气。当其失电时,加快过充风缸的排风。

(六) 制动电空阀

制动电空阀代号为 257YV。输入口被堵,输出口与初制风缸和缓解电空阀 258YV 的排气口连接,排气口通大气。当其失电时,连通初制风缸和缓解电空阀 258YV 排气口向大气排风的气路;当其得电时,则切断该气路。

(七) 缓解电空阀

缓解电空阀代号为258YV。输入口经止回阀203、调压阀55接总风管,输出口接均衡风缸管,排气口与初制风缸和制动电空阀257YV输出口连接。当其得电时,连通总风经调压阀55向均衡风缸充风的气路,并使其得到定压;当其失电时,则连通均衡风缸与初制风缸、制动电空阀257YV输出口的气路。

可见,只有当制动电空阀257YV、缓解电空阀258YV同时失电时,才连通均衡风缸向大气排风的气路。

(八) 重联电空阀

重联电空阀代号为259YV。输入口接列车管,输出口接均衡风缸管,排气口被堵。当其得电时,连通均衡风缸与列车管之间的气路,以实现中继阀自锁;当其失电时,则切断该气路。

(九) 紧急电空阀

紧急电空阀代号为94YV。输入口接总风管,输出口与电动放风阀膜板下侧连通,排气口通大气。当其得电时,连通总风向电动放风阀膜板下侧充风的气路,以控制电动放风阀开放列车管的放风气路;当其失电时,则连通电动放风阀膜板下侧向大气排风的气路,以控制电动放风阀切断制动管的放风气路。

(十) 停放制动电空阀

SS9型电力机车设有停放制动电空阀,代号为239YV。输入口接总风管,输出口与停放制动器制动缸连通,排气口通大气。当其得电时,连通总风向停放制动器制动缸充风的气路,切除停放制动器的制动作用;当其失电时,则连通停放制动器制动缸向大气排风的气路,使停放制动器产生作用,防止机车溜行。

各电空阀管路连接及其作用见表1-2-5。

电空阀管路连接及其作用　　　　　　　　　　　表1-2-5

名称	代号	配管			作用
		输入口	输出口	排气口	
撒砂电空阀	251YV 241YV 250YV 240YV	总风管	撒砂管	大气	紧急制动时得电,自动撒砂防滑
过充电空阀	252YV	总风管	中继阀过充管	不通	过充位得电,使列车管得到过充压力(30~40kPa)
中立电空阀	253YV	总风管	总风遮断阀管	大气	中立位、制动位、重联位、紧急位得电,切断中继阀的列车管供风风源
排风1电空阀	254YV	作用管	大气	大气	得电时,排风作用管的压力空气,以实现机车制动机的缓解
排风2电空阀	256YV	不通	过充风缸管	大气	中立位、制动位、重联位、紧急位失电,加速排放过充风缸的压力空气,以避免影响中继阀的作用
制动电空阀	257YV	不通	初制风缸管	大气	失电时,排放初制风缸的压力空气;得电时,关闭该气路
缓解电空阀	258YV	55调压阀管	均衡风缸管	初制风缸管	缓解位、过充位得电,使总风经55调压阀向均衡风缸充风;当其失电时,连通均衡风缸与初制风缸的气路
重联电空阀	259YV	列车管	均衡风缸管	不通	重联位、紧急位得电,连通列车管与均衡风缸的气路,使中继阀自锁
紧急电空阀	94YV	总风管	电动放风阀膜板下侧	大气	紧急位得电,以控制电动放风阀开放列车管的放风气路;当其失电时,关闭该气路
停放制动电空阀	239YV	总风管	停放制动器制动缸	大气	按下"停放制动"按钮时,使其失电,停放制动控制器起作用,防止机车溜行

任务评价

主要内容		考核要求及评分标准	配分	得分
任务准备	任务书编写	电空阀的结构及电空阀拆装作业流程	10	
	作业前准备	劳动保护用品的穿戴齐备，错漏一处扣2分。 防护措施是否到位，错漏一处扣2分。 工具准备是否到位，错漏一处扣2分	5	
操作过程	电空阀部件认知	电空阀部件认知、功能分析、气路识别是否正确，错漏一处扣2分	10	
	电空阀拆装	作业顺序出现差错扣5分。 拆卸时伤及铜件扣10分。 分解时损伤密封件扣5分。 工具及零件掉落扣5分。 工具选择不合理扣5分。 本项满分35分，扣完为止	35	
	电空阀工作原理分析	电空阀工作原理分析是否正确，错漏一处扣2分	20	
职业素养	作业质量	零部件齐全，每遗漏一个零部件扣2分。 分解后的各零部件未分类摆放至各配件盒扣2分。 按规定程序进行作业，作业程序混乱扣2分	10	
	基本要求及安全防护	操作过程中及作业完成后，工具、仪表、设备等摆放不整齐扣1分。 作业完成后未整理工具、清洁工作现场扣2分。 没有穿戴安全防护用品，作业防护项目不齐全，每缺一处扣2分	10	

任务4 中继阀拆装

任务导入

根据 DK-1 型电空制动机气路的控制关系我们知道，中继阀是电空制动控制器及空气制动阀在空气位时的执行元件，它依据均衡风缸的压力变化来控制列车管的压力变化，从而完成列车的制动、保压和缓解。它既能向列车管充气，又能把列车管内的压力空气排向大气。

思考：均衡风缸压力变化如何控制列车管的压力？在中继阀的内部其组成部件有哪些？电空制动控制器操作手柄在不同的位置，中继阀的工作原理是什么？

带着这些疑问，我们进入任务4的学习。学习前请扫描二维码8预习。

二维码8
中继阀

任务目标

1. 熟悉中继阀的组成及功能。
2. 了解总风遮断阀的工作原理。
3. 了解中继阀缓解位、过充位、制动位、保压位工作原理。
4. 掌握中继阀的拆装方法。

任务实施

一、识结构

1. 请在表 1-2-6 中标出相应部件名称。

部件结构识别表　　　　　　　　　　表1-2-6

部件图片					
部件名称					

2. 请用不同颜色的笔,在图 1-2-30 中把各个管路走向标记出来。

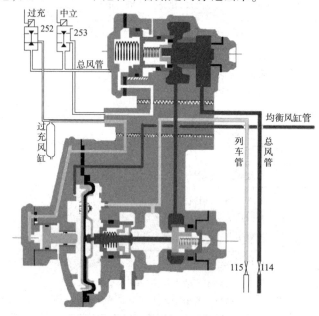

图 1-2-30　中继阀管路识别图

3. 请将中继阀拆解各个部件的功能填至表 1-2-7。

中继阀功能分析表　　　　　　　　　　表1-2-7

部件名称	功能分析
过充柱塞	
供气阀	
排气阀	
风堵	
遮断阀	
阀体	

二、练拆装

(一)任务准备

根据中继阀拆装工序要求,准备好相应的设备与工具:

活动扳手(规格 300mm)、开口扳手(M8、M10、M12、M14、M16)、梅花扳手(8×10mm,17×19mm)、套筒、小一字螺丝刀、大一字螺丝刀(3×150mm)、尖嘴钳、卡簧钳、一字螺丝刀(2×75mm)、手锤规格 0.75kg、工业凡士林。

(二)总风遮断阀拆解

(1)将遮断阀夹置于操作台上。

(2)用活动扳手拆下遮断阀盖的螺母及螺盖。

(3)用开口扳手拆下遮断阀螺盖,然后取出遮断阀装置及胶垫。

(4)用卡簧钳拆出遮断阀挡圈,取出遮断阀弹簧。

(三)总风遮断阀组装

按拆解的反顺序进行组装。

注意:①各运动副、各O型圈加适量的工业凡士林;②挡圈须落槽。

(四)中继阀拆解

(1)将中继阀紧固在操作台上。

(2)用活动扳手拆下中继阀盖螺栓,取下中继阀盖。

(3)用开口扳手松开中继阀螺盖,取出供气阀装置。

(4)将供气阀置于台面上,使供气阀胶垫朝上,用一字螺丝刀顶住供气阀压缩弹簧,然后用尖嘴钳取出挡圈、供气阀及弹簧。

(5)取出膜板机构及供排气阀,并用卡簧钳取出排气阀挡圈,取出排气阀及顶杆。

(6)用活动扳手取下过充端盖,拿出过充柱塞。

(五)中继阀组装

按拆解的反顺序进行组装。

注意:①各运动副、各O型圈加适量的工业凡士林;②挡圈须落槽。

三、探原理

(一)总风遮断阀的工作原理

完成表1-2-8,并在图1-2-31中标出气路走向,描述其工作原理。

总风遮断阀阀口状态表　　　　　　　　　　　　　　　　表1-2-8

部　件	阀口关闭状态	阀口开启状态
中立电空阀		
总风		
遮断阀		
遮断阀口		
总风与中继阀通路		

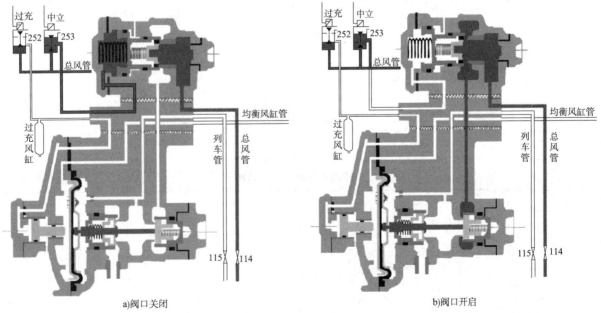

图1-2-31　总风遮断阀气路走向图

工作原理：

_____

_____

_____

(二) 中继阀工作原理

1. 缓解位

完成表1-2-9，并在图1-2-32中标出气路走向，描述其工作原理。

中继阀缓解位部件状态表　　　　　　　　　　　　　　表1-2-9

部　件	压力或动作变化
均衡风缸	
活塞膜板左侧	
顶杆	
供气阀	
总风缸压力	

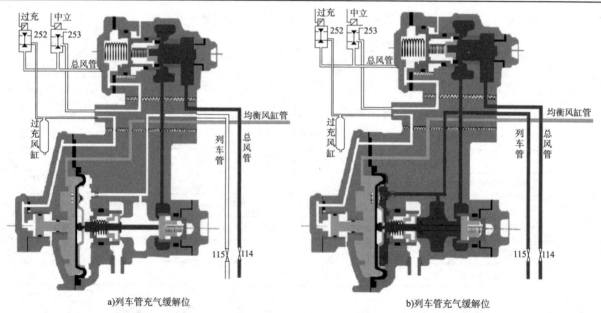

a) 列车管充气缓解位　　　　　　　　b) 列车管充气缓解位

图1-2-32　中继阀缓解位气路走向图

工作原理：

_____

_____

_____

2. 过充位

完成表1-2-10，并在图1-2-33中标出气路走向，描述其工作原理。

中继阀过充位部件状态表　　　　　　　　　　　　　　表1-2-10

部　件	压力或动作变化
过充柱塞	
活塞膜板左侧	
顶杆	
供气阀	
过充风缸	

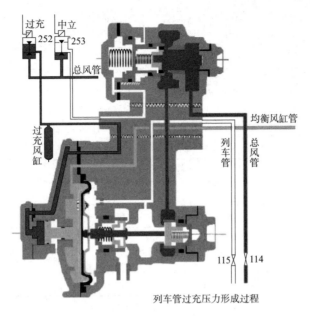

图 1-2-33 中继阀过充位气路走向图

工作原理：

_____

_____

_____

3. 制动位

完成表 1-2-11，并在图 1-2-34 中标出气路走向，描述其工作原理。

中继阀制动位部件状态表　　　　　　　　　　　　　　　　表 1-2-11

部　件	压力或动作变化
均衡风缸	
活塞膜板左侧	
顶杆	
排气阀	
列车管	

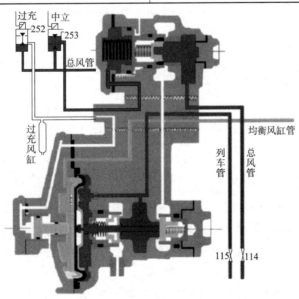

图 1-2-34 中继阀制动位气路走向图

工作原理：

4. 保压位

完成表 1-2-12，并在图 1-2-35 中标出气路走向，描述其工作原理。

中继阀保压位部件状态表　　　　　　　　　　　表 1-2-12

部　件	缓解后保压位	制动后保压位
活塞膜板		
顶杆		
供风阀		
排气阀		
列车管		

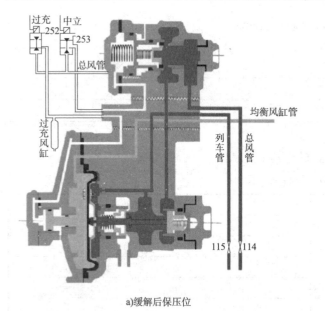
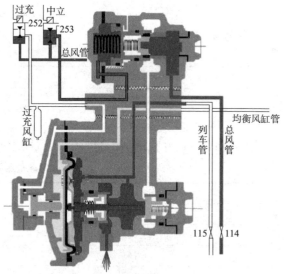

a) 缓解后保压位　　　　　　　　　　b) 制动后保压位

图 1-2-35　中继阀保压位气路走向图

工作原理：

 相关知识

一、中继阀的组成

中继阀是由总风遮断阀和双阀口式中继阀组成，其结构示意图如图 1-2-36 所示。在 DK-1 型电空制动机系统中设置的总风遮断阀是受中立电空阀控制，用于开启和关闭双阀口式中继阀的总风源，控制列车管的充风风源。而双阀口式中继阀则是根据均衡风缸压力变化来控制列车管的充风、排风，以使全列车缓解或制动的。

双阀口式中继阀和总风遮断阀通过阀座安装于制动屏柜上，并经阀座与总风缸管、列车管、均衡风缸管、过充风缸管和总风遮断阀管 5 条空气管路连接，因此，阀座既是安装基座，又是管路连接基座(以下简称管座)。

(一) 总风遮断阀

总风遮断阀用于控制总风能否通往双阀口式中继阀的供气室,即控制列车管的供气源。

总风遮断阀属于阀口式空气阀。它主要由阀体、遮断阀、阀座、遮断阀套、弹簧等组成,如图1-2-37所示。

总风遮断阀各内部空间分别与3条管路连通,具体如下:

(1) 阀座右侧空间与总风缸管连通,并经遮断阀中心孔通往遮断阀套右侧空间。

(2) 阀座左侧空间与双阀口式中继阀供气室连通。

(3) 遮断阀套左侧空间与总风遮断阀管连通。

图1-2-36 中继阀结构示意图

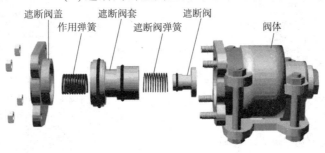

图1-2-37 总风遮断阀结构示意图

(二) 双阀口式中继阀

双阀口式中继阀根据均衡风缸的压力变化来控制列车管的压力变化,主要是控制列车管的充风和排风,以使全列车缓解或制动。

双阀口式中继阀结构示意图如图1-2-38所示:双阀口式中继阀主要由以下零部件组成。

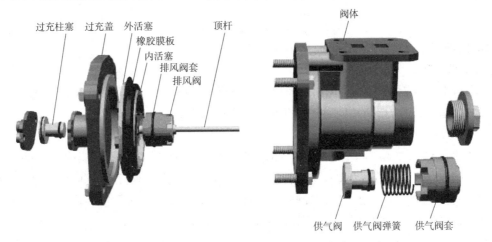

图1-2-38 双阀口式中继阀结构示意图

(1) 主活塞:是传感部件,用于感应不同压力空气间的压力变化,从而带动顶杆左、右移动,以开启或关闭排风阀口或供气阀口,最终实现连通或切断排气、供气气路。它主要由内、外活塞和活塞膜板等组装而成。

(2) 供气阀结构:是连通或切断供气气路的执行部件。它主要由供气阀、供气阀套、供气阀弹簧及O型圈等组成。

(3) 排气阀结构:是连通或切断排风气路的执行部件。它主要由排气阀、排气阀套、排气阀弹簧及O型圈等组成。

(4) 顶杆:跟随主活塞移动并顶开供气阀口或排气阀口。

(5)阀座:为双向阀座结构,分别与供、排气阀形成供、排气阀口。

(6)过充柱塞:"过充位"快速充风时,产生附加作用力并作用在活塞膜板上,以实现列车管的快速充风,并使列车管得到过充压力。

二、中继阀的工作原理

(一)总风遮断阀的工作原理

总风遮断阀的工作原理是,根据总风遮断阀管压力变化,从而使遮断阀套带动遮断阀左右移动,开启或关闭遮断阀口,以连通或切断总风通往双阀口式中继阀供气室的气路。总风遮断阀的工作原理示意图如图1-2-39所示。

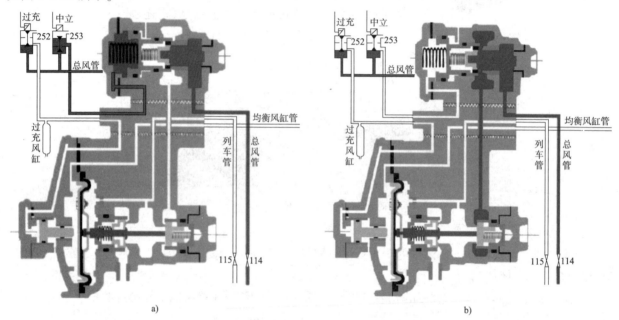

图1-2-39 总风遮断阀的工作原理示意图

总风遮断阀的工作过程包括以下两个动作状态:

(1)阀口关闭状态。

当中立电空阀253YV得电时,总风向总风遮断阀充风,遮断阀在其左侧的总风压力及弹簧力的作用下右移,迅速关闭遮断阀口,切断总风通往中继阀供气室的通路。

(2)阀口开启状态。

当中立电空阀253YV失电时,总风遮断阀管向大气排风,遮断阀套左侧无压力空气时,遮断阀在其右侧的总风压力作用下,克服弹簧的反力左移,遮断阀口呈开启状态,连通总风通往中继阀供气室的通路。

由上可知,总风遮断阀受中立电空阀控制。通过控制总风遮断阀的关闭或开启可以开启或关闭双阀口式中继阀的总风源,进而控制列车管的充风风源。

(二)双阀口式中继阀的工作原理

1. 充气缓解位

如图1-2-40所示,当均衡风缸压力增加时,活塞膜板左侧的压力升高,使其产生向右的作用力,因此,活塞膜板带动顶杆右移,并压缩供气阀弹簧推动供气阀右移,从而顶开供气阀口,则由总风遮断阀过来的总风缸压力空气(以下简称总风,其压力为700~900kPa)经开启的供气阀口向列车管充风,同时总风经缩堵孔(1.0mm)向活塞膜板右侧充风。

2. 过充位

为了适应列车运行于长大坡道或长大列车运行时对缓解充风速度的要求,DK-1型电空制动机设置了"过充位"操纵,以实现列车的快速充风。

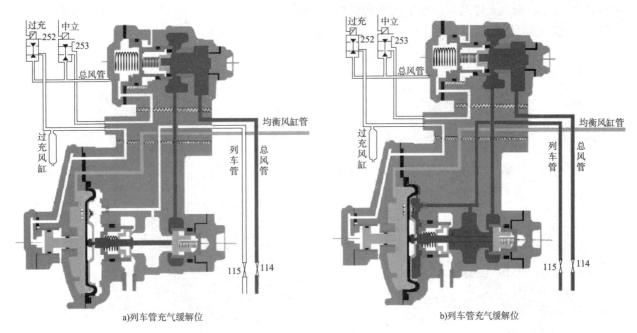

图 1-2-40　中继阀缓解位工作原理示意图

如图 1-2-41 所示,当司机将电空制动控制器操作手柄置于"过充位"时,连通了总风向过充风缸充风的气路,即过充柱塞侧压力升高,推动过充柱塞右移,并作用在活塞膜板上,该作用力的大小相当于 30～40kPa 空气所产生的作用力。同时,连通总风经调压阀(用于调整、限定均衡风缸的定压,为 500kPa 或 600kPa)、缓解电空阀 258YV 向均衡风缸充风的气路,即活塞膜板左侧压力升高。在二者共同作用下,活塞膜板带动顶杆迅速右移,顶开供气阀口,并且阀口开启较大,使总风迅速向列车管及活塞膜板右侧充风;当活塞膜板右侧压力及列车管压力与活塞膜板左侧压力平衡时,在供气阀弹簧作用下,关闭供气阀口。可见,当电空制动控制器操作手柄置于"过充位"时,经双阀口式中继阀动作,能够实现列车管的快速充风,并使列车管压力得到过充压力,即超过定压 30～40kPa。

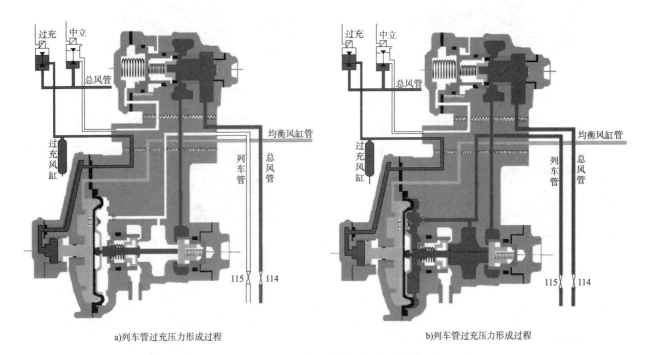

图 1-2-41　中继阀过充位工作原理示意图

如图 1-2-42 所示,如果要消除过充压力,可将电空制动控制器操作手柄由"过充位"转换至"运转位",此时,均衡风缸仍保持定压,而过充风缸内的压力经过充风缸小孔(ϕ0.5mm)缓慢排向大气(120～

180s消除过充),则过充柱塞端部作用在活塞膜板上的附加力缓慢消失,此时列车管过充压力缓慢排向大气,而不会引起后部车辆的自然制动。

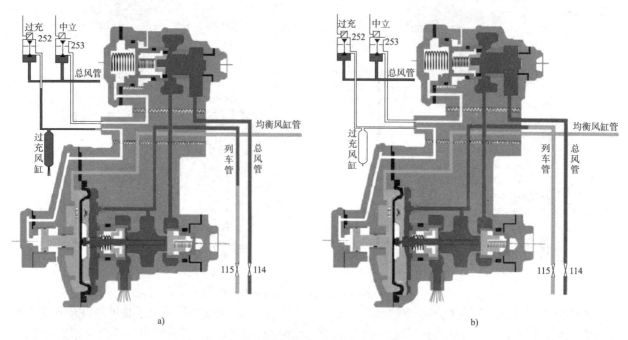

图1-2-42 中继阀过充位压力消除工作原理示意图

3. 制动位

如图1-2-43所示,当均衡风缸压力减小时活塞膜板左侧的压力下降,使其产生向左的作用力,因此活塞膜板带动顶杆左移开,并压缩排气阀弹簧推动排气阀左移,从而打开排风阀口,列车管向大气排风。同时,膜板右侧的压力空气经缩堵、排风阀口也向大气排风。

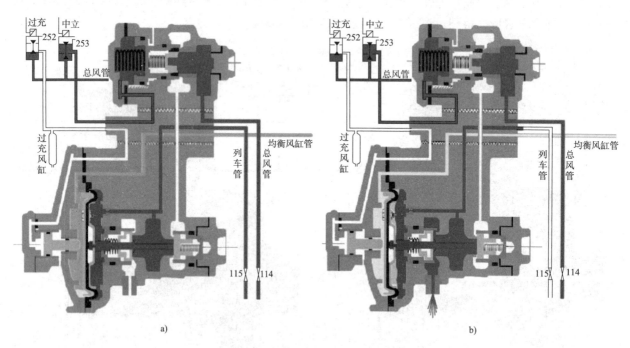

图1-2-43 中继阀制动位工作原理示意图

4. 保压位

(1) 缓解后保压位

如图1-2-44所示,随着活塞膜板右侧和列车管压力的增加,逐渐平衡活塞膜板左侧压力,在供气阀弹簧作用下,使供气阀推动顶杆、活塞膜板左移逐渐缩小供风阀口,直至关闭。同时,顶杆、活塞膜板停止左移,排风阀口仍处于关闭状态,供、排气阀口处于均不开启的保压状态。

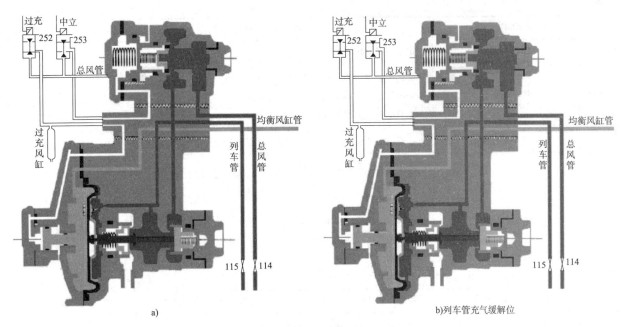

图 1-2-44　中继阀缓解后保压位工作原理示意图

当列车管发生泄漏时,双阀口式中继阀活塞膜板右侧的压力随之降低,在活塞膜板上产生向右的作用力,所以活塞膜板带动顶杆右移,顶开供气阀口,使总风向列车管内补风,同时活塞膜板右侧也得到补风;当活塞膜板右侧及列车管压力补充到与活塞膜板左侧压力平衡时,在供气阀弹簧作用下,关闭供气阀口,完成补风过程。可见,补风作用是随着列车管的泄露而自动进行的。

(2)制动后保压位

如图 1-2-45 所示,随着活塞膜板右侧和列车管压力的降低,逐渐平衡活塞膜板左侧压力,在排气弹簧作用下,使排气阀推动顶杆、活塞膜板右移,直到活塞膜板两侧压力平衡时,关闭排气阀口,从而切断列车管的排风气路。同时,顶杆、活塞膜板停止右移,不能打开供气阀口,使其处于、供气阀口均不开启的保压状态。

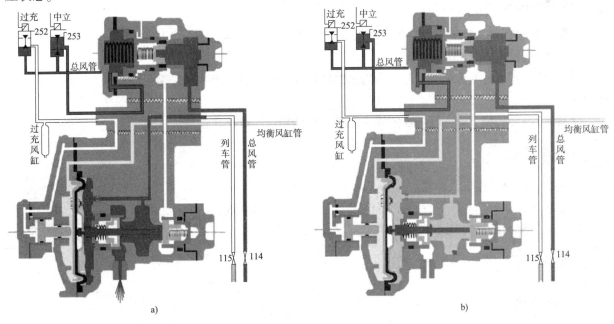

图 1-2-45　中继阀制动后保压位工作原理示意图

任务评价

主要内容		考核要求及评分标准	配分	得分
任务准备	任务书编写	中继阀的结构及中继阀拆装作业流程	10	
	作业前准备	劳动保护用品的穿戴齐备,错漏一处扣2分。 防护措施是否到位,错漏一处扣2分。 工具准备是否到位,错漏一处扣2分	5	
操作过程	中继阀部件认知	中继阀部件认知、功能分析、管路识别是否正确,错漏一处扣2分	10	
	中继阀拆装	作业顺序出现差错扣5分。 弹簧或卡簧飞出扣5分。 拆卸时伤及铜件扣10分。 分解时损伤密封件扣5分。 工具及零件掉落扣5分。 工具选择不合理扣5分。 本项满分35分,扣完为止	35	
	中继阀工作原理分析	中继阀气路顺序、工作原理分析是否正确,错漏一处扣2分	20	
职业素养	作业质量	零部件齐全,每遗漏一个零部件扣2分。 分解后的各零部件未分类摆放至各配件盒扣2分。 按规定程序进行作业,作业程序混乱扣2分	10	
	基本要求及安全防护	操作过程中及作业完成后,工具、仪表、设备等摆放不整齐扣1分。 作业完成后未整理工具、清洁工作现场扣2分。 没有穿戴安全防护用品,作业防护项目不齐全,每缺一处扣2分	10	

任务5 分配阀拆装

任务导入

分配阀是根据列车管的压力变化控制制动缸的充、排风,还可接受空气制动阀的操纵,直接控制分配阀容积室的充、排气,实现机车的制动与缓解。

思考:列车管压力变化会导致分配阀内部部件如何动作?分配阀内部气路如何接通?它的结构与工作原理是什么?

带着这些疑问,我们进入任务5的学习。学习前请扫描二维码9预习。

任务目标

1. 熟悉分配阀的组成及功能。
2. 了解分配阀分别在缓解、制动、保压、紧急制动时的工作原理。
3. 掌握分配阀的拆装方法。

二维码9
分配阀

任务实施

一、识结构

1. 请在图1-2-46中空白框内填写109型分配阀结构。
2. 请在图1-2-47中将分配阀管座管路名称、紧急增压阀、主阀部、均衡部各结构标出。

图 1-2-46　分配阀整体结构

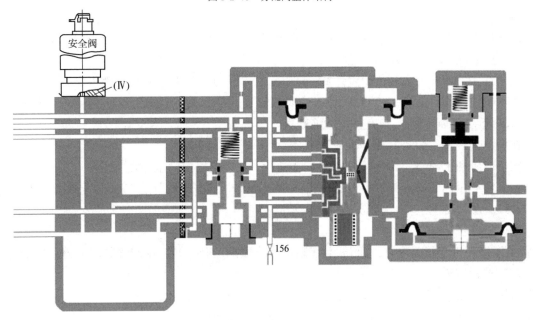

图 1-2-47　分配阀内部结构

二、练拆装

(一) 任务准备

根据中继阀拆装工序要求,准备好相应的设备与工具:

平台,刮刀,冲子,手锤,450mm 管钳,175mm 挡圈钳,钢针,专用扳手,17mm、19mm 开口扳手,300mm 活动扳手,17~19mm 梅花扳手,一字螺丝刀,尖嘴钳,工业凡士林。

(二) 分配阀拆解

1. 拆安全阀

(1) 用专用扳手将安全阀螺母拆下。

(2) 用专用扳手卸下并取出调整螺母、弹簧、阀杆及阀。

(3) 用管子钳将安全阀从安全阀座上卸下。

2. 分解主阀部

(1) 用 19mm 开口扳手拆下主阀部上盖螺栓,取下上盖,抽出连体。

(2) 用冲子冲出滑阀销,取下滑阀、滑阀弹簧、节制阀、节制阀弹簧。

(3) 用专用扳手松开并取下主阀活塞杆、压帽,取出活塞及膜板。

(4) 用专用工具卸下主阀部下盖。

(5) 用专用工具卸下挡圈,取出稳定弹簧座、稳定弹簧及稳定杆。

3. 分解紧急增压阀部

(1) 用专用工具卸下增压阀盖,取下 O 型圈。

(2)用T形专用工具抽出增压阀柱塞、增压阀弹簧。
(3)取下柱塞阀上O型圈。

4.分解均衡部

(1)用17mm开口扳手拆除均衡部下盖螺栓,取掉下盖。
(2)抽出均衡活塞体,用专用工具卸下均衡活塞螺母,从活塞杆上取下活塞、均衡膜板及上端的O型圈。
(3)用17mm开口扳手拆卸均衡部上盖。
(4)取下供气阀弹簧及供气阀组件。

(三)分配阀组装

(1)活塞杆上安装下活塞、O型圈、膜板、上活塞,用活塞压帽固定。膜板应舒展,不扭曲,膜板边缘应装入活塞槽内,不得有压边现象。
(2)依次在主活塞杆上组装节制阀弹簧、节制阀、滑阀、燕尾簧,然后用滑阀销固定。
(3)在均衡空心阀杆上套装O型圈,依次在其根部装上O型圈、上活塞、膜板、下活塞,拧紧均衡活塞螺母。O型圈不得有翻拧现象,应有一定的缩紧度。
(4)在增压阀柱塞上套装O型圈。
(5)在所有膜板上和O型圈上涂一薄层润滑脂,不能过多,以免吸尘,阻塞孔道。
(6)依次将安全阀芯、杆、弹簧装入安全阀体内,装上调压螺母,在压力试验台上调整到符合要求的(450 ± 10)kPa后,将螺母拧上,并加铅封。
(7)整体组装:
①将主活塞装入主阀部内,在主阀部上部装过渡O型圈,安装上盖,用螺栓紧固上盖。在主阀部下盖装上O型圈,拧紧下螺盖。
②在均衡部均衡阀座上装供气阀组件、供气阀弹簧、均衡上盖,用螺栓紧固。
③将均衡活塞装入均衡部下部,装上均衡部下盖,拧紧螺栓。
④装上增压阀弹簧、紧急增压阀,拧紧增压阀螺盖。
⑤将安全阀安装在安全阀座上。

三、探原理

1.请根据图1-2-48~图1-2-51分析,电空制动控制器在缓解与制动以及紧急制动时,分配阀如何动作,并用笔标出气路走向。

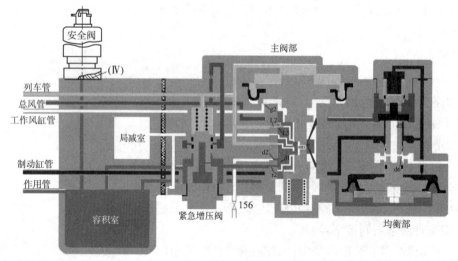

图1-2-48 分配阀列车管充气缓解位

充气缓解位:_____

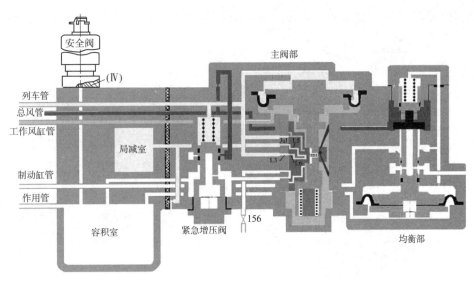

图 1-2-49　分配阀制动局减位

制动局减位：

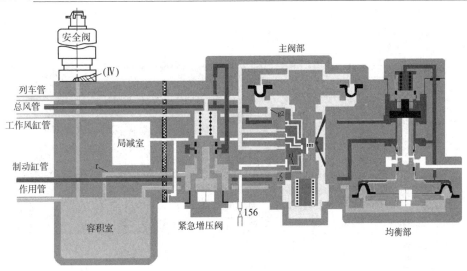

图 1-2-50　分配阀列车管排气制动位

排气制动位：

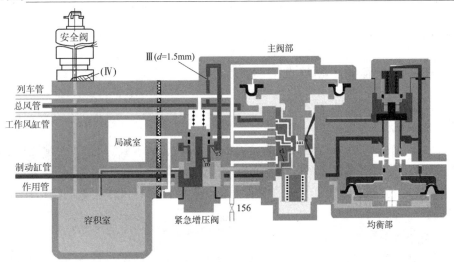

图 1-2-51　分配阀紧急制动位

紧急制动位：

2. 请根据图1-2-52、图1-2-53分析,空气制动阀在缓解与制动时,分配阀如何动作,并用笔标出气路走向。

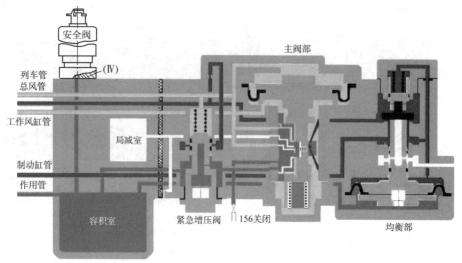

图1-2-52 空气制动阀电空位操作手柄位于制动位

排气制动位:_____

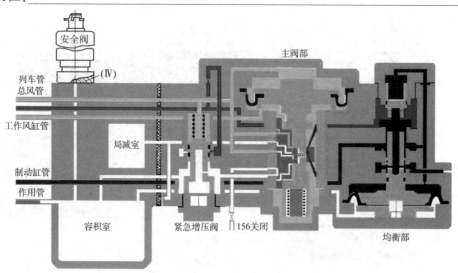

图1-2-53 空气制动阀电空位操作手柄位于缓解位

充气缓解位:_____

相关知识

一、109型机车分配阀的主要特点

109型机车分配阀的主要特点如下。

1. 制动力的不衰减性

109型机车分配阀在制动保压位可实现制动力不衰减的要求。当制动缸发生泄漏时,由于均衡活塞上侧的压力随之下降,均衡活塞失去平衡,在容积室压力大于制动缸压力的情况下,均衡活塞上移,重新开放均衡阀,由总风向制动缸充风,直至新的平衡为止。这种自动补风作用是间接作用式分配阀的最大优点,就可保持制动力的不衰减。

2. 工作风缸容积的选配性

为使列车运行安全舒适、减少冲动,使机车分别与客货车的制动率尽量接近。但实际上传统的做法并不是如此,而首先考虑的是常用全制动时的制动缸压力,使机车尽量与客、货车的相近。

由于109型机车分配阀常用全制动时,制动缸压力大小取决于工作风缸与容积室(包括作用管)的平衡压力。所以对于不同类型的机车,其容积室随作用管的长度变化而有所改变,为保证平衡压力的一致性,则工作风缸容积也应随之调整。

3. 制动缸压力的单独控制

由于109型机车分配阀是间接作用式分配阀,均衡部的作用是根据容积室(也包括作用管)的压力变化,来控制制动缸的充气、保压和排气,实现机车的制动、保压和缓解。而容积室的压力变化可以受主阀部控制,在DK-1型机车电空制动机中还可受空气制动阀的控制,故空气制动阀可通过控制作用管(包括容积室)的压力变化,经分配阀均衡部的作用,控制制动缸的压力变化,实现机车的单独制动与单独缓解。

二、109型机车分配阀的结构

109型机车分配阀的结构如图1-2-54和图1-2-55所示。

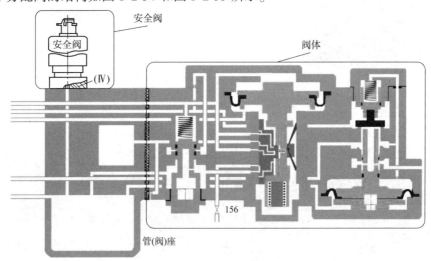

图1-2-54　分配阀内部结构一

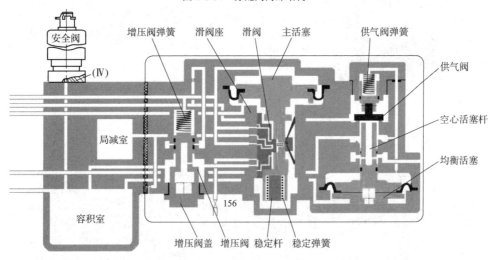

图1-2-55　分配阀内部结构二

三、109型机车分配阀的工作原理

(一) 充风缓解位

109型机车分配阀处于充风缓解位时,分配阀列车管充气缓解过程如下。

①列车管充风。列车管的压缩空气进入主阀体上方并把主活塞压至下极端位置,如图1-2-56a)所示。

②工作风缸充风。列车管充风使主阀体主活塞下移,进而使滑阀充气口L2与L5连通,列车管压缩空气经L2→L5→g2进入工作风缸备用,如图1-2-56b)所示。

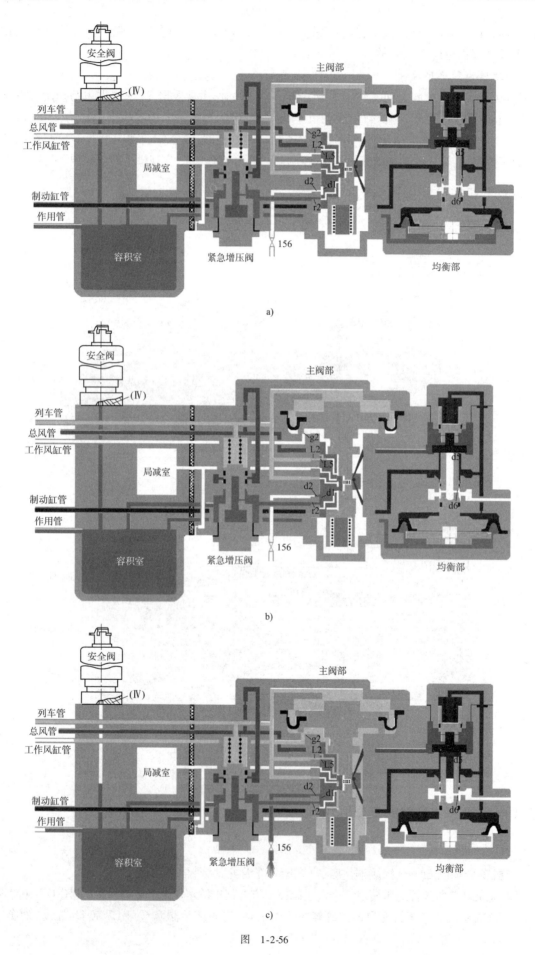

图 1-2-56

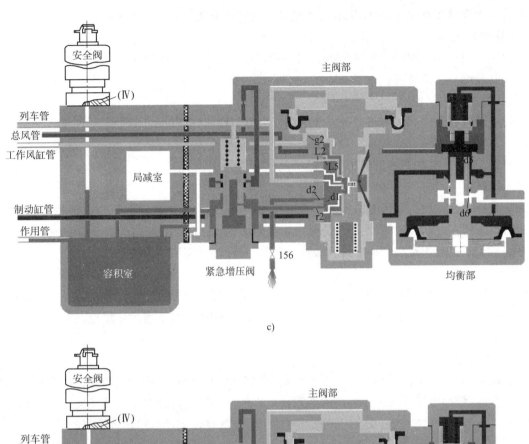

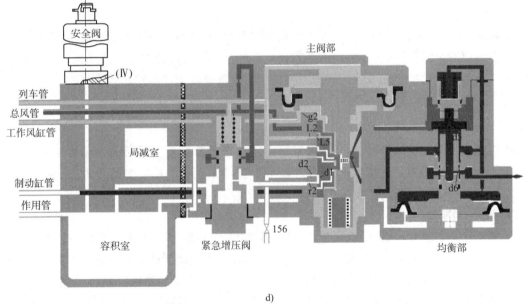

图 1-2-56 分配阀列车管充气缓解过程

③紧急增压阀上方充风。列车管压力空气进入紧急增压阀上方,使其处在下部关闭位。

④容积室缓解。列车管充风使主阀体主活塞下移,进而使滑阀充气口 L2 与 L5 连通的同时,也使滑阀充气口 r2、d1 与 d2 连通,均衡活塞下方的压力空气连同容积室的压力空气经增压阀杆下部→r2→d1→d2→156 阀排向大气,如图 1-2-56c)所示。

⑤制动缸缓解。由于容积室的缓解,均衡活塞上下失去平衡,活塞下移,活塞杆顶面离开均衡阀,制动缸压力空气经均衡阀口进入均衡活塞的轴向中心孔排入大气,如图 1-2-56d)所示。

充风缓解位分初充风缓解和再充风缓解两种工况。初充风缓解为机车运行前初始状态,列车管压力为零时由总风向列车管充至定压;再充风缓解为列车管已减压产生了制动作用后需要缓解时,总风向列车管再充至定压,使制动缸缓解。

1. 初充风缓解

当列车管充风时,压缩空气经安装座进入主阀,经主阀体内暗道及通路到主阀部主活塞上方,将主活塞推向下方,主活塞杆通过其上肩推动滑阀一起向下移,直至主活塞下底面碰到主阀体时为止。此时主活塞及滑阀处于充气缓解位,列车管压缩空气经以下通路充入工作风缸直到定压。

(1)工作风缸充风

列车管压力空气经主阀→滑阀座充风孔 L2→滑阀充风孔 L5→滑阀充风限制孔→滑阀室孔 g2→经主阀体暗道至安装座→工作风缸。

(2)增压阀处于关闭位

列车管压缩空气经主阀体内暗道进入增压阀杆上方与增压弹簧的共同作用下,使增压阀处于下部关闭位。

由此可见,工作风缸的充风由列车管通过滑阀控制。

2. 再充风缓解

当列车管减压制动后再充风时由于列车管增压,破坏了主活塞在制动保压位时的平衡,所以当主活塞两侧压力差及重量之和超过滑阀与节制阀的摩擦阻力时,主活塞便带动滑阀下移到充气缓解位。此时,工作风缸再充气,容积室与制动缸排气缓解,其充气通路与初充风缓解完全相同。

(1)容积室缓解

容积室(包括作用管)的压缩空气经主阀安装面→增压阀杆下部、滑阀座孔 r2→滑阀底部的缓解联络槽 d1→滑阀座孔 d2→主阀部排气口 156→排入大气。而均衡活塞下方的压缩空气经主阀体内暗道→容积室,再经上述通路排入大气。

(2)制动缸缓解

由于容积室的缓解,均衡活塞上下失去了平衡,在制动缸压力作用下,活塞下移,使活塞杆的顶面离开供气阀,制动缸压缩空气经安装座→均衡活塞杆上部外围→活塞杆轴向中心孔和径向孔→均衡部排气口→排入大气。而均衡活塞上侧及均衡阀杆上侧的压力空气也经上述通路排入大气。

由上可知,制动缸的压力受容积室压力的控制。

(二) 常用制动位

当列车管进行常用制动减压时,因工作风缸压力空气来不及经充气通路向列车管逆流,于是在主活塞两侧产生了一定的压力差。此压力差克服了节制阀、主活塞膜板和稳定弹簧等阻力,使主活塞先带动节制阀,然后带动滑阀向上移动,产生常用制动作用。

1. 初制动位(局减位)

当列车管减压后,主活塞两侧形成压差,主活塞压缩稳定弹簧,带动节制阀上移,此时由于滑阀与活塞杆有一间隙,故活塞上移时而滑阀未动。当节制阀上移时,先关闭滑阀背面的充风缩孔,从而切断列车管与工作风缸的通路,同时开放滑阀背面的制动门,以准备下一阶段工作风缸向容积室充气。节制阀上的局减联络槽通滑阀背面充风缩孔,使列车管→滑阀座孔 L3→滑阀贯通孔 L6→节制阀→滑阀贯通孔、滑阀局减室孔→局减室,同时经主阀安装面孔排入大气。这就形成了分配阀的初制动位分配阀局减位工作原理示意图如图 1-2-57 所示。

在初制动位,主活塞仅上移 4mm(滑阀与主活塞杆的上、下两肩之间的间隙),使该间隙处于滑阀上方,列车管产生局减作用。

2. 制动位

由于列车管的局减作用及列车管减压量的加大,增加了主活塞两侧的压力差,于是主活塞带动滑阀克服滑阀与滑阀座之间的摩擦阻力进一步上移到制动位。滑阀与滑阀座的相对位置发生了变化,滑阀底面上的 L6 孔与滑阀座上的 L3 孔错开,因而切断了列车管与局减室的通路,第一阶段局减作用结束。同时,滑阀底面上的 L8 和孔分别与滑阀座上的孔对准,形成了容积室与制动缸充风通路,进一步产生制动作用。

(1)容积室充风

工作风缸压力空气滑阀室→滑阀上的制动孔→滑阀座上的容积室孔→增压阀的下部通路、主阀安装面上的孔→容积室,容积室压力上升。分配阀容积室充风工作原理示意图如图 1-2-58 所示。

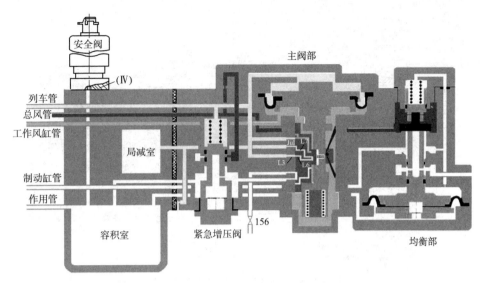

图 1-2-57　分配阀局减位工作原理示意图

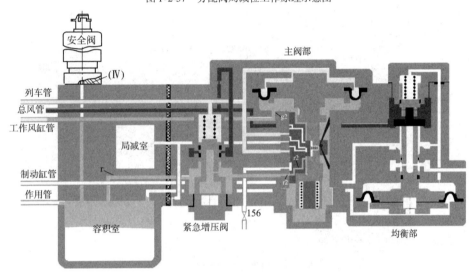

图 1-2-58　分配阀容积室充风工作原理示意图

(2) 制动缸充风

容积室压力空气→主阀体内暗道和主阀体底面孔→均衡活塞下侧,推动均衡活塞上移顶开供气阀。同时,总风经主阀体内暗道至供气阀气室上方→开放的供气阀口→均衡活塞杆上端外围空间→安装座、制动缸,制动缸压力增加。另一路总风至供气阀杆上方,使供气阀与阀座密贴;再一路总风经缩孔进入均衡活塞上侧。另外,由于增压阀杆上部的列车管剩余压力与弹簧力之和仍大于其容积室的压力,增压阀杆仍处于下部,不参与作用。分配阀制动缸充风工作原理示意图如图 1-2-59 所示。

(三) 制动保压位

列车管停止减压,使分配阀处于保压位置,制动缸压力也保持不变,如图 1-2-60 所示。在列车管刚停止减压时,由于主活塞和滑阀、节制阀都还在制动位,工作风缸仍在向容积室充风,因此工作风缸压力继续下降,直到主活塞两侧的列车管与工作风缸压力相接近时,在主活塞尾部原被压缩的稳定弹簧的反力及主活塞自重的作用下,使主活塞仅带动节制阀向下移动,节制阀遮盖住滑阀的背面的制动孔,切断工作风缸与容积室的通路,工作风缸停止向容积室充风。此时,主阀部处于保压状态。

分配阀均衡部,当容积室压力停止上升时,由于供气阀仍在开放状态,总风仍在向制动缸充风,当通过缩孔流到均衡活塞上侧的制动缸压缩空气,其压力增大到与均衡活塞下部的容积室压力相接近,在均衡阀、均衡活塞的自重及供气阀弹簧的作用下,停止制动缸充风,制动缸压力停止上升,使分配阀处于制动保压位。

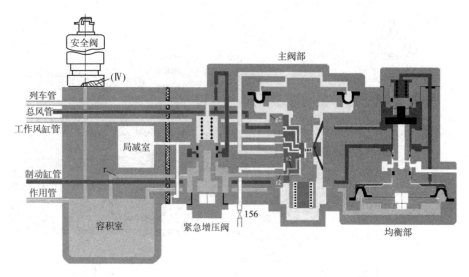

图 1-2-59　分配阀制动缸充风工作原理示意图

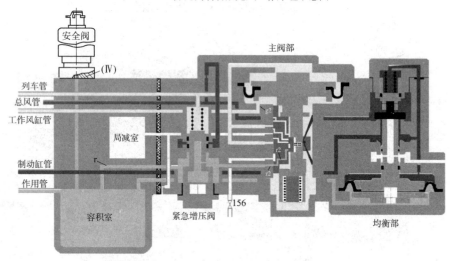

图 1-2-60　分配阀制动保压位工作原理示意图

(四) 紧急制动位

当列车管由于各种原因引起急速排风时,分配阀产生紧急制动作用,如图 1-2-61 所示。紧急制动时,除增压阀外,主阀各部分的作用均与常用制动位相同,只是动作更加迅速,通路变大。

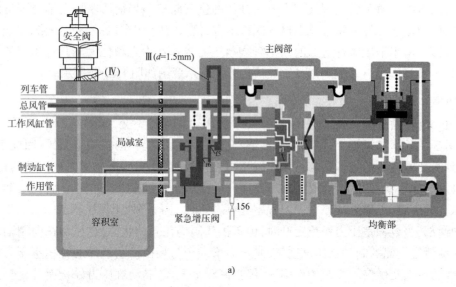

a)

图　1-2-61

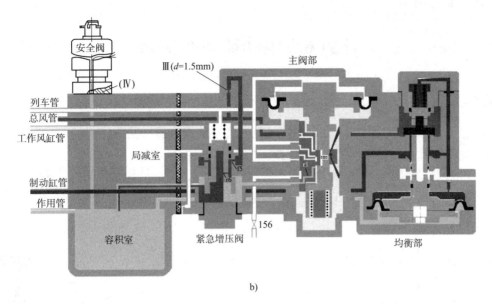

b)

图 1-2-61 分配阀紧急制动过程

由于列车管压力急速排出,所以在增压阀上部的列车管压力快速下降,而同时其下部容积室压力迅速上升。当容积室的压力达到能克服增压阀弹簧的反力和列车管较小的剩余压力时,增压阀上移,增压阀处于开放位。这时,总风经凹槽迅速流向容积室。容积室的压力达到$(450±10)$ kPa 时,安全阀动作,以保证容积室压力不超过此规定值。此时,均衡部供气阀开启时间延长,使制动缸压力达到$(450±10)$ kPa,这就是紧急制动时的增压作用。

当 109 型机车分配阀由常用制动转为紧急制动时,由于列车管的压力急速排出,并且由于紧急增压阀的作用,仍能有效地发挥紧急制动作用。当然,其效果随常用制动时列车管减压量的增大而有所下降。

任务评价

主要内容		考核要求及评分标准	配分	得分
任务准备	任务书编写	分配阀的结构及分配阀拆装作业流程	10	
	作业前准备	劳动保护用品的穿戴齐备,错漏一处扣2分。 防护措施是否到位,错漏一处扣2分。 工具准备是否到位,错漏一处扣2分	5	
操作过程	分配阀部件认知	分配阀部件认知、功能分析、气路识别是否正确,错漏一处扣2分	10	
	分配阀拆装	作业顺序出现差错扣5分。 拆卸时伤及铜件扣10分。 分解时损伤密封件扣5分。 工具及零件掉落扣5分。 工具选择不合理扣5分。 本项满分35分,扣完为止	35	
	分配阀工作原理分析	分配阀工作原理分析是否正确,错漏一处扣2分	20	
职业素养	作业质量	零部件齐全,每遗漏一个零部件扣2分。 分解后的各零部件未分类摆放至各配件盒扣2分。 按规定程序进行作业,作业程序混乱扣2分	10	
	基本要求及安全防护	操作过程中及作业完成后,工具、仪表、设备等摆放不整齐扣1分。 作业完成后未整理工具、清洁工作现场扣2分。 没有穿戴安全防护用品,作业防护项目不齐全,每缺一处扣2分	10	

任务6 电动放风阀拆装

📖 任务导入

根据前面的知识,我们知道 DK-1 型电空制动机电空制动控制器在紧急位时,列车管会紧急排风,全列车紧急制动。电动放风阀是实现列车管紧急排风的执行部件。

思考:电动放风阀如何实现列车管紧急排风?电动放风阀的内部结构是什么样的呢?

带着这些疑问,我们进入任务6的学习。学习前请扫描二维码10预习。

📖 任务目标

1. 熟悉电动放风阀的组成及功能。
2. 了解电动放风阀的工作原理。
3. 掌握电动放风阀的拆装方法。

二维码10
电动放风阀

📖 任务实施

一、识结构

1. 请在表 1-2-13 中写出电动放风阀主要组成部件名称。

电动放风阀部件名称 表 1-2-13

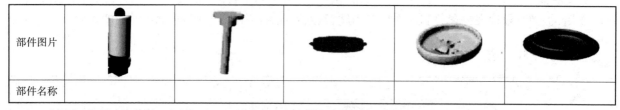

部件图片					
部件名称					

2. 请用不同颜色的笔,在图 1-2-62 中把电动放风阀内部各个管路走向标记出来。

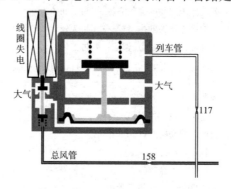

图 1-2-62 电动放风阀的结构示意图

3. 请根据电动放风阀拆解的各个部件分析其功能并完成表 1-2-14。

电动放风阀部件功能分析 表 1-2-14

部件名称	功能分析
紧急电空阀	
心杆	
夹心阀	
铜碗	
橡胶模板	

二、练拆装

(一)任务准备

根据电动放风阀拆装工序要求,准备好相应的设备与工具:

开口扳手(13mm、14mm、16mm、17mm)、梅花扳手(17~19mm)、套筒、小一字螺丝刀、大一字螺丝刀(150mm)、0.75kg手锤、工业凡士林。

(二)电动放风阀拆解

(1)将电动放风阀置于操作台上。

(2)用开口扳手拆下放风阀螺母及上盖,取出放风阀弹簧、夹心阀。

(3)用开口扳手拆下放风阀的底盖,然后取出活塞膜板、铜碗及芯杆。

(三)电动放风阀组装

按拆解的反顺序进行组装。

注意:①各运动副、O型圈加适量的工业凡士林;②芯杆落入位置需准确。

三、探原理

(一)电动放风阀放风位工作原理

请在图1-2-63中标出电动放风阀内部气路走向,并描述其工作原理。

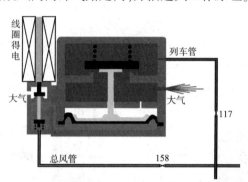

图1-2-63 电动放风阀放风位工作原理示意图

工作原理:

_____

_____

(二)电动放风阀充风位工作原理

请在图1-2-64中标出电动放风阀内部气路走向,并描述其工作原理。

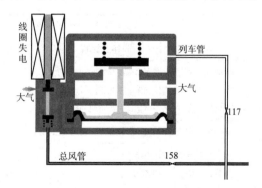

图1-2-64 电动放风阀充风位工作原理示意图

工作原理：

_____

_____

_____

相关知识

一、电动放风阀的组成

电动放风阀为电空式气动阀门,它由紧急电空阀、放风阀、放风阀弹簧,顶杆和活塞膜板等部件组成,如图 1-2-65 所示。当紧急电空阀得电时,电动放风阀处于放风位;当紧急电空阀失电时,电动放风阀处于充风位。

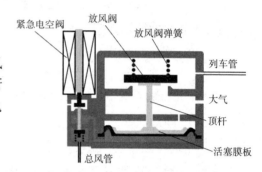

图 1-2-65 电动放风阀结构示意图

二、电动放风阀的工作原理

(一) 放风位

如图 1-2-66 所示,当紧急电空阀得电时,总风压力空气经电空阀下阀口向活塞膜板下方气室充风,将活塞膜板顶起,带动芯杆克服弹簧反力顶开夹心阀,开通了列车管与大气的通路,列车管压力急剧下降,全列车产生紧急制动作用。

(二) 充风位

如图 1-2-67 所示,在紧急电空阀失电后,在电空阀下阀口切断了活塞膜板下方气室充风的同时,活塞膜板下方气室内的压力空气通过电空阀上阀口迅速排入大气,放风阀在上部弹簧作用下与阀座贴合而关闭放风阀口。在正常运行中,紧急电空阀处于失电状态,放风阀的放风阀口将关闭。

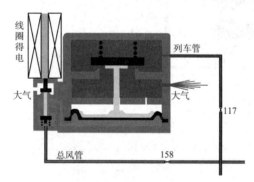

图 1-2-66 电动放风阀放风位工作原理示意图

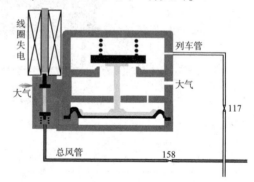

图 1-2-67 电动放风阀充风位工作原理示意图

任务评价

	主要内容	考核要求及评分标准	配分	得分
任务准备	任务书编写	电动放风阀的结构及拆装作业流程	10	
	作业前准备	劳动保护用品的穿戴齐备,错漏一处扣2分。 防护措施是否到位,错漏一处扣2分。 工具准备是否到位,错漏一处扣2分	5	
操作过程	电动放风阀部件认知	电动放风阀部件认知、功能分析、管路识别是否正确,错漏一处扣2分	10	
	电动放风阀拆装	作业顺序出现差错扣5分。 弹簧或卡簧飞出扣5分。 拆卸时伤及铜件扣10分。	35	

续上表

主要内容		考核要求及评分标准	配分	得分
操作过程	电动放风阀拆装	分解时损伤密封件扣5分。 工具及零件掉落扣5分。 工具选择不合理扣5分。 本项满分35分,扣完为止	35	
	电动放风阀工作原理分析	电动放风阀工作原理分析是否正确,错漏一处扣2分	20	
职业素养	作业质量	零部件齐全,每遗漏一个零部件扣2分。 分解后的各零部件未分类摆放至各配件盒扣2分。 按规定程序进行作业,作业程序混乱扣2分	10	
	基本要求及安全防护	操作过程中及作业完成后,工具、仪表、设备等摆放不整齐扣1分。 作业完成后未整理工具、清洁工作现场扣2分。 没有穿戴安全防护用品,作业防护项目不齐全,每缺一处扣2分	10	

任务7 紧急阀拆装

任务导入

紧急阀的作用是在紧急制动时加快列车管的排风,提高紧急制动灵敏度和紧急制动速度的同时,接通列车分离保护电路,使列车紧急制动的作用更可靠。

思考:紧急阀如何控制列车管的压力的呢？在紧急阀的内部组成部件有哪些？紧急阀的工作原理是什么样？

带着这些疑问,我们进入任务7的学习。学习前请扫描二维码11预习。

任务目标

1. 熟悉紧急阀的组成及功能。
2. 了解紧急阀充风位、常用制动位和紧急制动位工作原理。
3. 掌握紧急阀的拆装方法。

二维码11
紧急阀

任务实施

一、识结构

1. 请在表1-2-15中写出紧急阀主要组成部件的名称。

紧急阀部件　　　　　表1-2-15

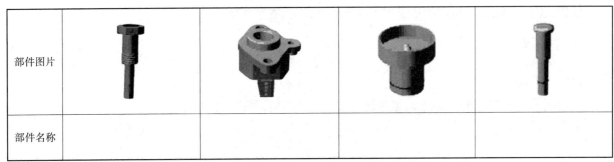

部件图片				
部件名称				

2. 请用不同颜色的笔,在图1-2-68中把各个管路走向标记出来。
3. 请根据紧急阀拆解的各个部件分析其功能并完成表1-2-16。

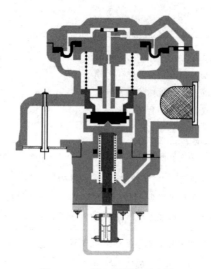

图 1-2-68 紧急阀结构示意图

紧急阀部件功能分析　　　　　　　　　　　　表 1-2-16

部件名称	功能分析
活塞	
放风阀	
顶杆	
阀下体	

二、练拆装

(一)任务准备

根据紧急阀拆装工序要求,准备好相应的设备与工具:

开口扳手(17～19mm)、梅花扳手(17～19mm)、5.5mm 开口扳手、小一字螺丝刀、大一字螺丝刀、0.75kg 手锤、尖嘴钳、工业凡士林。

(二)紧急阀拆解

(1)将紧急阀夹置于操作台上。

(2)用十字螺丝刀拆下防尘罩及微动开关。

(3)用活动扳手拆下紧急阀盖螺栓,将阀盖取下;然后取出安定弹簧、活塞,将活塞进一步拆解,取出紧固螺母、下活塞、橡胶膜板、上活塞及活塞杆。

(4)用开口扳手从阀体卸下紧急阀下盖,然后取出放风阀弹簧、顶杆、放风阀导向杆及放风阀。

(三)紧急阀组装

按分解的反顺序进行组装。

注意:①各运动副、O 型圈加适量的工业凡士林;②挡圈须落槽。

三、探原理

(一)充风位

请根据图 1-2-69 分析充风位时紧急阀内部的气路走向,并描述其工作原理。

工作原理:

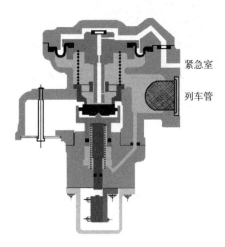

图 1-2-69　充风位紧急阀工作原理图

(二) 常用制动位

请根据图 1-2-70 分析常用制动位紧急阀内部的气路走向,并描述其工作原理。

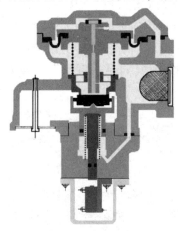

图 1-2-70　常用制动位紧急阀工作原理图

工作原理：

_____

_____

_____

(三) 紧急制动位

请根据图 1-2-71 分析紧急制动位时紧急阀内部的气路走向,并描述其工作原理。

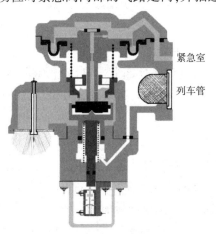

图 1-2-71　紧急制动位紧急阀工作原理图

工作原理：

相关知识

一、紧急阀的组成

紧急阀由阀和安装座组成。安装座固定在安装架上，内有容积为1.5L的紧急室。通常，紧急阀安装在安装座上。

二、紧急阀的工作原理

（一）充气位

当机车制动机充气缓解时，紧急阀处于充气位。如图1-2-72所示，列车管充风，列车管压力升高，活塞膜板下侧压力大于上侧压力，因此会产生向上的作用力，从而带动活塞杆上移。随着活塞杆上移，放风阀口逐渐关闭，从而切断列车管的放风气路。同时，顶杆上移，不再压缩微动开关，使其断开电路838-839。与此同时，列车管经缩孔向紧急室缓慢充风，直至两者压力相等为止。此时，紧急活塞在安定弹簧作用下，仍保持在上端位置。

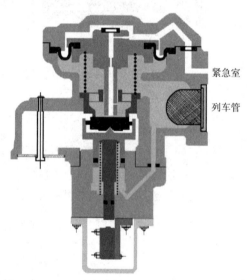

图1-2-72　充气位紧急阀工作原理示意图

（二）常用制动位

如图1-2-73所示，当列车管正常减压时，活塞膜板下侧压力下降的速度大于上侧的，因此会产生向下的作用力，从而带动活塞杆下移，打开活塞顶部上端口，紧急室的压缩空气经缩孔向列车管逆流，使活塞上下压力差减小，放风阀口仍处于关闭状态。当两者压力相等，在安定弹簧作用下，使活塞膜板带动活塞杆重新上移至上端。

（三）紧急制动位

当列车管急速减压时，活塞膜板下侧压力迅速远远小于上侧压力，活塞膜板压力差带动活塞杆快速下移，快速顶开放风阀口，连通列车管的放风气路，如图1-2-74所示。同时，推动顶杆下移并压缩微动开关，使其闭合电路838-839。与此同时，紧急室的压缩空气经缩孔排入大气，当紧急室压力降到某一压力值时，在安定弹簧、放风阀弹簧作用下，使活塞膜板、活塞杆重新上移至上端，并且放风阀、顶杆也一起上移，关闭放风阀口，切断列车管的放风气路，并使微动开关重新断开电路838-839。

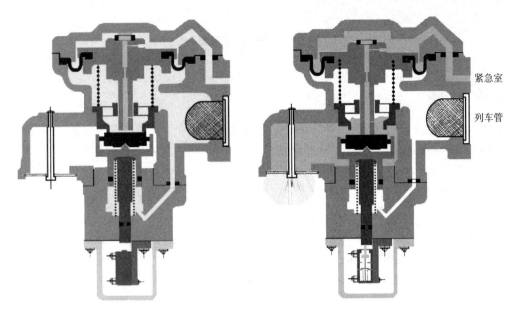

图 1-2-73　常用制动位紧急阀工作原理示意图　　图 1-2-74　紧急制动位紧急阀工作原理示意图

可见,紧急阀是根据列车管和紧急室的充、排风速度不同而进行工作的,并且由列车管的压力变化来控制。通过前文的分析可知,紧急阀放风阀口开启和微动开关闭合电路 838-839 的保持时间取决于紧急室压力的排风速度,而紧急室是经过缩孔排向大气的。因此,改变缩孔孔径的大小,可以改变紧急室的排风速度,进而达到调整放风阀口开启及微动开关闭合电路 838-839 的时间,正常工作时调整为 15s。

需要注意的是,紧急制动后 15s 内,若司机进行缓解操纵,则 DK-1 型电空制动机不能实现可靠缓解。这是因为紧急制动后 15s 内,紧急阀放风阀口一直处于开启状态,充入的列车管压力空气还会经开启的放风阀口排入大气,列车列车管充气无效。所以,若此时进行缓解操纵,制动系统不能实现可靠缓解。

任务评价

	主要内容	考核要求及评分标准	配分	得分
任务准备	任务书编写	紧急阀的结构及紧急阀拆装作业流程	10	
	作业前准备	劳动保护用品的穿戴齐备,错漏一处扣2分。 防护措施是否到位,错漏一处扣2分。 工具准备是否到位,错漏一处扣2分	5	
操作过程	紧急阀部件认知	紧急阀部件认知、功能分析、管路识别是否正确,错漏一处扣2分	10	
	紧急阀拆装	作业顺序出现差错扣5分。 弹簧飞出扣5分。 拆卸时伤及铜件扣10分。 分解时损伤密封件扣5分。 工具及零件掉落扣5分。 工具选择不合理5分。 本项满分35分,扣完为止	35	
	紧急阀工作原理分析	紧急阀气路顺序、工作原理分析是否正确,错漏一处扣2分	20	
职业素养	作业质量	零部件齐全,每遗漏一个零部件扣2分。 拆解后的各零部件未分类摆放至各配件盒扣2分。 按规定程序进行作业,作业程序混乱扣2分	10	
	基本要求及安全防护	操作过程中及作业完成后,工具、仪表、设备等摆放不整齐扣1分。 作业完成后未整理工具、清洁工作现场扣2分。 没有穿戴安全防护用品,作业防护项目不齐全,每缺一处扣2分	10	

任务 8　重联阀拆装

任务导入

根据实际情况,电力机车有时需要双机重联或多机重联,多台电力机车需要气路连通以实现同时制动、缓解的目的,而实现该目的主要部件是重联阀。

重联阀能够使列车乘务员只需操纵本务机车制动机,即可实现重联机车的制动及缓解作用与本务机车协调一致,并且在列车分离时,重联阀能够自动保持制动缸压力,使重联机车制动机恢复到本务机车制动机的工作状态,以便于操纵列车,起到分离保护作用。

思考:重联阀如何控制重联机车的制动及缓解作用与本务机车协调一致?重联阀的内部组成部件有哪些?重联阀如何在列车分离时起保护作用?

带着这些疑问,我们进入任务 8 的学习。学习前请扫描二维码 12 预习。

任务目标

1. 熟悉重联阀的组成及功能。
2. 了解重联阀本机位和补机位工作原理。
3. 掌握重联阀的拆装方法。

任务实施

一、识结构

1. 请在表 1-2-17 中写出重联阀主要组成部件名称。

表 1-2-17　重联阀部件

部件图片	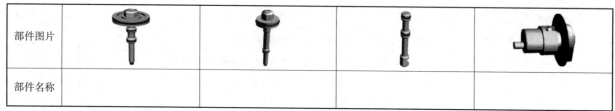
部件名称	

2. 请用不同颜色的笔,在图 1-2-75 中把各个管路走向标记出来。

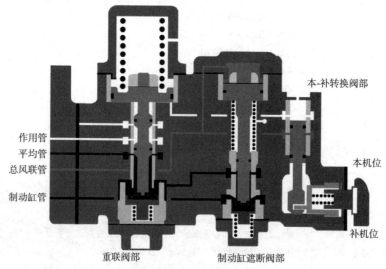

图 1-2-75　重联阀结构示意图

3. 请根据重联阀拆解的各个部件分析其功能并完成表1-2-18。

重联阀部件功能分析　　　　　表1-2-18

部 件 名 称	功 能 分 析
重联阀活塞	
重联阀止回阀	
制动缸遮断阀活塞	
遮断阀止回阀	
转换柱塞	
偏心杆	

二、练拆装

(一) 任务准备

根据重联阀拆装工序要求,准备好相应的设备与工具:

开口扳手(17～19mm、14～17mm、22～24mm)、梅花扳手(17～19mm、8～10mm)、套筒、小一字螺丝刀、大一字螺丝刀(150mm)、尖嘴钳、卡簧钳、一字螺丝刀(75mm)、0.75kg 手锤、工业凡士林。

(二) 总风遮断阀拆解

(1) 将重联阀夹置于操作台上。
(2) 用活动扳手拆下重联阀的螺栓、上盖、弹簧及重联阀活塞。
(3) 用开口扳手拆下重联阀下盖、弹簧及止回阀。
(4) 用活动扳手拆下遮断阀的螺栓、上盖、遮断阀活塞及弹簧。
(5) 用开口扳手拆下遮断阀下盖、弹簧及止回阀。
(6) 用一字螺丝刀,拧松螺钉,取出本-补转换按钮及偏心杆。
(7) 取出档盖及转换柱塞。

(三) 总风遮断阀组装

按拆解的反顺序进行组装。

注意: ①各运动副、各O型圈加适量的工业凡士林;②挡圈须落槽。

三、探原理

(一) 本机位工作原理

1. 重联本机位

根据图1-2-76分析重联阀在重联本机位时内部的气路走向,完成表1-2-19并描述重联本机位重联阀工作原理。

2. 重联本机位机车分离

根据图1-2-77分析重联阀在重联本机位机车分离时内部的气路走向,完成表1-2-20并描述重联本机位机车分离时重联阀工作原理。

(二) 补机位工作原理

1. 重联补机位

根据图1-2-78分析重联阀在重联补机位时内部的气路走向,完成表1-2-21并描述重联补机位重联阀工作原理。

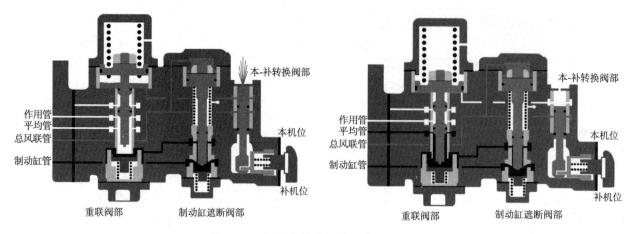

图 1-2-76　重联本机位时重联阀工作原理示意图

工作原理：

重联本机位时重联阀工作原理　　　　　　　　　　　　　　　　　　　　表 1-2-19

部　件	压力或动作变化
制动缸管	
总风联管	
平均管	
转换柱塞	

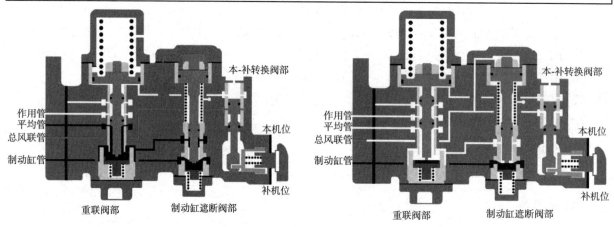

图 1-2-77　重联本机位机车分离时重联阀工作原理示意图

工作原理：

重联本机位机车分离时重联阀工作原理　　　　　　　　　　　　　　　　表 1-2-20

部　件	压力或动作变化
制动缸管	
总风联管	
平均管	
转换柱塞	

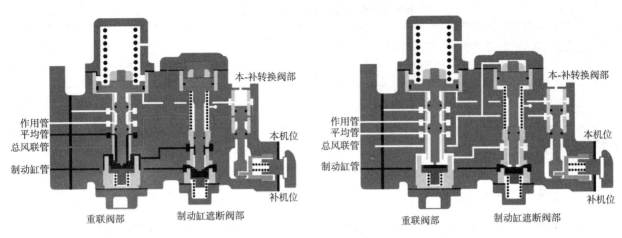

图 1-2-78　重联补机位时重联阀工作原理示意图

工作原理：

重联补机位时重联阀工作原理	表 1-2-21
部　件	压力或动作变化
制动缸管	
总风联管	
平均管	
转换柱塞	

2. 重联补机位机车分离

根据图 1-2-79 分析重联阀在重联补机位机车分离时内部的气路走向，完成表 1-2-22 并描述重联补机位机车分离时重联阀工作原理。

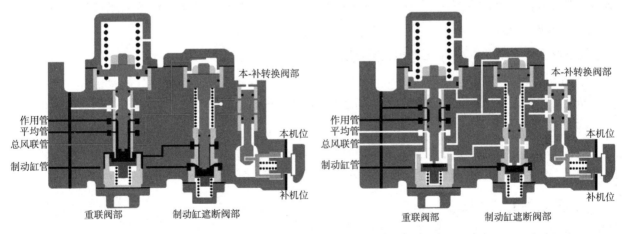

图 1-2-79　重联补机位机车分离时重联阀工作原理示意图

工作原理：

重联补机位机车分离时重联阀工作原理 表1-2-22

部　件	压力或动作变化
制动缸管	
总风联管	
平均管	
转换柱塞	

相关知识

一、重联阀的组成

重联阀由本-补转换阀部、重联阀部、制动缸遮断阀部、重联阀体及管座组成,其连接管路包括作用管、平均管、总风联管及制动缸管,如图1-2-80所示。

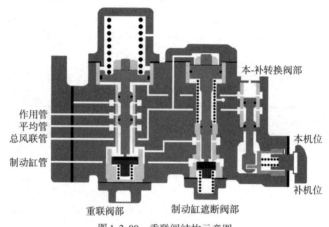

图1-2-80　重联阀结构示意图

(一) 本-补转换阀部

本-补转换阀部是一个手动操纵阀,它与转换阀结构相通,由转换按钮、偏心杆、转换柱塞等组成。它有两作用位置,分别是本机位和补机位。重联本机位时,总风压力与重联阀活塞下方的通路不通,重联阀活塞下方通大气;重联补机位时,总风压力与重联活塞下方连通,同时关闭重联活塞下方通大气通路。

(二) 重联阀部

重联阀部由重联阀活塞、活塞杆和止回阀组成。

(三) 制动缸遮断阀部

制动缸遮断阀部由制动缸遮断阀活塞、活塞杆、止回阀等组成。

(四) 重联阀体与管座

重联阀体内部安装转换阀部、重联阀部以及制动缸遮断阀部的空腔,并压装有与部件相配的铜套,还有许多暗道作为内部气路。管座分别接有总风联管、制动缸管、作用管和平均管。

二、重联阀的工作原理

重联阀转换按钮有两个作用位置:当机车作为本务机车使用时,必须将转换按钮置于本机位;当机车作为重联机车使用时,必须将转换按钮置于补机位。空气位操纵时同样适用。

(一) 本机位

如图1-2-81所示,当本-补转换阀部打到本机位时,本-补转换阀部会将重联阀部活塞的下方与大气连通,重联阀活塞在弹簧的作用下下移,顶开止回阀,使制动缸管经制动缸遮断阀部与平均管连通,实现重联机车与本务机车制动缸压力变化协调一致。

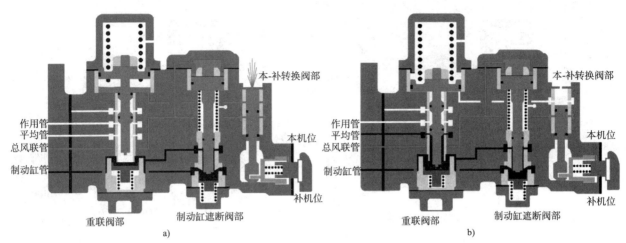

图 1-2-81 重联本机位时重联阀工作原理示意图

当本务机车制动机进行制动、缓解操纵时,本务机车制动缸压力将会变化,通过重联阀,本务机车制动缸的压力变化将经平均管和机车间的平均管塞门、平均软管传入重联机车的平均管。

当机车发生断钩分离时,列车管、总风联管、平均管等连接软管均断裂,本务机车制动机将产生紧急制动。如图 1-2-82 所示,总风联管内压力空气下降,制动缸遮断阀活塞在其下方遮断阀弹簧作用下上移,并脱离与止回阀的接触,止回阀在其弹簧作用下,关闭阀口,从而切断了制动缸管与重联止回阀处的制动缸通路的连通,制动缸管被遮断,防止了制动缸内压力空气经打开的重联阀止回阀进入平均管后排入大气,从而保证了本务机车的安全。

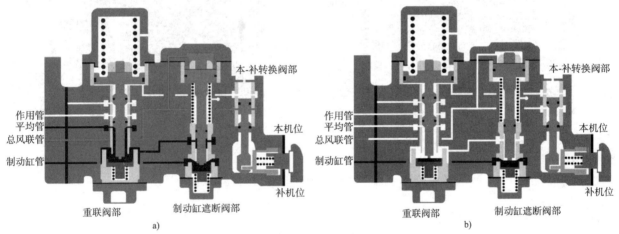

图 1-2-82 重联本机位机车分离时重联阀工作原理示意图

(二) 补机位

如图 1-2-83 所示,由总风联管传来的压力空气经转换阀柱塞上的凹槽流入重联阀活塞下方,使活塞克服上方弹簧的作用,带动活塞杆上移,并脱离与止回阀的接触。止回阀在其弹簧作用下,关闭阀口,切断了平均管与止回阀下侧制动缸通路连通,但作用管经活塞杆上的凹槽与平均管沟通。制动缸遮断阀在总风联管的压力空气作用下,仍与本机位一样,使止回阀开放,制动缸通路连通后被重联止回阀遮断。在此位置,由于作用管与平均管连通,本务机车制动缸的压力变化将通过平均管传入重联机车的作用管,重联机车的分配阀均衡部将根据作用管的压力变化,使重联机车的制动缸压力产生变化,保持与本务机车制动缸压力协调一致。

在列车管减压制动时,重联机车分配阀主阀部也将产生制动作用,工作风缸将向作用管充风,即向平均管和本务机车制动缸均衡。由于机车分配阀采用间接方式控制制动缸压力,该压力不会引起本务机车的制动缸压力变化,同时重联机车的制动缸压力也不会受影响。同样,重联机车误动空气制动阀引起的重联机车作用管的充、排气,也不会引起本务机车和重联机车的制动缸压力的变化。所有重联运行的机车制动缸压力只受本务机车的控制。

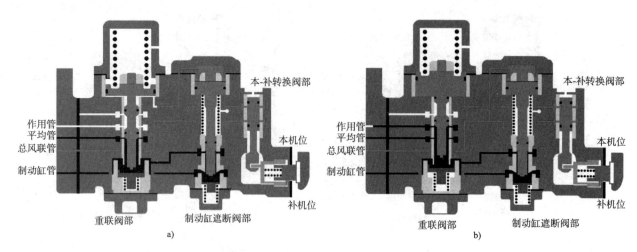

图 1-2-83 重联补机位时重联阀工作原理示意图

如图 1-2-84 所示,当机车间发生断钩分离时,列车管总风联管、平均管等连接软管均断裂,由于总风联管内的压力下降,制动缸遮断阀与本机位相同。在重联阀部,同样由于总风联管内的压力下降,重联活塞在上方弹簧作用下向下移动,顶开止回阀,自动转换到本机位,防止了作用管压力空气经断裂的平均管排入大气。

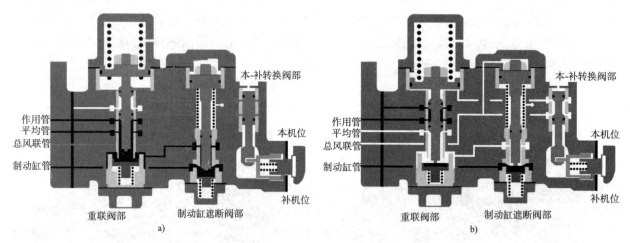

图 1-2-84 重联补机位机车分离时重联阀工作原理示意图

任务评价

主要内容		考核要求及评分标准	配分	得分
任务准备	任务书编写	重联阀的结构及重联阀拆装作业流程	10	
	作业前准备	劳动保护用品的穿戴齐备,错漏一处扣2分。 防护措施是否到位,错漏一处扣2分。 工具准备是否到位,错漏一处扣2分	5	
操作过程	重联阀部件认知	重联阀部件认知、功能分析、管路识别是否正确,错漏一处扣2分	10	
	重联阀拆装	作业顺序出现差错扣5分。 弹簧或卡簧飞出扣5分。 拆卸时伤及铜件扣10分。 分解时损伤密封件扣5分。 工具及零件掉落扣5分。 工具选择不合理扣5分。 本项满分35分,扣完为止	35	
	重联阀工作原理分析	重联阀气路顺序、工作原理分析是否正确,错漏一处扣2分	20	

续上表

主要内容		考核要求及评分标准	配分	得分
职业素养	作业质量	零部件齐全,每遗漏一个零部件扣2分。 拆解后的各零部件未分类摆放至各配件盒扣2分。 按规定程序进行作业,作业程序混乱扣2分	10	
	基本要求及安全防护	操作过程中及作业完成后,工具、仪表、设备等摆放不整齐扣1分。 作业完成后未整理工具、清洁工作现场扣2分。 没有穿戴安全防护用品,作业防护项目不齐全,每缺一处扣2分	10	

任务9 辅助部件拆装

任务导入

DK-1型电空制动机功能的实现还需要一些辅助部件,如压力开关、转换阀、调压阀等。

思考:这些辅助部件的组成与功能工作原理是什么?它们的工作原理是什么?

带着这些疑问,我们进入任务9的学习。学习前请扫描二维码13预习。

任务目标

1. 熟悉压力开关、转换阀、调压阀的组成及功能。
2. 了解压力开关、转换阀、调压阀的工作原理。
3. 掌握压力开关、转换阀、调压阀的拆装方法。

二维码13
其他辅助部件

任务实施

一、识结构

请在表1-2-23中写出相关辅助部件名称。

辅助部件　　　　　　　　　　　　　　　　　表1-2-23

部件图片	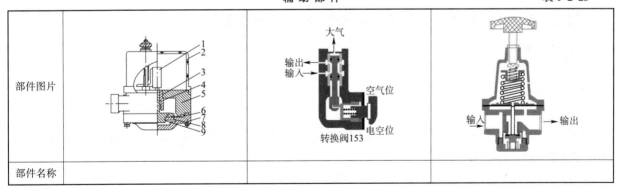
部件名称			

二、练拆装

(一)任务准备

根据辅助部件拆装工序要求,准备好相应的设备与工具:

活动扳手、开口扳手(17～19mm,14～17mm,22～24mm)、梅花扳手(17～19mm,8～10mm)、套筒、小一字螺丝刀、大一字螺丝刀(150mm)、尖嘴钳、卡簧钳、一字螺丝刀(75mm)、0.75kg手锤、工业凡士林。

(二)压力开关拆解

(1)将压力开关夹置于操作台上。

(2)用螺丝刀拆下微动开关及其连线。
(3)用卡钳拆下卡环,取下压板、膜板。
(4)取下阀体上的O型圈及风道O型圈。

(三)压力开关组装

按拆解的反序进行组装。

注意:①各运动副、各O型圈加适量的工业凡士林;②挡圈须落槽。

(四)转换阀拆解

(1)将转换阀夹置于操作台上。
(2)用十字螺丝刀拧下指示牌螺钉。
(3)取出转换按钮。
(4)取出偏心杆。
(5)用挡圈钳取出弹性挡圈。
(6)取出柱塞及柱塞套,并取出所有O型圈。

(五)转换阀组装

按拆解的反序进行组装。

注意:①各运动副、各O型圈加适量的工业凡士林;②挡圈须落槽。

(六)调压阀拆解

(1)用开口扳手松开调压阀旋扭螺母,逆时针转动手轮,使调压阀弹簧调至最小压力。
(2)用螺丝刀松开弹簧盒与高压器体连接螺栓,分成两体。
(3)从弹簧盒中取出膜板、二级弹簧、二级弹簧座、一级弹簧、一级弹簧压盖,松动溢流阀,取下活塞膜板膜板、金属膜板。
(4)用专用扳手旋下螺盖,取出进气阀弹簧、进气阀。
(5)卸下所有活塞膜板膜板及O型圈。

(七)调压阀组装

按拆解的反序进行组装。

注意:①各运动副、各O型圈加适量的工业凡士林;②挡圈须落槽。

三、探原理

(一)压力开关原理

1.缓解位

根据图1-2-85分析压力开关在缓解位时线路连通和部件动作情况,描述缓解位压力开关的工作原理并完成表1-2-24。

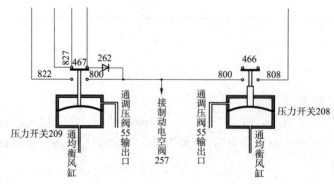

图1-2-85 缓解位压力开关工作原理示意图

工作原理：

_____

_____

缓解位压力开关状态	表1-2-24
部件或线路	是否连通或动作变化
822-800	
800-808	
制动电空阀257	

2. 制动位

根据图1-2-86分析压力开关在制动位时线路连通和部件动作情况，描述制动位压力开关的工作原理并完成表1-2-25。

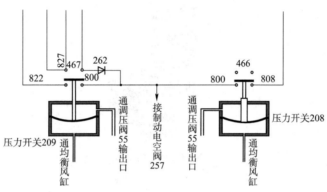

图1-2-86　制动位压力开关工作原理示意图

工作原理：

_____

_____

制动位压力开关状态	表1-2-25
部　件	压力或动作变化
822-800	
800-808	
制动电空阀257	

(二) 转换阀工作原理

1. 空气位

根据图1-2-87分析空气位转换阀的气路走向，描述空气位转换阀的工作原理并完成表1-2-26。

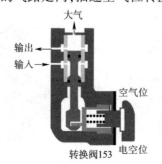

图1-2-87　空气位转换阀工作原理示意图

工作原理：

空气位转换阀状态　　　　　　　　　　　　　　　　　　　表1-2-26

部件或阀口	压力或动作变化
输入端	
输出端	
转换柱塞	

2. 电空位

根据图1-2-88分析空气位转换阀的气路走向，描述空气位转换阀的工作原理并完成表1-2-27。

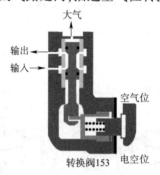

图1-2-88　电空位转换阀工作原理示意图

工作原理：

电空位转换阀状态　　　　　　　　　　　　　　　　　　　表1-2-27

部　件	压力或动作变化
输入端	
输出端	
转换柱塞	

(三) 调压阀工作原理

根据图1-2-89分析调压阀在输入端压力大于输出端压力[图1-2-89a)]和输入端压力小于输出端压力[图1-2-89b)]情况下的气路走向，描述调压阀的工作原理并完成表1-2-28。

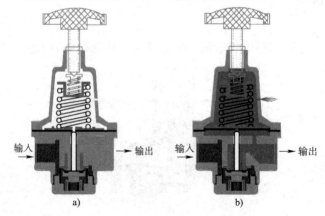

图1-2-89　调压阀工作原理示意图

工作原理：

_____

_____

调压阀原理 表1-2-28

部　件	压力或动作变化	
	输入端压力大于输出端压力	输入端压力小于输出端压力
输入端		
输出端		
溢流孔		

相关知识

一、压力开关

(一)压力开关的组成

压力开关是利用空气压力的变化以实现电路的控制转换的气动电器。压力开关的工作原理是利用上下气室的压力差而动作。压力开关的整定值一经设定，则无法调整。

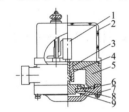

图1-2-90 压力开关结构示意图

DK-1型机车电空制动机采用两个TJY型压力开关，在原理图上的代号分别为208、209。压力开关208是为自动控制列车管的最大减压量而设置的，其动作压差值为190～230kPa；压力开关209是为满足列车管最小初减压量的控制需求而设置的，其动作压差为不大于20kPa。

如图1-2-90所示，压力开关由微动开关1、外罩2、芯杆3、导套4、阀体5、膜板6、下盖7、挡板8和弹性挡圈9等组成。

(二)压力开关的工作原理

如图1-2-91所示，当列车进行充气缓解时，均衡风缸压力上升最终与调压阀管压力相等，由于压力开关膜板上侧压力空气作用面积总比下侧压力空气作用面积小，膜板下侧压力空气作用力大于上侧压力空气作用力，使膜板呈凸起状，带动芯杆上移顶触微动开关，使导线822-800以及导线800-808断开。

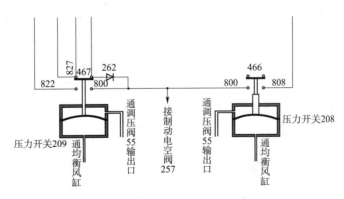

图1-2-91 缓解位压力开关工作原理图

如图1-2-92所示，当均衡风缸减压时，压力开关下气室压力下降，达到一定值时，膜板上下作用力相等。再继续下降，膜板上侧压力空气作用力大于下侧压力空气作用力，使膜板呈凹下状，芯杆逐渐下移，脱离微动开关，使导线822-800以及导线800-808连通。

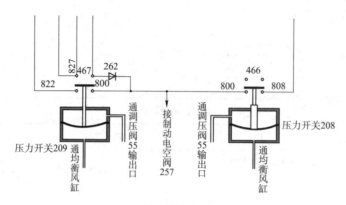

图1-2-92 缓解位压力开关工作原理图

二、转换阀

(一) 转换阀的组成

为保证良好的气密性和屏柜布置的需要,DK-1型机车电空制动机采用了两个特制的塞门结构——转换阀,其在原理图上的代号分别为153、154。

转换阀是一个手动操纵阀,由转换按钮1、偏心杆2、柱塞3、弹簧4、阀体5等组成,如图1-2-93所示。转换按钮1若需转换位置,须先将转换按钮向里推,然后再转动180°,到达所需的作用位置后松开。转换阀有两个作用位置,转换阀153显示有空气位与正常位,转换阀154显示有客车位与货车位。

(二) 转换阀的工作原理

转换按钮的转动能带动偏心杆的转动,而偏心杆与柱塞为垂直方向连接,偏心杆的转动进而转变成柱塞的上下移动,通过柱塞上的O型圈的密封作用,实现了两个通路的开或断。

以转换阀153为例,转换阀153输入端连接均衡风缸,输出端与电空制动屏均衡管连接。如图1-2-94a)所示,正常位即电空位时,两管沟通;空气位时如图1-2-94b)所示,两管通路切断,同时制动屏均衡管经转换阀与大气沟通。

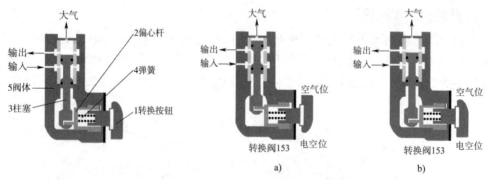

图1-2-93 转换阀结构示意图　　　　图1-2-94 转换阀工作原理示意图

转换阀154串接在两个初制风缸中间,以便在不同列车管定压下达到满意的初制动效果,"1"接初制风缸Ⅰ,"2"接初制风缸Ⅱ。货车位(列车管定压500kPa)两初制风缸连通;客车位(列车管定压600kPa)两初制风缸切断。

三、调压阀

(一) 调压阀的组成

调压阀是为满足系统的不同整定压力并保证稳定的供给而设置的。其整定压力及供风能力是根据不同要求进行选择的。DK-1型机车电空制动机共用3个调压阀,一个供均衡风缸使用,另两个供空气制动阀上的作用管或均衡风缸使用。

调压阀是一种通用的气动元件,主要由调压弹簧、活塞膜板、调整手轮、进风阀、阀座及溢流阀等组成,如图 1-2-95 所示。

(二) 调压阀的工作原理

当调压阀左侧通入压缩空气时,由于调整弹簧的作用,膜板下凹,通过阀杆顶开进风阀,使空气经进风阀口通向右侧输出,同时经下阀体上的平衡小孔进入膜板下方中央气室。当输出压力逐渐增高,则膜板上下方压力差逐渐减小,膜板将渐趋平衡,进风阀逐渐上移。在输出压力与整定压力相等时,进风阀口关闭。

该结构能使输出端的漏泄得以补充,同时在输出压力高于整定值时,活塞膜板上凸,打开溢流阀,使多余的压缩空气排出,直至平衡为止。整定值是通过手轮旋转来给定的,顺时针旋转为增高,反之为降低。

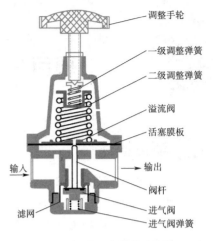

图 1-2-95 调压阀结构示意图

进风阀为平板橡胶阀,溢流阀为金属锥形阀口,与阀杆需研磨良好,密封性才能保证。下阀体上有供装压力表的管座,可装压力表,以便随时观察。压力调好后,应将紧固螺母拧紧,以保证整定值准确无误。

任务评价

主要内容		考核要求及评分标准	配分	得分
任务准备	任务书编写	压力开关、转换阀及调压阀的结构及其拆装作业流程	10	
	作业前准备	劳动保护用品的穿戴齐备,错漏一处扣 2 分。 防护措施是否到位,错漏一处扣 2 分。 工具准备是否到位,错漏一处扣 2 分	5	
操作过程	压力开关、转换阀及调压阀部件认知	压力开关、转换阀及调压阀部件认知、功能分析、管路识别是否正确,错漏一处扣 2 分	10	
	压力开关、转换阀及调压阀拆装	作业顺序出现差错扣 5 分。 弹簧或卡簧飞出扣 5 分。 拆卸时伤及铜件扣 10 分。 分解时损伤密封件扣 5 分。 工具及零件掉落扣 5 分。 工具选择不合理扣 5 分。 本项满分 35 分,扣完为止	35	
	压力开关、转换阀及调压阀工作原理分析	压力开关、转换阀及调压阀气路顺序、工作原理分析是否正确,错漏一处扣 2 分	20	
职业素养	作业质量	零部件齐全,每遗漏一个零部件扣 2 分。 拆解后的各零部件未分类摆放至各配件盒扣 2 分。 按规定程序进行作业,作业程序混乱扣 2 分	10	
	基本要求及安全防护	操作过程中及作业完成后,工具、仪表、设备等摆放不整齐扣 1 分。 作业完成后未整理工具、清洁工作现场扣 2 分。 没有穿戴安全防护用品,作业防护项目不齐全,每缺一处扣 2 分	10	

项目3　DK-1型电空制动机的操作

📖 项目描述

DK-1型电空制动机的操作是根据电空制动控制器和空气制动阀在不同的工作位置切换产生不同的工作状态,如制动、缓解、保压。

思考:当大闸、小闸在不同的工作位置时,各阀类部件如何响应来自大小闸的控制?其综合作用控制原理又是怎样的呢?

任务1　电空位电空制动控制器的操作

📖 任务导入

电空制动控制器在不同的工作位置转换,即置于运转位、过充位、制动位、中立位、紧急位、重联位时,各个线路的接通情况及各个阀类部件、电空阀的工作原理是怎么样的呢?

带着这些疑问,我们进入任务1的学习。学习前请扫描二维码14预习。

二维码14
电空位电空制动控制器
(大闸)综合作用

📖 任务目标

1. 掌握电空制动控制器在运转位的工作原理。
2. 掌握电空制动控制器在过充位的工作原理。
3. 掌握电空制动控制器在制动位的工作原理。
4. 掌握电空制动控制器在中立位的工作原理。
5. 掌握电空制动控制器在紧急位的工作原理。
6. 掌握电空制动控制器在重联位的工作原理。

📖 任务实施

一、将空气制动阀置于运转位,电空制动控制器置于运转位

1. 请在图1-3-1中画出电空制动控制器运转位、空气制动阀运转位的电路情况。
2. 请在表1-3-1中写出电空制动控制器运转位、空气制动阀运转位各电空阀得电情况和作用。
3. 请写出电空制动控制器运转位、空气制动阀运转位下各个阀类部件的工作原理,并在图1-3-1中画出相应气路走向。

(1)中继阀工作原理:
_____
_____
_____

(2)分配阀工作原理:
_____
_____
_____

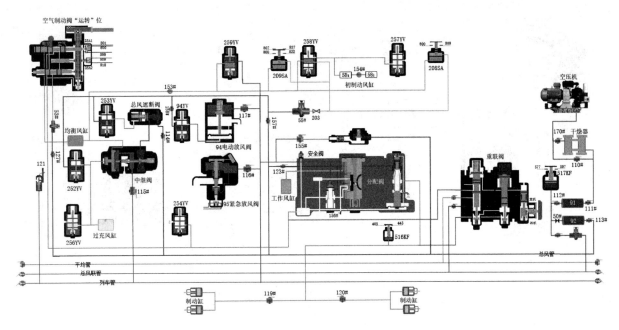

图 1-3-1　电空制动控制器运转位、空气制动阀运转位的电路及气路走向

电空制动控制器运转位、空气制动阀运转位得电情况　　　　　　　　　　表 1-3-1

电 空 阀	得 失 电	作 用
94YV		
252YV		
253YV		
254YV		
255YV		
256YV		
257YV		
258YV		
259YV		
其他		

(3) 紧急阀工作原理：

_____

_____

_____

(4) 电动放风阀工作原理：

_____

_____

_____

二、将空气制动阀置于运转位，电空制动控制器置于过充位

1. 请在图 1-3-2 中画出电空制动控制器过充位、空气制动阀运转位的电路情况。
2. 请在表 1-3-2 中写出电空制动控制器过充位、空气制动阀运转位电空阀得电情况和作用。

电力机车制动系统

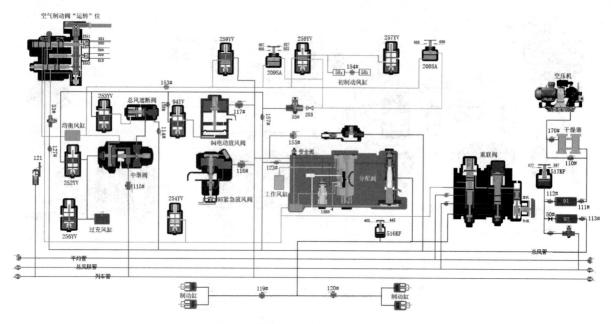

图 1-3-2 电空制动控制器过充位、空气制动阀运转位的电路及气路走向

电空制动控制器过充位、空气制动阀运转位得电情况　　　　　　　表 1-3-2

电　空　阀	得　失　电	作　　用
94YV		
252YV		
253YV		
254YV		
255YV		
256YV		
257YV		
258YV		
259YV		
其他		

3.请写出电空制动控制器过充位、空气制动阀运转位下各个阀类部件的工作原理,并在图 1-3-2 中画出相应气路走向。

(1)中继阀工作原理:

_____

_____

(2)分配阀工作原理:

_____

_____

(3)紧急阀工作原理:

_____

_____

(4)电动放风阀工作原理:

4.请分析运转位和过充位区别:

三、空气制动阀置于运转位,将电空制动控制器置于制动位

1.请在图1-3-3中画出电空制动控制器制动位、空气制动阀运转位的电路情况。

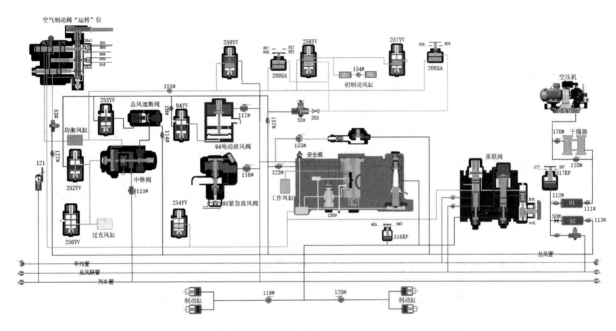

图1-3-3 电空制动控制器制动位、空气制动阀运转位的电路及气路走向

2.请在表1-3-3中写出电空制动控制器制动位、空气制动阀运转位电空阀得电情况和作用。

电空制动控制器制动位、空气制动阀运转位得电情况　　　　表1-3-3

电 空 阀	得 失 电	作 用
94YV		
252YV		
253YV		
254YV		
255YV		
256YV		
257YV		
258YV		
259YV		
压力开关208		
其他		

3. 请写出电空制动控制器制动位、空气制动阀运转位下各个阀类部件的工作原理,并在图 1-3-3 中画出相应气路走向。

(1)中继阀工作原理:

_____

_____

(2)分配阀工作原理:

_____

_____

(3)紧急阀工作原理:

_____

_____

_____

(4)电动放风阀工作原理:

_____

_____

_____

4. 自动控制减压工作原理:

_____

_____

_____

四、将空气制动阀置于运转位,电空制动控制器置于中立位

1. 请在图 1-3-4 中画出电空制动控制器中立位、空气制动阀运转位的电路情况。

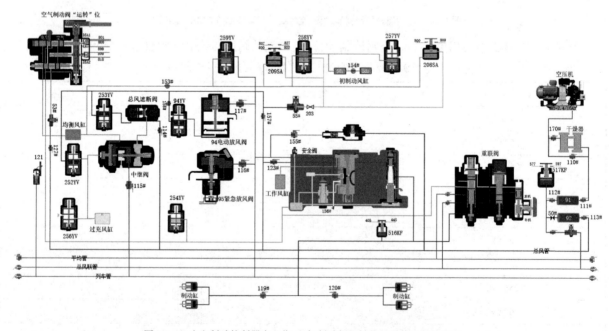

图 1-3-4　电空制动控制器中立位、空气制动阀运转位的电路及气路走向

2. 请在表 1-3-4 中写出电空制动控制器中立位、空气制动阀运转位电空阀得电情况和作用。

电空制动控制器中立位、空气制动阀运转位得电情况　　　　　表 1-3-4

电 空 阀	得 失 电	作 用
94YV		
252YV		
253YV		
254YV		
255YV		
256YV		
257YV		
258YV		
259YV		
压力开关 209		
其他		

3. 请写出电空制动控制器中立位、空气制动阀运转位下各个阀类部件的工作原理,并在图 1-3-4 中画出相应气路走向。

(1) 中继阀工作原理:

_____

_____

(2) 分配阀工作原理:

_____

_____

_____

(3) 紧急阀工作原理:

_____

_____

_____

(4) 电动放风阀工作原理:

_____

_____

_____

五、将空气制动阀置于运转位,电空制动控制器置于紧急位

1. 请在图 1-3-5 中画出电空制动控制器紧急位、空气制动阀运转位的电路情况。

2. 请在表 1-3-5 中写出电空制动控制器紧急位、空气制动阀运转位电空阀得电情况和作用。

3. 请写出电空制动控制器紧急位、空气制动阀运转位下各个阀类部件的工作原理,并在图 1-3-5 中画出相应气路走向。

(1) 中继阀工作原理:

_____

_____

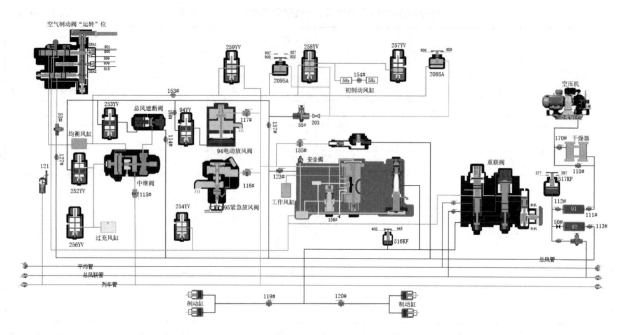

图 1-3-5 电空制动控制器紧急位、空气制动阀运转位的电路及气路走向

电空制动控制器紧急位、空气制动阀运转位得电情况　　　　表 1-3-5

电 空 阀	得 失 电	作 用
94YV		
252YV		
253YV		
254YV		
255YV		
256YV		
257YV		
258YV		
259YV		
251/241YV		
其他		

(2) 分配阀工作原理：

_____

_____

_____

(3) 紧急阀工作原理：

_____

_____

_____

(4) 电动放风阀工作原理：

_____

_____

_____

六、将空气制动阀置于运转位,电空制动控制器置于重联位

1. 请在图 1-3-6 中画出电空制动控制器重联位、空气制动阀运转位的电路情况。

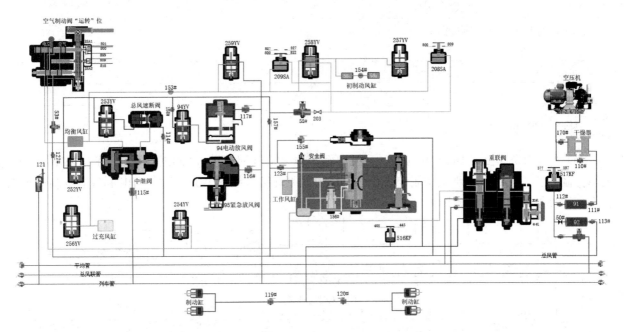

图 1-3-6　电空制动控制器重联位、空气制动阀运转位的电路及气路走向

2. 请在表 1-3-6 中写出电空制动控制器重联位、空气制动阀运转位电空阀得电情况和作用。

电空制动控制器重联位、空气制动阀运转位得电情况　　　　表 1-3-6

电 空 阀	得 失 电	作 用
94YV		
252YV		
253YV		
254YV		
255YV		
256YV		
257YV		
258YV		
259YV		
其他		

3. 请写出电空制动控制器重联位、空气制动阀运转位下各个阀类部件的工作原理,并在图 1-3-6 中画出相应气路走向。

(1) 中继阀工作原理:

_____

_____

(2) 分配阀工作原理:

_____

_____

(3)紧急阀工作原理：

_____

_____

_____

(4)电动放风阀工作原理：

_____

_____

_____

相关知识

SS9型电力机车上的DK-1型电空制动机取消了原来的迂回电路、时间继电器等，而是采用了DKL逻辑控制装置，其在DK-1型电空制动机综合作用中的原理结构如图1-3-7所示。DK-1型电空制动机综合作用原理结构图见书后附图1。

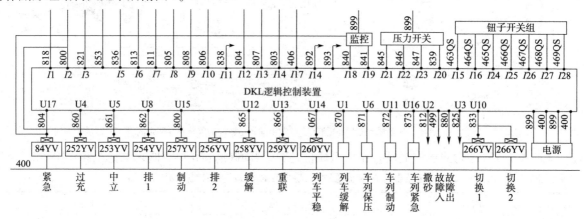

图1-3-7　DKL逻辑控制装置在DK-1型电空制动机综合作用中的原理结构

一、空气制动阀置于运转位，电空制动控制器在运转位的作用

该位置是列车运行中常置位置。操作手柄在此位置时，导线801接通导线803，使缓解电空阀得电，总风向均衡风缸及列车管充风；同时导线801接通导线809，排风，电空阀得电，作用管通大气，机车与车辆处于缓解状态。该位置是列车正常运行或制动后需缓解机车和车辆所置的位置。

1. 电路

(1)电空制动控制器→导线803/809/813→空气制动阀→3SA(2)→导线818→制动逻辑控制装置→缓解电空阀258YV得电/排2电空阀256YV得电/排1电空阀254YV得电。

(2)其余电空阀均失电。

2. 气路

(1)总风→塞门157→调压阀55(列车管定压)→缓解电空阀258YV下阀口→转换阀153→均衡风缸56。

(2)作用管(包括分配阀容积室)→排1电空阀254YV下阀口→大气。

(3)初制风缸58→制动电空阀257YV上阀口→大气。

(4)总风遮断阀左侧压力空气→中立电空阀253YV上阀口→大气。

3. 阀类部件

(1)中继阀

①总风遮断阀：中立电空阀253YV失电，开通总风向中继阀供气室的充气气路。

②中继阀：处于缓解充风状态。随着均衡风缸压力升高，活塞膜板带动顶杆右移而顶开供气阀口，连通总风经总风遮断阀向列车管及活塞膜板右侧充风的气路，列车管压力升高；当活塞膜板右侧及列车管

压力升高至与均衡风缸压力相等时,在供气阀弹簧等作用下,关闭供气阀,且不打开排气阀口,中继阀处于保压状态。

(2)分配阀

①主阀部:处于充风缓解状态。随着列车管压力升高,主活塞通过主活塞杆带动滑阀下移,连通列车管向工作风缸充风的气路;同时由于塞门156的关断(电空位下关断),所以塞门156不开通作用管排大气的气路。

②紧急增压阀:增压阀柱塞保持在下端,切断总风向作用管充风的气路。

③均衡部:随着排风1电空阀254YV得电,作用管向大气排风的气路,容积室、均衡活塞下方,压力下降,均衡活塞带动空心阀杆下移,打开排气阀口,连通机车制动缸及均衡活塞上侧向大气排风的气路,机车制动缸缓解。

(3)紧急阀

随着列车管压力的升高,使活塞膜板及活塞杆保持在上端,而紧急阀处于充气位。列车管压力空气经缩孔Ⅰ、Ⅱ向紧急室充风,直到紧急室压力与列车管定压相等,为紧急制动做好准备。

综上所述,该操纵可实现全列车的缓解。因此,用于列车管正常充风及列车正常运行状态。在实际运行中,禁止"偷风"操纵。所谓"偷风"是指列车制动保压时,人为地将电空制动器手柄由中立位短时间地移至运转位或缓解位,再移回中立位的操纵方法。因为车辆制动机通常为一次缓解型的,不具备阶段缓解性能,即当列车管充风时,不论是否充到定压,一次缓解型制动机均进行完全缓解,所以,"偷风"操纵会使列车部分或全部车辆完全缓解,形成列车制动力不足,极易造成人为行车事故,故严禁"偷风"操纵。

二、空气制动阀置于运转位,电空制动控制器在过充位的作用

该位置是施行制动后,为了在较短的距离内将列车管内的风压充满,缩短充风时间,满足坡道充风的需要而使用的位置。当操作手柄在此位置时,导线801接通导线803及导线805,使缓解电空阀得电、总风向均衡风缸及列车管充风;使过充电空阀得电,列车管得到高于定压30~40kPa的过充压力。

1. 电路

(1)电空制动控制器→导线803/805/813→制动逻辑控制装置→排2电空阀256V/缓解电空阀258YV/过充电空阀252YV。

(2)其余电空阀均失电。

2. 气路

(1)总风→塞门157→调压阀55→缓解电空阀258YV下阀口→转换阀153→均衡风缸56。

(2)初制风缸58→制动电空阀257YV上阀口→大气。

(3)总风→塞门157→过充电空阀252下阀口→过充区风缸(同时经过充风缸57上排气缩孔缓慢排入大气)。

(4)总风遮断阀左侧压力空气→中立电空阀253YV上阀口→大气。

3. 阀类部件

(1)中继阀

①总风遮断阀:中立电空阀253YV失电,开通总风向中继阀供气室的充气气路。

②中继阀:均衡风缸和过充风缸压力的升高,过充柱塞右移使得活塞膜板左侧增加了30~40kPa的过充压力,活塞模板带动顶杆迅速右移顶开供气阀口,列车管压力迅速增高,在供气阀弹簧的作用下,关闭供气阀口,且不打开排气阀口,处于保压状态。

(2)分配阀

①主阀部:随着列车管压力迅速升高,主活塞通过主活塞杆带动滑阀、节制阀迅速下移,连通列车管向工作风缸充风的气路;由于塞门156的关断,所以塞门156不连通作用管排大气的气路。

②紧急增压阀:增压阀柱塞保持在下端,切断总风向作用管充风的气路。

③均衡部：由于排风1电空阀254YV失电，作用管压力不变，所以，均衡部保持原有的位置。此时，机车制动机保持原有状态，而车辆制动机则进行快速缓解。

(3) 紧急阀

随着列车管压力迅速升高，使活塞膜板及活塞杆保持在上端而不开启放风阀口，列车管压力空气经缩孔Ⅰ、Ⅱ向紧急室充风，以备紧急制动时使用。

应当注意的是，当电空制动控制器由过充位移至运转位时，列车管会恢复定压，即产生30～40kPa的减压量，但这一减压量不会使列车制动系统产生制动作用。这是因为，当电空制动控制器由过充位移至运转位时，均衡风缸压力仍保持定压，而过充风缸内原有的压力空气经过充风缸小孔0.5mm向大气缓慢排风，过充风缸压力缓慢降低，在中继阀的控制下，列车管的压力也缓慢降低，分配阀工作风缸的压力也缓慢降低，当列车管的压力缓慢降低到与均衡风缸压力相等时，列车管与工作风缸停止减压，并保持在定压，使全列车制动系统不产生制动作用。因此，当电空制动控制器由过充位移至运转位时，既能消除列车管的过充压力，又能避免列车制动系统产生制动。事实上，这一操作会使排风1电空阀254YV得电，作用管向大气排风，机车还要缓解。

三、空气制动阀置于运转位，电空制动控制器在制动位的作用

该位置是司机有目的地进行常用制动调速或正常停车的位置。当操作手柄在此位置，导线803失电，缓解电空阀失电，使均衡风缸的压力经失电的制动电空阀排大气，机车列车均产生制动作用。导线801接通导线806使中立电空阀得电切断列车管的充风通路。同时，导线801接通导线808。当均衡风缸减压量达到压力开关208动作值时，208触点接通制动电空阀使其动作关闭均衡风缸排风通路。

1. 电路

(1) 电空制动控制器→导线806/808/813→制动逻辑控制装置→中立电空阀253YV得电。

(2) 导线899→压力开关208上的208SA（当均衡风缸减压量大于200kPa时，压力开关动作）→导线845→制动逻辑控制装置→制动电空阀257YV得电。

(3) 其余电空阀均失电。

2. 气路

(1) 缓解电空阀258YV失电，缓解电空阀的下阀口关闭，切断了均衡风缸的充风通路，上阀口打开。

(2) 均衡风缸→转换阀153→缓解电空阀258YV上阀口→阀座缩孔d_3制动电空阀257YV上阀口→大气。

(3) 均衡风缸→转换阀153→缓解电空阀258YV上阀口→管接头缩孔d_4初制风缸58。

(4) 总风→塞门157→中立电空阀253YV下阀口→中继阀总风遮断阀左侧。

(5) 过充风缸→排2电空阀256YV上阀口→大气。

3. 阀类部件

(1) 中继阀

①总风遮断阀：中立电空阀253YV得电，切断总风充往中继阀供气室的气路。

②中继阀：处于排风制动状态。随着均衡风缸压力的降低，活塞膜板带动顶杆左移并打开排气阀口，连通列车管及活塞膜板右侧向大气排风的气路，即列车管压力降低；当列车管及活塞膜板右侧压力降低到与均衡风缸压力平衡时，在排气阀弹簧作用下，关闭排气阀口，且不打开供气阀口，即停止列车管排风。

(2) 分配阀

①主阀部：随着列车管压力降低，主活塞通过主活塞杆带动节制阀上移，连通列车管向局减室降压的气路，以实现局部减压作用；随着列车管压力进一步降低，主活塞通过主活塞杆带动节制阀滑阀继续上移，连通工作风缸向作用管充风的气路，即作用管压力升高，而工作风缸压力降低；当工作风缸压力降低至与列车管压力平衡时，在自重及稳定弹簧作用下主活塞通过主活塞杆带动节制阀下移，切断工作风缸向作用管充风的气路，即作用管停止充风。

②紧急增压阀:增压阀柱塞仍保持在下端,切断总风向作用管充风的气路。

③均衡部:随着作用管压力升高,均衡活塞带动空心阀杆上移,顶开供气阀口,连通总风向机车制动机及均衡活塞上侧充风的气路,即机车制动机压力升高,当机车制动机及均衡活塞上侧压力升高至与作用管压力平衡时,在供气阀弹簧作用下,均衡活塞和空心阀杆下移,关闭供气阀口,且不打开排气阀口,即停止机车制动缸的充风。此时,机车制动机处于制动状态,车辆制动机也处于制动状态。

(3) 紧急阀

紧急阀处于常用制动状态。随着列车管压力降低,使活塞膜板带动活塞杆下移,但不足以顶开放风阀口,紧急室经缩孔 I 向列车管逆流,直至紧急室压力与列车管压力平衡时为止;在安定弹簧作用下,活塞膜板带动活塞杆上移到上端。

综上所述,该操纵可实现全列车的常用制动,并能自动控制列车管过量减压量(190~230kPa),用于列车调速或停车。

四、空气制动阀置于运转位,电空制动控制器在中立位的作用

该位置是司机准备制动前或施行制动后置于的位置。当操作手柄在制动前的中立位,导线801接通导线807使制动电空阀得电动作,关闭均衡风缸排风口;同时,导线807使缓解电空阀得电,均衡风缸处在充风状态。导线801接通导线806使中立电空阀得电,切断了总风向列车管的充风通路。手柄在制动后的中立位与制动前的中立位的不同在于均衡风缸因压力开关209断开了导线807到缓解电空阀的电路而不再处于充风状态。

1. 电路

(1) 电空制动控制器→导线806/807/899→制动逻辑控制装置→中立电空阀253YV和制动电空阀257YV得电。

(2) 在制动前中立位即均衡风缸未减压,压力开关209未动作。

(3) 导线899→209SA压力开关→制动逻辑控制装置→缓解电空阀258YV、排风2电空阀256YV得电。

(4) 其余电空阀均失电。

2. 气路

(1) 总风→塞门157→调压阀55→中立电空阀253YV下阀口→中继阀总风遮断阀左侧。

(2) 制动前中立位:

总风→塞门157→调压阀55→缓解电空阀258YV下阀口→转换阀→均衡风缸56。

(3) 制动后中立位:

①均衡风缸→缓解电空阀258YV上阀口→制动电空阀257YV和初制风缸58。

②由于制动电空阀257YV得电:过充风缸→排风2电空阀256YV上阀口→大气。

3. 阀类部件

(1) 中继阀

总风遮断阀口关闭,切断了列车管的风源。如果在制动前的中立位,由于均衡风缸压力没有下降,活塞膜板两侧压力平衡,列车管保压。在保压过程中,列车管压力由于泄漏而下降,尽管供风阀口将打开,但由于总风遮断阀已关闭,列车管的泄漏不能补充。如果在制动后的中立位,由于均衡风缸压力停止下降,当列车管压力下降接近均衡风缸压力时,活塞膜板处于平衡状态,排气阀在其弹簧作用下关闭了排气阀口,列车管压力将停止下降而保压。同样,在保压过程中,列车管的泄漏不能补充。过充风缸内的压力空气将经排2电空阀256YV排向大气,消除过充柱塞的作用,确保可靠制动。如果钮子开关463QS处于补风位,电空制动控制器中立位时中立电空阀253YV不能得电,总风不能进入总风遮断阀左侧,总风遮断阀不会切断列车管的风源,列车管的泄漏可以得到补充。

(2) 分配阀

由于列车管压力停止下降,分配阀处于制动保压位(制动后中立位)或充风缓解位(制动前中立位)。

如果分配阀处于制动前中立位,由于列车管没有减压,分配阀主阀部、增压阀、均衡部与运转位相同。泄漏引起的列车管压力下降速度很慢,也不会使分配阀部动作。工作风缸经充风通路与列车列车管连通。

如果分配阀处于制动后中立位,由于列车管停止减压,在主阀部工作风缸向容积室充风后,压力也下降到接近列车管压力时,在主活塞尾部原被压缩的稳定弹簧的反力及主活塞自重的作用下,主活塞仅带动节制阀下降,切断工作风缸与容积室的通路,工作风缸停止向容积室充风,容积室压力停止上升。同时,在均衡部,制动缸压力增大到与容积室压力接近时,在均衡阀均衡部活塞自重及均衡部弹簧的作用下,使均衡阀压紧空心阀杆并一起下移,关闭阀口,切断总风向制动缸的充风通路,制动缸压力停止上升。此时,增压阀仍处于下部关闭。

(3) 紧急阀

由于列车管停止减压,紧急阀活塞膜板在弹簧反力作用下恢复充风位。制动前中立位同样处于充风位。

五、空气制动阀置于运转位,电空制动控制器在紧急位的作用

该位置是在运行中遇有特殊情况需要立即停车时使用的位置。当操作手柄在此位置,导线 801 接通导线 804 使紧急电空阀得电动作,沟通总风到电动放风阀的通路,电动放风阀及紧急放风阀动作排出列车管的压力空气,列车产生紧急制动;导线 801 接通导线 810,使撒砂电空阀动作开始自动撒砂;导线 801 接通导线 811,使重联电空阀得电,沟通均衡风缸与列车管的通路,使均衡风缸压力空气排大气;同时,制动电空阀,中立电空阀也得电动作。

1. 电路

(1) 电空制动控制器→导线 804/812/806/811→制动逻辑控制装置→中立电空阀 253YV 得电/电动放风阀 94YV 得电/重联电空阀 259YV 得电/制动电空阀 257YV 得电/导线 812→微机控制系统→导线 810 或 820→撒砂电空阀 251YV/241YV 或 250YV/240YV 得电。

(2) 其余电空阀均失电。

2. 气路

(1) 总风→塞门 158→电动放风阀 94YV 下阀口→电动放风阀 94 膜板下方。

(2) 总风→塞门 157→中立电空阀 253YV 下阀口→总风遮断阀阀套左侧。

(3) 均衡风缸 56→转换阀 153→重联电空阀 259YV 下阀口→列车管→大气。

(4) 过充风缸 57→排 2 电空阀 256YV 上阀口→大气。

3. 阀类部件

(1) 电动放风阀

随着活塞膜板下侧压力的升高,活塞膜板、铜碗推动芯杆上移,顶开放风阀口,连通列车管向大气放风的气路,即列车管压力迅速降低。

(2) 紧急阀

随着列车管压力的迅速降低,活塞膜板带动活塞杆迅速下移而顶开放风阀口,连通列车管向大气放风的气路,即加速列车管放风;同时,联动微动开关闭合电路,因紧急室压力空气经缩孔排风使其压力与列车管压力趋于一致时,在安定弹簧的作用下,关闭放风阀口。

(3) 中继阀

一方面因中立电空阀 253YV 得电使遮断阀口关闭,以切断列车管的供气风源;另一方面,由于重联电空阀 259YV 的得电使中继阀处于自锁状态,并且排风 2 电空阀 256YV 得电而排放过充风缸内的压力空气,使其失去对列车管压力变化的控制作用。

(4) 分配阀

①主阀部:随着列车管压力迅速下降,主活塞通过主活塞杆带动节制阀,滑阀迅速上移,连通工作风缸向作用管充风的气路,并且气路的开启程度较大,即作用管压力迅速升高。

②紧急增压阀:随着列车管压力迅速下降,增压阀柱塞迅速上移顶开供气阀口,从而连通总风向作用管先风的气路,作用管压力迅速升高,压力限定在450kPa。

③均衡部:随着列车管压力迅速升高,增压阀柱塞迅速上移顶开供气阀口,从而连通总风向作用管先风的气路,即机车制动缸压力迅速升高,当机车制动缸压力与作用管压力限定在450kPa,保持均衡时,在供气阀弹簧作用下,关闭供气阀口且不打开排气阀口停止机车制动缸的充风。

此时,机车制动机处于紧急制动状态,车辆制动机也处于紧急制动状态。

六、空气制动阀置于运转位,电空制动控制器在重联位的作用

该位置是机车重联加挂或司机换端时的手柄取出位。当操作手柄在此位置,导线接801接通导线811使重联电空阀得电,中继阀自锁;使制动电空阀得电关闭排风口,使中立电空阀得电切断列车管的充风通路。

1. 电路

(1) 电空制动控制器→导线811→电空制动控制器2AC→导线821→制动电空阀257YV得电/中立电空阀253YV得电/重联电空阀259YV得电。

(2) 其余电空阀均失电。

2. 气路

(1) 总风→塞门157→中立电空阀253YV下阀口→总风遮断阀阀套左侧。

(2) 均衡风缸56→转换阀153→重联电空阀259YV中阀口→列车管。

(3) 过充风缸→排2电空阀256YV上阀口→大气。

(4) 缓解电空阀258YV失电,切断了均衡风缸充风通路。

(5) 制动电空阀257YV得电,切断了均衡风缸排气口。

(6) 排1电空阀254YV失电,切断了作用管(容积室)排风气路。

3. 阀类部件

(1) 中继阀

一方面,因中立电空阀253YV的得电而使总风遮断阀口关闭,以切断列车管供风风源;另一方面,由于重联电空阀259YV的得电,使中继阀处于自锁状态,同时排风2电空阀256YV失电,排出过充风缸压力,所以中继阀不能再控制列车管的压力变化。

(2) 分配阀

由于列车管压力不变,分配阀主阀部未动作,均衡部受本务机车对作用管的控制影响,电空制动控制器操作手柄从"运转位"直接置于"重联位",由于列车管没有减压,分配阀仍处于缓解位;反之,电空制动控制器手柄先放在"制动位"停留后再放在"重联位",均衡风缸、列车管减压后保压,分配阀如制动后的中立位,处于制动保压位。

(3) 紧急阀

因列车管压力不变,使其保持原状态。电空制动控制器各位置电路工作情况及作用见表1-3-7。

电空制动控制器各位置电路工作情况及作用　　　　表1-3-7

手柄位置	工 作 情 况	作　　用
过充位	803、805、813、836(经406)、853	车辆快速缓解,机车保压
运转位	803、809(Ⅱ端:819)、813、836(经406)、853	正常运行位,机车、车辆缓解
中立位	807、806、813、853	全列车保压
制动位	806、808、813	常用制动位,机车、车辆制动
重联位	811(Ⅱ端:811与821连接)	换端操纵、重联机车位,接受本务机车控制
紧急位	804、812、806、811(Ⅱ端:811与821连接)	紧急制动位,全列车紧急制动

任务评价

序号	主要内容	考核要求	配分	评分标准	得分
1	电空制动控制器手柄在过充位的作用	能完整描述电空制动控制器手柄在过充位的作用	20	原理描述错误，每处扣5分	
2	电空制动控制器手柄在运转位的作用	能完整描述电空制动控制器手柄在运转位的作用	20		
3	电空制动控制器手柄在中立位的作用	能完整描述电空制动控制器手柄在中立位的作用	15		
4	电空制动控制器手柄在制动位的作用	能完整描述电空制动控制器手柄在制动位的作用	15		
5	电空制动控制器手柄在重联位的作用	能完整描述电空制动控制器手柄在重联位的作用	15		
6	电空制动控制器手柄在紧急位的作用	能完整描述电空制动控制器手柄在紧急位的作用	15		

任务 2　电空位空气制动阀的操作

任务导入

电空制动控制器在运转位，空气制动阀（小闸）在不同的工作位置转换，即置于制动位、中立位、缓解位、运转位、下压手柄位时，各个线路的接通情况及各个阀类部件、电空阀的工作原理是怎么样的呢？

带着这些疑问，我们进入任务2的学习。学习前请扫描二维码15预习。

任务目标

1. 掌握空气制动阀在制动位的工作原理。
2. 掌握空气制动阀在中立位的工作原理。
3. 掌握空气制动阀在缓解位的工作原理。
4. 掌握空气制动阀在运转位的工作原理。
5. 掌握空气制动阀在下压手柄位的工作原理。

二维码15

电空位空气制动阀(小闸)综合作用

任务实施

一、将电空制动控制器置于运转位，空气制动阀置于制动位

1. 请在图1-3-8中画出得电情况和气路走向。

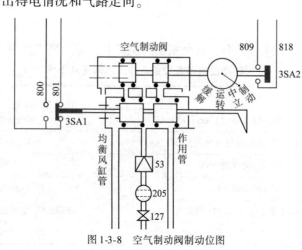

图1-3-8　空气制动阀制动位图

2. 请写出空气制动阀在制动位时各个部件的工作原理。

(1)空气制动阀工作原理：
_____
_____

(2)分配阀均衡部工作原理：
_____
_____

3. 请写出空气制动阀在制动位时得电情况及实现的作用。
_____
_____

二、将电空制动控制器置于运转位，空气制动阀置于中立位

1. 请在图 1-3-9 中画出得电情况和气路走向。

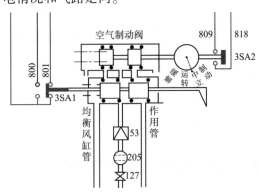

图 1-3-9　空气制动阀中立位图

2. 请写出空气制动阀在中立位时各个部件的工作原理。

(1)空气制动阀工作原理：
_____
_____

(2)分配阀均衡部工作原理：
_____
_____

3. 请写出空气制动阀在制动位时得电情况及实现的作用。
_____
_____

三、将电空制动控制器置于运转位，空气制动阀置于缓解位

1. 请在图 1-3-10 中画出得电情况和气路走向。

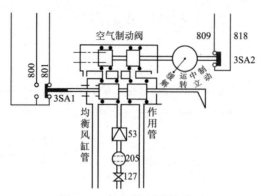

图 1-3-10 空气制动阀缓解位图

2. 请写出空气制动阀在缓解位时各个部件的工作原理。

(1) 空气制动阀工作原理：

_____

_____

(2) 分配阀均衡部工作原理：

_____

_____

3. 请写出空气制动阀在缓解位时得电情况及实现的作用。

_____

_____

四、将电空制动控制器置于运转位，空气制动阀置于运转位

1. 请在图 1-3-11 中画出得电情况和气路走向。

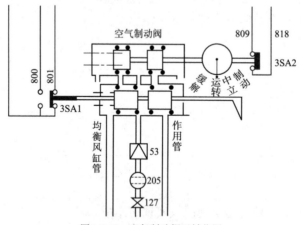

图 1-3-11 空气制动阀运转位图

2. 请写出空气制动阀在运转位时各个部件的工作原理。

(1) 空气制动阀工作原理：

_____

_____

(2) 分配阀均衡部工作原理：

_____

3. 请写出空气制动阀在运转位时得电情况及实现的作用。

五、空气制动阀置于下压手柄位

1. 请在图 1-3-12 中画出得电情况和气路走向。

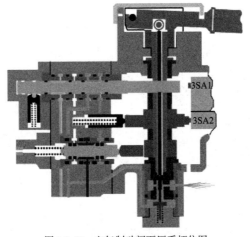

图 1-3-12　空气制动阀下压手柄位图

2. 请写出空气制动阀在下压手柄位时各个部件的工作原理。
(1) 空气制动阀工作原理：

(2) 分配阀均衡部工作原理：

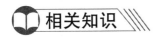

相关知识

一、电空位空气制动阀的作用

电空位为空气制动阀的正常工作位置，用于单独控制机车的制动与缓解。它有 4 个工作位置：制动、中立、缓解、运转，分别如图 1-3-13 所示。此时，电空转换柱塞处于左极端位置，转换柱塞凹槽连通作用管与 b 管的气路，同时微动开关 3SA1 动作，闭合电路 899-801，断开电路 899-800。

在空气制动阀上共装两个微动开关 3SA1 和 3SA2，微动开关 3SA1 受转换柱塞控制，微动开关 3SA2 受定位凸轮的控制。微动开关通过接线端子与外电路相连，微动开关 3SA1 控制导线 801 与导线 800 连通或断开，微动开关 3SA2 控制导线 818 与导线 809 的连通或断开。

二、空气制动阀在不同位置时的作用

(一) 制动位

当空气制动阀手柄置于制动位时，作用柱塞阀开通了作用管的充风气路（调压阀管→作用柱塞阀→

电空转换阀→作用管),实现机车的单独制动;同时,微动开关3SA2被压缩断开电路809-818。

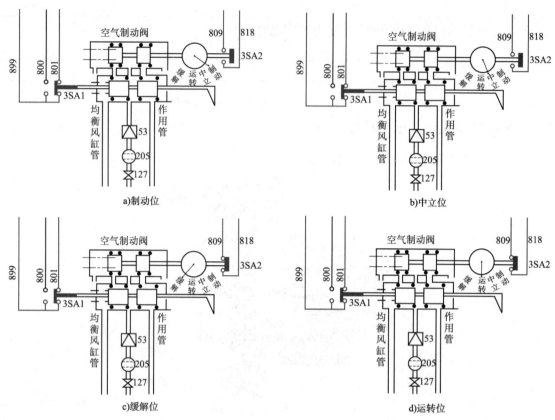

图1-3-13 空气制动阀微动开关示意图

1. 空气制动阀

作用柱塞在其凸轮和弹簧作用下右移至右端,开通作用管充风的气路(总风→53→作用柱塞+转换柱塞→作用管);同时,微动开关3SA2断开电路809-818,使排风1电空阀254YV失电,从而切断作用管向大气排风的气路。所以,作用管压力升高。

2. 分配阀均衡部

随着作用管压力的升高,均衡活塞带动空心阀杆上移,并顶开供气阀口,连通总风向机车制动缸及均衡活塞上侧充风的气路,即机车制动缸压力升高。当机车制动缸及均衡活塞上侧压力升高至与作用管压力平衡时,在供气阀弹簧作用下,关闭供气阀口,停止机车制动缸的充风。

综上所述,该操纵可实现机车的单独制动。

(二) 中立位

当空气制动阀手柄置于中立位时,作用柱塞阀切断所有气路。微动开关3SA2切断电路809-818。当中立位下压空气制动阀手柄时,推动顶杆压缩单缓阀弹簧,并顶开单缓阀口,从而连通作用管向大气排风的气路(作用管→单缓阀口→大气),实现机车的单独缓解。

1. 空气制动阀

作用柱塞在其凸轮和弹簧作用下处于中间位置,切断所有气路。同时,微动开关3SA2断开电路809-818,使排风1电空阀254YV失电,从而切断作用管向大气排风的气路。所以,作用管压力不变。

2. 分配阀均衡部

由于作用管压力不变使均衡部保持不动而维持原状态,所以,机车制动缸压力不变,保压。综上所述,该操纵可实现机车的单独保压。因此,用于机车单独制动前的准备及制动后的保压。

(三) 缓解位

当空气制动阀手柄置于缓解位时,作用柱塞阀开通了作用管的排风气路(作用管→电空转换阀→作用柱塞阀→大气),实现机车的单独缓解;同时微动开关 3SA2 闭合电路 809-818。

1. 空气制动阀

作用柱塞在其凸轮和弹簧作用下左移至左端,开通作用管向大气排风的气路(作用管→转换柱塞→作用柱塞→大气);同时,微动开关 3SA2 闭合电路 809-818,使排风 1 电空阀 254YV 得电,从而连通另一条作用管向大气排风的气路。所以,作用管压力降低。

2. 分配阀均衡部

随着作用管压力降低,均衡活塞带动空心阀杆下移,打开排气阀口,连通机车制动缸及均衡活塞上侧向大气排风的气路,即机车压力降低,机车缓解。

综上所述,该操纵可实现机车制动缸压力降低,机车缓解。

(四)运转位

该位置同电空位电空制动控制器运转位,控制全列车的作用一样,在此不再赘述。

(五)下压手柄

(1)空气制动阀推动转轴内的顶杆下移,从而顶开单缓阀口,连通作用管的排风气路,作用管排风即作用管压力降低。

(2)分配阀均衡部空心阀杆下移,打开排气阀口,连通机车制动缸及均衡活塞上侧向大气排风的气路,即机车制动缸压力降低。当停止下压手柄时,机车制动缸及均衡活塞上侧压力降低至与作用管压力平衡时,均衡活塞带动空心阀杆上移,关闭排气阀口,且不打开供气阀口,停止机车制动缸的排风。

综上所述,该操纵可实现机车的单独缓解。

三、空气制动阀手柄在 4 个位置的电路工作情况及作用(表 1-3-8)

空气制动阀各位置电路工作情况及作用　　　　　表 1-3-8

手柄位置	工作情况	作用
制动位	3SA2 被压缩断开电路 809-818	实现机车的单独制动
中立位	3SA2 被压缩断开电路 809-818,连通作用管向大气排风的气路	实现机车的单独缓解
缓解位	3SA2 闭合电路 809-818	实现机车的单独缓解
运转位	切断所有气路	电空制动控制器的控制位

任务评价

序号	主要内容	考核要求	配分	评分标准	得分
1	空气制动阀手柄在制动位的作用	能完整描述空气制动阀手柄在制动位的作用	20	原理描述错误,每处扣 5 分	
2	空气制动阀手柄在中立位的作用	能完整描述空气制动阀手柄在中立位的作用	20		
3	空气制动阀手柄在缓解位的作用	能完整描述空气制动阀手柄在缓解位的作用	20		
4	空气制动阀手柄在运转位的作用	能完整描述空气制动阀手柄在运转位的作用	20		
5	空气制动阀手柄在下压手柄位的作用	能完整描述空气制动阀手柄在下压手柄位的作用	20		

任务3　空气位空气制动阀的操作

任务导入

空气位时,空气制动阀(小闸)在不同的工作位置转换,即置于缓解位、制动位、运转位、中立位时,各个线路的接通情况及各个阀类部件、电空阀的工作原理是怎么样的呢?

带着这些疑问,我们进入任务3的学习。学习前请扫描二维码16预习。

二维码16
空气位综合作用

任务目标

1. 掌握空气制动阀在缓解位的工作原理。
2. 掌握空气制动阀在制动位的工作原理。
3. 掌握空气制动阀在中立位的工作原理。
4. 掌握空气制动阀在单缓位的工作原理。

任务实施

一、空气位空气制动阀置于缓解位

1. 请在图1-3-14中画出空气制动阀在缓解位各个阀类部件的气路走向。

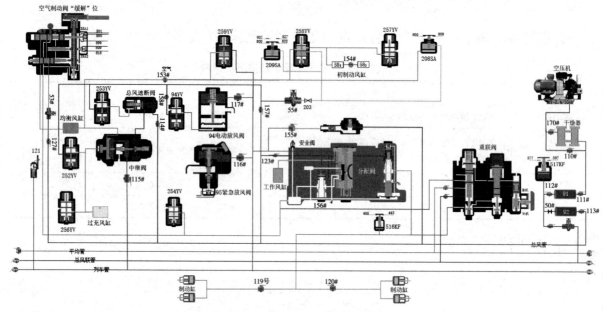

图1-3-14　空气制动阀缓解位气路走向

2. 请写出空气制动阀在缓解位下各个阀类部件的工作原理。

(1)空气制动阀工作原理:

(2)中继阀工作原理:

(3)分配阀工作原理：

(4)紧急阀工作原理：

二、空气位空气制动阀置于制动位

1. 请在图1-3-15中画出空气制动阀在制动位各个阀类部件的气路走向。

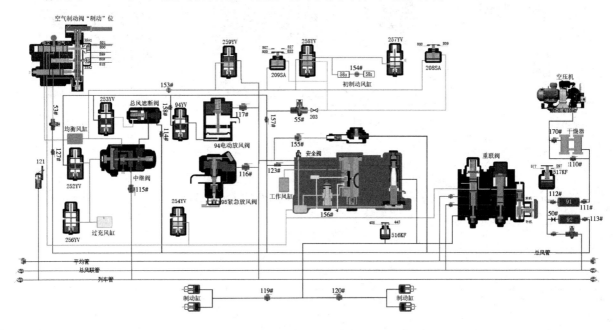

图1-3-15　空气制动阀制动位电路及气路走向

2. 请写出空气制动阀在制动位下各个阀类部件的工作原理。

(1)空气制动阀工作原理：

(2)中继阀工作原理：

(3)分配阀工作原理：

(4)紧急阀工作原理：

三、空气位空气制动阀置于中立位或运转位

1. 请在图 1-3-16 中画出空气制动阀在中立位或运转位各个阀类部件的气路走向。

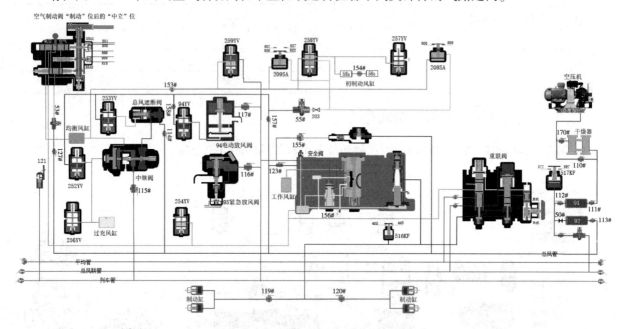

图 1-3-16　空气制动阀中立位或运转位电路及气路走向

2. 请写出空气制动阀在中立位或运转位下各个阀类部件的工作原理。
(1)空气制动阀工作原理：

_____

_____

(2)中继阀工作原理：

_____

_____

_____

(3)分配阀工作原理：

_____

_____

_____

(4)紧急阀工作原理：

_____

_____

_____

3. 分析中立位和运转位的区别。

_____

_____

_____

四、空气位空气制动阀置于下压手柄位

1. 请在图 1-3-17 中画出空气制动阀在下压手柄位各个阀类部件的气路走向。

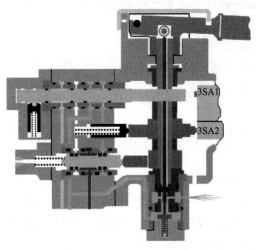

图 1-3-17　空气制动阀下压手柄位图

2. 请写出空气制动阀在下压手柄位时各个部件的工作原理。

（1）空气制动阀工作原理：

（2）分配阀均衡部工作原理：

相关知识

一、空气制动阀

空气制动阀俗称"小闸"，是 DK-1 型电空制动机的操纵部件。空气制动阀用于电空位下，单独控制机车的制动、缓解与保压；空气制动阀用于空气位下，控制全列车的制动、缓解与保压。空气制动阀有 4 个工作位置，按逆时针方向依次为缓解位、运转位、中立位、制动位和单独缓解位（下压手柄）。通过限位装置，操作手柄只能在运转位取出或装入。空气制动阀是通过直接控制分配阀容积室压力空气的充入或排出而使机车制动或缓解的。它包括电空位和空气位两种工况。

二、空气位空气制动阀的作用

如图 1-3-18 所示，当空气制动阀置于空气位时，微动开关 3SA1 使导线 800 连通，导线 801 断开。

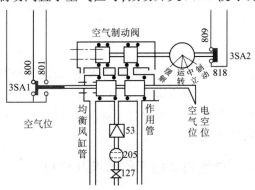

图 1-3-18　空气位小闸微动开关示意图

当运行中发现电空制动控制器或制动机系统有关电路、电器故障时,将空气制动阀上的转换柱塞扳钮扳至空气位,将实现以下两个作用:

(1) 转换柱塞凹槽连通均衡风缸管与 a 管的气路。

(2) 联动微动开关 3SA1 动作,导线 800 连通,使制动电空阀(257YV)单独得电;导线 801 断开,使电空制动控制器断电失去作用,那么微动开关 3SA2 是否闭合都将使排风 1 电空阀(254YV)失电,作用管排大气的通路被切断。

在空气位时,空气制动阀有 4 个作用位置。

(一) 缓解位

如图 1-3-19 所示,当空气制动阀置于缓解位时,作用凸轮升程,推动柱塞左移,连通调压阀管与 a 管的气路(调压阀管→作用柱塞凹槽→a 管→转换柱塞凹槽→均衡风缸管)。调压阀将总风压力空气调整为 500kPa 或 600kPa,向均衡风缸充气,控制中继阀向列车管充风,车辆缓解。机车的缓解是靠下压手柄。(注意:此时必须下压手柄,否则机车不能缓解)。

(二) 制动位

如图 1-3-20 所示,空气制动阀置于制动位,手柄右移到制动位,作用凸轮得到降程。在作用柱塞弹簧的反力作用下柱塞右移,切断调压阀管向均衡风缸管充气的通路,均衡风缸管与作用柱塞左盖上直径 1.4mm 的排气缩孔连通,使均衡风缸压力空气排至大气,均衡风缸减压,中继阀使列车管排出与均衡风缸减压量相等的压力空气,全列车制动。

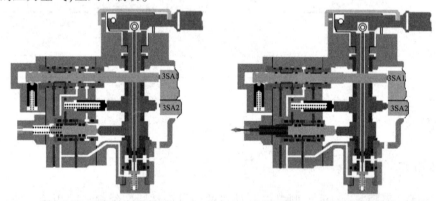

图 1-3-19 空气制动阀缓解位　　图 1-3-20 空气制动阀制动位

均衡风缸的减压量与手柄在制动位停留的时间成正比,完成所需减压量后,将手柄移到中立位,作用柱塞切断均衡风缸排气通路,均衡风缸停止减压,列车进入制动后的保压状态。

(三) 中立位

空气制动阀中立位如图 1-3-21 所示。根据空气制动阀在制动位停留时间的长短可确定均衡风缸减压量的多少。如果此时均衡风缸减压量达到要求,司机可将空气制动阀手把回移至中立位。作用凸轮使作用柱塞左移至中间位置,将调压阀管与均衡风缸管以及均衡风缸管与大气的通路均切断,使机车、车辆保持制动。(在电空位操纵时,运转位与中立位气路相同,但电路不同,所以此两位不同;而在空气位时,制动系统的电路均无电,此两位作用相同。)

(四) 单缓位

空气制动阀单缓位如图 1-3-22 所示。空气制动阀转入空气位操纵全列车制动后,若想使机车单独缓解,可下压手柄来实现。下压空气制动阀手柄时,顶杆下移,将单缓阀推离阀座,分配阀容积室压缩空气经作用管从单缓阀上方大气孔排向大气,机车单独缓解。松开手柄时,在单缓阀下方弹簧的作用下,单缓阀上移与阀座紧密贴合,作用管停止排气。

三、空气制动阀手柄在 4 个位置的电路工作情况及作用

空气制动阀手柄在 4 个位置的电路工作情况及作用见表 1-3-9。

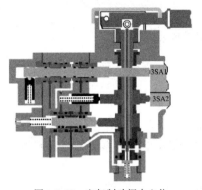
图 1-3-21　空气制动阀中立位

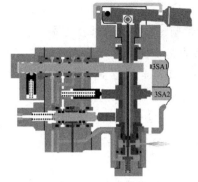
图 1-3-22　空气制动阀单缓位

空气制动阀各位置电路工作情况及作用　　　　　　　表 1-3-9

手柄位置	电路工作情况	作　用
缓解位	微动开关 3SA1 动作,导线 800 连通,使制动电空阀 (257YV) 单独得电;导线 801 断开,使电空制动控制器 断电失去作用,那么微动开关 3SA2 是否闭合都将使排 风 1 电空阀 (254YV) 失电,作用管排大气的通路被切断	车辆缓解
制动位		车辆制动
中立位		同缓解位
单缓位		机车单独缓解

四、知识拓展

五步闸性能试验

DK-1 型电空制动机五步闸性能试验检查具体步骤如下。相关教学资源请扫描二维码 17、18。

第一步：

（1）电空制动控制器（大闸）由运转位移至紧急制动位，空气制动阀（小闸）运转位。

①列车管压力 3s 内下降为零。

②机车制动缸压力 5s 内上升至 400kPa，最高压力达到 450kPa，分配阀安全阀喷气不止。

③机车自动撒砂。

二维码17

DK-1型制动机五步闸试验

注意：机车在运行中调速手柄在有级位，施行紧急制动时，主断路器会自动断开，解除机车动力源。

（2）电空制动控制器由运转位移至紧急制动位，空气制动阀由运转位移至缓解位同时下压手柄，机车制动缸压力由 450kPa 应下降为零，机车呈缓解状态。

二维码18

列车制动软管破损更换

（3）电空制动控制器由运转位移至紧急制动位，空气制动阀由缓解位移至运转位，机车制动缸压力不得回升。

（4）电空制动控制器由紧急制动位移至运转位，空气制动阀由运转位。

①均衡风缸充至规定压力。

②列车管压力由零充至 480kPa 的时间应在 9s 内。

第二步：

（1）电空制动控制器由运转位移至制动位，空气制动阀在运转位。

①均衡风缸常用最大减压量货车机车 140kPa/客车机车 170kPa 的排风时间为 5~7s。

②机车制动缸压力上升至货车机车 350kPa/客车机车 420kPa 的时间为 6~8s。

（2）电空制动控制器由制动位移至中立位（保压 1min），空气制动阀在运转位。

①均衡风缸压力泄漏不得超过 10kPa/min。

②列车管压力泄漏不得超过 20kPa/min。

③机车制动缸压力泄漏不得超过 10kPa/min。

第三步：

(1) 电空制动控制器由中立位移至过充位，空气制动阀在运转位。

① 均衡风缸压力充至规定压力。

② 列车管压力高于规定压力 30~40kPa 的过充压力。

③ 机车制动缸应保持制动状态。

(2) 电空制动控制器由过充位移至运转位，空气制动阀在运转位。

① 机车制动缸压力由货车机车 350kPa/客车机车 420kPa 下降至 40kPa 的时间为 7s，至机车制动缸压力缓解为零。

② 列车管内过充压力自动消除时间应在 120~180s，列车管恢复规定压力。

第四步：

(1) 电空制动控制器运转位，空气制动阀由运转位移置制动位。

机车制动缸压力由零上升至 280kPa 的时间为 4s 内，机车制动缸最高压力为 300kPa。

(2) 电空制动控制器运转位，空气制动阀由制动位移置中立位（保压 1min）。

① 机车制动缸压力保持 300kPa。

② 机车制动缸压力泄漏不得超过 10kPa/min。

(3) 电空制动控制器运转位，空气制动阀由中立位移置运转位。

机车制动缸压力由 300kPa 下降至 40kPa 的时间不大于 5s。

第五步：由电空位转换空气位性能试验

(1) 将电空转换阀板键扳由电空位转换至空气位（切断电空制动控制器控制电源，空气制动阀作用失效）。

(2) 调整调压阀（Ⅰ室 53 号、Ⅱ室 54 号）压力为货车机车 500kPa/客车机车 600kPa。

① 空气制动阀由运转位移置缓解位同时下压手柄。

a. 均衡风缸、列车管（列车管）压力充至规定压力。

b. 机车制动缸压力为零。

② 空气制动阀由缓解位移置制动位。

均衡风缸减压货车机车 140kPa/客车机车 170kPa 的排风时间为 5~7s。

③ 空气制动阀由制动位移置中立位（保压 1min）。

a. 均衡风缸压力泄漏不得超过 10kPa/min。

b. 列车管压力泄漏不得超过 20kPa/min。

c. 机车制动缸压力泄漏不得超过 10kPa/min。

④ 空气制动阀由中立位移置缓解位同时下压手柄。

a. 均衡风缸、列车管（列车管）压力充至规定压力。

b. 机车制动缸压力为零，机车缓解。

(3) 空气位性能试验完毕恢复电空位。

① 将电空转换阀板键扳由"空气位"转换至"电空位"。

② 调整调压阀（Ⅰ室 53 号、Ⅱ室 54 号）压力为 300kPa。

③ 空气制动阀移置制动位，确认机车制动缸压力为 300kPa，保持机车制动。

(4) 机车制动缸压力为零（缓解状态）。

① 电空位转换空气位操纵时的注意事项：

a. 无紧急制动作用功能，遇危及行车安全时，采取手动紧急制动阀施行紧急制动作用。

b. 总风遮断阀始终处于开启状态，列车管泄漏时处于补风状态。

② 电空制动控制器、空气制动阀均在运转位，确认制动仪表压力的显示：

a. 总风缸压力为 750~900kPa。

b. 均衡风缸压力为：货车机车 500kPa/客车机车 600kPa。

c. 列车管压力为：货车机车500kPa/客车机车600kPa。

DK-1型电空制动机五步闸性能试验检查表见表1-3-10。

DK-1型电空制动机五步闸性能试验检查表　　　　　　　　　　　表1-3-10

操作顺序	电空制动控制器						空气制动阀				检查性能技术要求 列车管压力为500kPa
	过充位	运转位	中立位	制动位	重联位	紧急位	缓解位	运转位	中立位	制动位	
第一步	1→2（手柄移动路径5）						3→4				（1）总风缸压力为750~900kPa；均衡风缸压力为货车机车500kPa/客车机车600kPa；列车管压力为：货车机车500kPa/客车机车600kPa；机车制动缸压力为零。 （2）列车管压力3s内下降为零；机车制动缸压力5s内上升到400kPa，最高压力达到450kPa，分配阀安全阀喷气不止；机车自动撒砂。机车在运行中调速手柄在有级位，施行紧急制动时，主断路器会自动断开，解除机车动力源。 （3）同时下压手柄，制动缸压力应能缓解到0。 （4）机车制动缸压力由450kPa应下降为零，机车呈缓解状态，机车制动缸压力不得回升。 （5）均衡风缸充至规定压力，列车管由零充至480kPa的时间应在9s内
第二步		7	6								（6）均衡风缸常用最大减压量货车机车140kPa/客车机车170kPa的排风时间为5~7s；机车制动缸压力上升为货车机车350kPa/客车机车420kPa的时间为6~8s。 （7）列车管压力泄漏不得超过20kPa/min
第三步	8→9										（8）均衡风缸压力充至规定压力；列车管压力高于规定压力30~40kPa的过充压力；机车制动缸应保持制动状态。 （9）机车制动缸压力由货车机车350kPa/客车机车420kPa下降至40kPa的时间为7s，至机车制动缸压力缓解为零；列车管内过充压力自动消除时间应在120~180s，列车管恢复规定压力
第四步									12→11→10		（10）制动缸由零升至280kPa的时间小于或等于4s。 （11）制动缸压力保压良好。 （12）制动缸压力由300kPa下降至40kPa的时间小于或等于5s
第五步	电空位转空气位操作： ①将电空转换阀板键扳由电空位转换至空气位（切断电空制动控制器控制电源，电空制动控制器作用失效）。 ②空气制动阀置于缓解位。 ③调整调压阀（Ⅰ室53号、Ⅱ室54号）压力为货车机车500kPa/客车机车600kPa。 ④将153转换阀置于空气位。										
							13→14→15→16				（13）空气制动阀置于缓解位，并下压手柄，均衡风缸、列车管压力达到规定压力、制动压力为零。 （14）均衡风缸减压140kPa排风时间5~7s；机车制动缸压力上升为350kPa。 （15）列车管压力泄漏不得超过20kPa，机车制动缸保压良好。 （16）均衡风缸、列车管压力恢复规定压力，下压空气制动阀，机车缓解良好

任务评价

序号	主 要 内 容	考 核 要 求	配分	评 分 标 准	得分
1	空气制动阀手柄在缓解位的作用	能完整描述空气制动阀手柄在缓解位的作用	25	原理描述错误,每处扣5分	
2	空气制动阀手柄在制动位的作用	能完整描述空气制动阀手柄在制动位的作用	25		
3	空气制动阀手柄在中立位的作用	能完整描述空气制动阀手柄在中立位的作用	25		
4	空气制动阀手柄在单缓位的作用	能完整描述空气制动阀手柄在单缓位的作用	25		

模块2　CCBⅡ型电空制动机的基础知识及操作

引导案例

概况：×年×月×日××机班，操纵SS6B型电力机车，牵引25103次列车，编组40辆车，运行至××站机外，司机施行制动调速时，发现列车管压力减压量急剧下降，司机迅速将自动制动阀移回运转位，列车管表指针强行达到规定压力，司机盲目地将车开进站内，制动停车起紧急制动作用，停车下车检查发现没车列，仅剩一台机车（单机），机后软管排风不止，司机意识到列车发生分离，车列（40辆车）遗留在区间。司机将机后折塞门关闭，在本到发线上后方出站信号机显示一白色灯光情况下，司机在没有行车凭证的情况下，盲目将单机开往被占用的区间挂遗留车列。酿成事故由D类一般事故升为C类一般故事。

事故原因：

（1）机车与第一辆车车钩分离（分离状态：机车车钩在锁闭状态，车辆车钩在打开状态，确定辆车车钩存在异常），制动软管拉开，列车管压力急剧下降，司机为引起重视，盲目地将自动制动阀移回运转位，强行向列车管充风缓解。

（2）司机发现列车管压力急剧下降，未按操作规程将自动制动阀置于停止向列车管充风位置上，反而将自动制动阀由中立位移回运转位向列车管充风，强行缓解列车制动。

（3）司机未按操作规定发现制动机有异常，进行制动机试验检查，而是盲目地将车开进站内停车，才发现列车分离，已构成D类一般事故。

（4）进站停车后发现列车分离时，未及时与车站取得联系，仅凭本股道后方出站信号机显示的一个白色灯光，在没有行车凭证的情况下，擅自单机开入挂遗留车列，构成C类一般事故。

责任：机务部门。

教训：

（1）司机对列车管压力急剧下降原因不明确，未停车检查。

（2）司机发现列车管压力有异常，违反操作规程未切断向列车管充风通路，反而盲目地缓解。

（3）空气压缩机不停地在工作，司机也发现异常现象。

（4）强行加载开车向接车站运行，对牵引功率变化未察觉，违反操作规程蛮干。

（5）进站停车后司机发现车列遗留在区间时，对非正常行车凭证办法不熟悉，在无行车凭证的情况下擅自将单机开入占用区间。

措施：

（1）运行中遇列车管压力发生急剧下降时，司机应立即将自动制动阀置于中立位，向列车管充风通路，解除机车牵引动力源，严禁自动制动阀置于运转位向列车管充风。

（2）待列车停稳后，进行制动机试验检查。遇列车管压力不保压，说明列车管泄漏，首先关闭机车后折角塞门，确认机车制动机良好后，学习司机携带手持电台下车，向后部车辆检查，发现列车分离时，与司机联系，将分离状态向司机汇报，经检查连接部件作用良好时，指挥司机连挂好，并进行制动机试验检查，动车试拉确认最后一车辆拉动，说明全列车连挂良好，并向车站汇报停车原因。

（3）牵引旅客列车时，司机应立即与运转车长联系（动车通知随车机械师）或随车辆列检人员，检查车辆制动机，判明原因经处理后，并向车站汇报停车原因。

(4)当货物列车未发生分离,而列车发生紧急制动时,除对机车检查外,在停车状态,采用关闭折角塞门方法,查明某辆车制动机故障,经排查将该车辆进行关门处理。

(5)开车司机必须进行制动机试验检查,确认充、排风时间正常,装有列尾装置可查询压力一致,方可开车,途中运行尽可能本区间进行制动机"贯通"试验,掌握制动力做到心中有数。

根据以上案例,我们明白了机车在复杂的铁路线路环境中运行,制动机是保证行车安全的首要条件,那么制动机是怎样控制机车和车辆制动的呢?它由哪些部件组成?它的工作原理是怎样的呢?带着这些问题我们接下来进行CCBⅡ型电空制动机的学习之旅吧。

知识导图

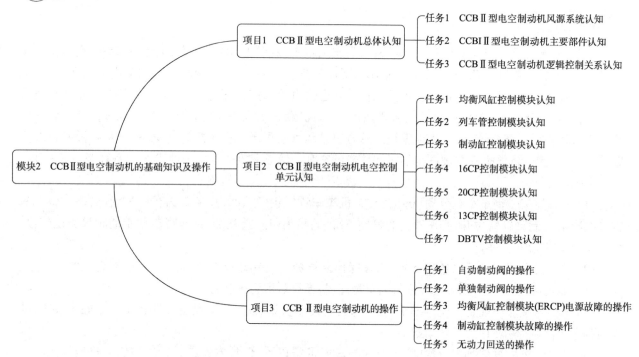

项目 1 CCB Ⅱ 型电空制动机总体认知

项目描述

HXD1C 型电力机车是我国铁路干线牵引货运用机车型之一,其采用的制动机类型为 CCB Ⅱ 型电空制动机。本项目主要介绍:CCB Ⅱ 型电空制动机风源系统结构及主要组成部件;CCB Ⅱ 型电空制动机主要部件的结构及作用;CCB Ⅱ 型电空制动机逻辑控制关系等内容。

任务 1 CCB Ⅱ 型电空制动机风源系统认知

任务导入

风源系统的作用是生产、储备、调节控制压力空气,为机车各空气管路系统提供高质量、清洁、干燥、稳定的压力空气。HXD1C 型电力机车空气管路系统由风源空气系统、制动机空气系统、控制空气系统、辅助空气系统四大部分组成。HXD1C 型电力机车采用 CCB Ⅱ 型电空制动机,其风源系统主要包括主空气压缩机、高压安全阀、主空气干燥器、滤油器、进气止回阀、主风缸、逆流止回阀、P50 压力监控器、各种塞门及管路、辅助空气压缩机等部件。

学习前请扫描二维码 19 预习。

二维码19

CCB Ⅱ 型制动机风源系统认知

任务目标

1. 掌握风源系统结构及组成部件。
2. 掌握空气压缩机的作用及工作原理。
3. 掌握空气干燥器的作用及工作原理。
4. 掌握高压安全阀的作用。
5. 掌握 P50 压力监控器的作用。
6. 掌握压力开关的作用。
7. 掌握滤油器的作用。
8. 掌握空气过滤器的作用。

任务实施

一、风源系统结构

风源系统由两台主空气压缩机、两台空气干燥器、三个 P50 压力监控器、总风缸滤油器、进气止回阀、主风缸、逆流止回阀、各种塞门及管路、辅助空气压缩机等组成。风源系统具体结构图如图 2-1-1 所示。

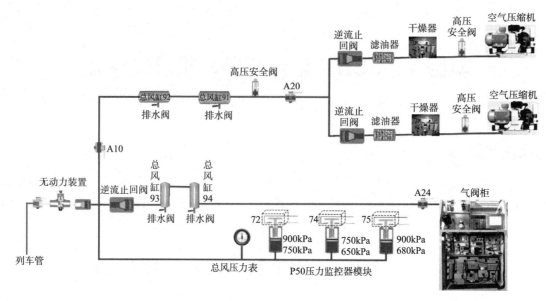

图 2-1-1 风源系统结构图

二、风源系统主要部件作用及工作原理

（一）空气压缩机的作用及工作原理

请根据图 2-1-2，试着在横线处写出空气压缩机的作用和工作原理。

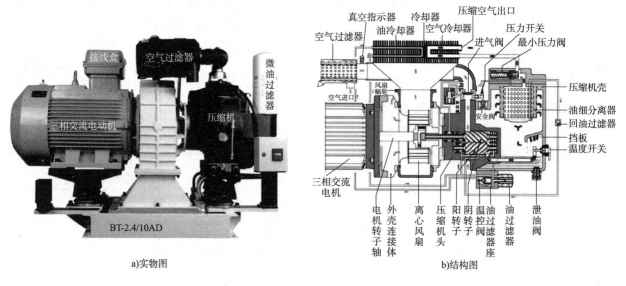

图 2-1-2 空气压缩机实物图及结构图

空气压缩机作用：
_____
_____

空气压缩机工作原理：
_____
_____

（二）空气干燥器的作用及工作原理

请根据图 2-1-3，试着再横线处填写空气干燥器的作用和工作原理。

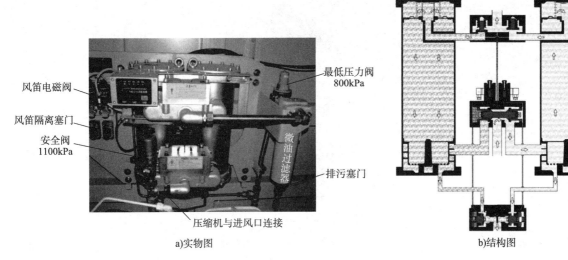

图 2-1-3 双塔干燥器实物图及结构图

空气干燥器的作用：

_____

_____

空气干燥器的工作原理：

_____

_____

_____

(三) 高压安全阀的作用

请根据图 2-1-4，试着在横线处填写高压安全阀的作用。

图 2-1-4 高压安全阀

高压安全阀的作用：

_____

_____

_____

(四) P50 压力监控器的作用

CCB Ⅱ 型电空制动机设置有 3 个 P50 压力监控器，代号分别为 72、74、75，其实物图如图 2-1-5 所示。试着在横线处填写 P50 压力监控器的作用。

图 2-1-5　P50 压力监控器

P50 压力监控器的作用：

_____

_____

_____

(五) 压力开关的作用

请根据图 2-1-6，试着在横线处填写压力开关的作用。

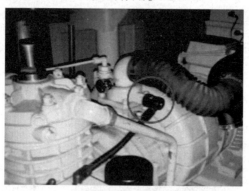

图 2-1-6　压力开关

压力开关的作用：

_____

_____

_____

(六) 滤油器的作用

请根据图 2-1-7，试着在横线处填写滤油器的作用。

图 2-1-7　滤油器

滤油器的作用：

_____

_____

(七) 空气过滤器的作用

请根据图2-1-8所示空气过滤器结构图，试着在横线处填写空气过滤器的作用。

图2-1-8　空气过滤器结构图

空气过滤器的作用：

_____

_____

相关知识

一、风源系统主要部件作用及工作原理

(一) 空气压缩机的作用及工作原理

1. 作用

空气压缩机作用：①产生空气压缩压力；②向风源系统、制动系统、控制系统、辅助系统提供压缩空气。

2. 组成

主压缩机由两台螺杆式空气压缩机组成，它们由独立电源装置供电。空气压力调节器的开断电路压力值为900kPa±20kPa，闭合电路压力值为750kPa±20kPa；安全阀动作压力值为950kPa±20kPa。

3. 启动顺序

空气压缩机的启动顺序：当总风压力低于680kPa±20kPa，启动两台压缩机打风，900kPa±20kPa停止打风；当总风压力低于750kPa±20kPa，但不低于680kPa±20kPa时，启动非操纵端压缩机，900kPa±20kPa停止打风。

4. 参数

空气压缩机参数如下：

(1) 流量：≥2.4m³/min。

(2) 额定排气压力：1.0kPa。

(3) 不大于30次起动/h。

(4) 工作环境温度范围 -25℃ ~ +40℃。

5. 工作循环

螺杆式空气压缩机的工作循环可分为吸气过程、封闭过程、压缩过程和排气过程。随着转子旋转每对相互啮合的齿相继完成相同的工作循环，为简单起见我们只对其中的一对齿进行研究。

(1) 吸气冲程

随着转子的运动，齿的一端逐渐脱离啮合而形成了齿间容积，这个齿间容积的扩大在其内部形成了一定的真空，并与吸气口形成负压吸入气体。转子接着旋转，阳转子的齿不断地从阴转子的齿槽中脱离出来，齿间容积也不断地扩大，并与吸气口保持连通。随着转子的旋转，齿间容积达到了最大值，并在此位置齿间容积与吸气口断开,吸气过程结束。吸气过程示意图如图 2-1-9 所示。

（2）封闭过程

在吸气过程结束的同时阴阳转子的齿峰与机壳密封,齿槽内的气体被转子齿和机壳包围在一个封闭的空间中,即封闭过程。简而言之,即将齿槽吸入的空气封闭使其不外流,并向排气端转动。封闭过程示意图如图 2-1-10 所示。

图 2-1-9　吸气过程示意图　　　图 2-1-10　封闭过程示意图

（3）压缩过程

随着转子的旋转,齿间容积由于转子齿的啮合而不断减少,被密封在齿间容积中的气体所占据的体积也随之减少,导致气体压力升高,从而实现气体的压缩过程。压缩过程可一直持续到齿间容积即将与排气口连通之前。压缩过程示意图如图 2-1-11 所示。

（4）排气过程

齿间容积与排气口连通后即开始排气过程。随着齿间容积的不断缩小,具有内压缩终了压力的气体逐渐通过排气口被排出,排气过程一直持续到齿末端的型线完全啮合为止。此时,齿间容积内的气体通过排气口被完全排出,封闭的齿间容积的体积将变为零。排气过程示意图如图 2-1-12 所示。

图 2-1-11　压缩过程示意图　　　图 2-1-12　排气过程示意图

(二)空气干燥器的作用及工作原理

空气干燥器的作用是将空气压缩机产生的压缩空气过滤,除去压缩空气中的油雾、水和机械杂质等,使压缩空气既清洁又干燥,提高压缩空气运用质量,避免空气中含水造成对制动部件的腐蚀。

双塔干燥器的吸附和再生过程在两个干燥塔中交替进行。当压缩空气在一个塔内进行吸附干燥时,另一个塔内的干燥剂被干燥的空气流经,并带出吸附剂内的水蒸气分子进行再生。图 2-1-13 所示为双塔干燥器结构图。

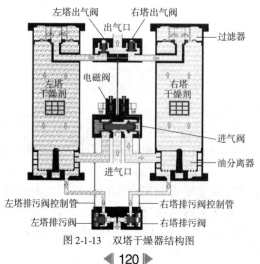

图 2-1-13　双塔干燥器结构图

空气干燥器的工作原理：右侧电磁阀失电，左侧电磁阀得电，推动进气阀右移，且左塔排污阀打开，右塔排污阀关闭；压缩空气从进气口沿箭头经进气阀口向右侧干燥塔充气，经油分离器将油、水滴与压缩空气分离处理，再经干燥剂吸收水分子后，压力空气推开右塔出气阀口，干燥后压缩空气经出气口向总风缸充气；同时，另一部分干燥后的压缩空气经节流孔进入左塔（再生塔），沿箭头方向自上而下流过干燥剂并带出其吸附的水分；最后经左塔排污阀、消音器排向大气。

（三）高压安全阀的作用

高压安全阀压力设定值为 1250kPa ± 20kPa。当油气室内的压力超过安全阀设定值时，安全阀会自动泄压，使压力降至设定的排气压力以下，起到超压保护作用。需要注意的是，空压机出厂时，已调定安全阀标称值，切不可随意拆调。

（四）P50 压力监控器的作用

CCB Ⅱ 型电空制动机设置有 72、74、75 三个 P50 压力监控器，其结构如图 2-1-14 所示。各压力监控器作用如下：

（1）72 压力监控器的作用：当总风压力低于 750kPa 时，联锁闭合，远离操作端的压缩机接触器得电吸合，空气压缩启动；当总风压力达到 900kPa 时，联锁断开，切断压缩机接触器线圈电路，空气压缩停止工作。

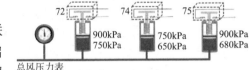

图 2-1-14　P50 压力监控器结构图

（2）74 压力监控器的作用：当总风压力低于 650kPa 时，联锁闭合，牵引封锁。

（3）75 压力监控器的作用：当总风压力低于 680kPa 时，联锁闭合，靠近操作端压缩机接触器得电吸合，两台空气压缩启动；当总风压力达到 900kPa 时，联锁断开，切断压缩机接触器线圈电路，空气压缩停止工作。

（五）压力开关的作用

压力开关压力设定值：400kPa 电路断开，300kPa 电路接通。压力开关由进气阀阀座内压力控制，压缩机停机后，油气筒内压力立即传至进气阀阀座内，当压力超过 400kPa 时，压力开关断开。随着油气筒内的压力被进气卸荷阀快速卸放，进气阀阀座内压力随之降低，当压力降至 300kPa 时，压力开关恢复接通。此时，压缩机才能再次启动，保证了电机在低负荷下安全启动。压缩机运行时，进气阀腔内压力低于大气压力，压力开关处于接通状态。

（六）油过滤器的作用

油过滤器是一种纸质的过滤器。

过滤精度：颗粒大小 10μm。

油过滤器的功能：除去油中杂质（如金属微粒），保护轴承及转子，减少转子磨损，延长机器使用寿命。

（七）空气过滤器的作用

大气中含有一定的水汽、灰尘、砂粒。空气过滤器的作用是将吸入的空气中的水汽进行分离，同时过滤空气中的灰尘和固体杂质，把含尘量低的空气净化处理后进入压缩机，以保证空气洁净度。

任务评价

序号	主要内容	考核要求	配分	评分标准	得分
1	风源系统结构	能完整描述风源系统结构及组成部件	10	部件组成描述错误，每处扣 1 分	
2	空气压缩机的作用及工作原理	能完整描述空气压缩机的作用及工作原理	20	作用及原理描述错误，每处扣 2 分	
3	空气干燥器的作用及工作原理	能完整描述空气干燥器的作用及工作原理	20		
4	高压安全阀的作用	能完整描述高压安全阀的作用	10		

续上表

序号	主要内容	考核要求	配分	评分标准	得分
5	P50压力监控器的作用	能完整描述P50压力监控器的作用	10	作用及原理描述错误,每处扣2分	
6	压力开关的作用	能完整描述压力开关的作用	10		
7	滤油器的作用	能完整描述滤油器的作用	10		
8	空气过滤器的作用	能完整描述空气过滤器的作用	10		

任务2 CCBⅡ型电空制动机主要部件认知

任务导入

CCBⅡ型电空制动机是第二代微机控制制动机,具有反应迅速、控制精度高、集成化程度高、安全性能高等特点。CCBⅡ型电空制动机主要由电子制动阀(EBV)、制动显示屏(LCDM)、微机处理器(IPM)、继电器接口模块(RIM)、电空控制单元(Electro-Pneumatic Control Unit,EPCU)等组成。

思考:这些组成单元的结构是怎样? 各模块的又分别起到什么作用?

带着这些疑问,我们进入任务2的学习。学习前请扫描二维码20预习。

任务目标

1. 掌握CCBⅡ型电空制动机空气制动柜的结构及组成部件。
2. 掌握电子制动阀(EBV)的作用。
3. 掌握制动显示屏(LCDM)的作用。
4. 掌握微机处理器(IPM)的作用。
5. 掌握继电器接口模块(RIM)的作用。
6. 掌握电空控制单元(EPCU)的作用。

任务实施

一、CCBⅡ型电空制动机空气制动柜的主要组成部件

CCBⅡ型电空制动机主要组成部件集成在空气制动柜中,其实物结构如图2-1-15所示,请在图中补充完整各组成模块的名称。

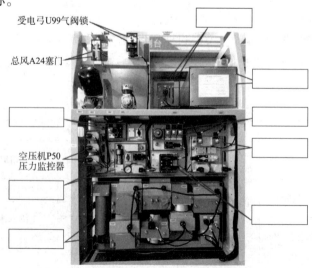

图2-1-15 CCBⅡ型电空制动机空气制动柜结构图

二、CCBⅡ型电空制动机主要组成部件的结构及作用

(一) 电子制动阀(EBV)

请根据图 2-1-16 所示电子制动阀(EBV)实物图,试着在横线处写出其结构及作用。

图 2-1-16　电子制动阀实物图

电子制动阀(EBV)的作用:

_____

_____

_____

(二) 制动显示屏(LCDM)

请根据图 2-1-17 所示制动显示屏(LCDM)实物图,试着在横线处写出其结构及作用。

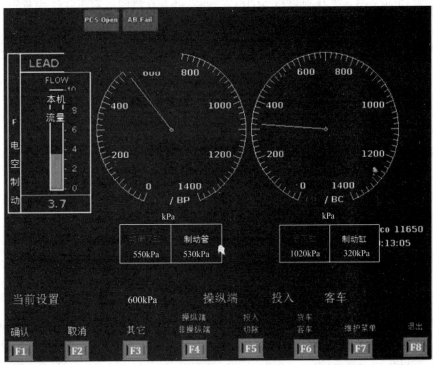

图 2-1-17　制动显示屏实物图

制动显示屏(LCDM)作用：

_____

_____

(三)微机处理器(IPM)

请根据图 2-1-18 所示微机处理器(IPM)实物图，试着在横线处写出其结构及作用。

图 2-1-18　微机处理器实物图

微机处理器(IPM)作用：

_____

_____

(四)继电器接口模块(RIM)

请根据图 2-1-19 所示继电器接口模块(RIM)实物图，试着在横线处写出其结构及作用。

图 2-1-19　继电器接口模块实物图

继电器接口模块(RIM)作用：

_____

(五)电空控制单元(EPCU)

请在图 2-1-20 电空控制单元(EPCU)实物图中标出均衡风缸控制模块(Equalizing Reservoir Control Portion,ERCP)、列车管控制模块(Brake Pipe Control Portiion,BPCP)、13CP 控制模块、16CP 控制模块、20CP 控制模块、制动缸控制模块(Brake Cylinder Control Portion,BCCP)、DB 三通阀(DBTV)及电源接线盒(Power Supply Junction Box,PSJB)的位置，并试着在横线处写出各个模块的作用。

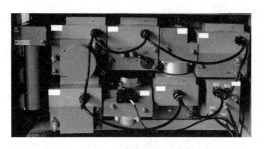

图 2-1-20　电空控制单元实物图

电空控制单元(EPCU)的作用：

___

___

___

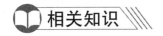

一、CCB Ⅱ型电空制动机空气制动柜的主要组成部件

CCB Ⅱ型电空制动机空气制动柜结构图如图 2-1-21 所示。其主要组成部件的作用如下：

（1）微机处理器(X-IPM)：CCB Ⅱ型电空制动机的核心处理器，执行制动软件运算，并对软件运行状态进行检测和维护。执行所有到机车司机室制动显示屏(LCDM)模块接口，通过高速数据连接控制与制动显示屏(LCDM)模块通信，通过网络与电空控制单元(EPCU)模块、电子制动阀通信。

（2）继电器接口(RIM)模块：微机处理器(IPM)与机车间通信的继电器接口，处理空气制动系统与本节机车的输入和输出互锁。输入可以包括来自安全设备和电信号监控的惩罚制动和紧急制动指令，以及其他需要的机车特定接口。输出可以包括惩罚制动和紧急制动时动力切除(PCS 打开)、动力制动时 BC 压力缓解、紧急制动时撒砂以及其他需要的机车特定接口。

（3）电空控制单元(EPCU)：电空控制单元由电空阀和空气阀组成，控制机车的空气管路(包括风缸)的压力变化。电空控制单元 EPCU 的电空阀和空气阀阀在功能上集成且模块化，形成 8 个在线可更换单元(分别是 ERCP、BPCP、BCCP、13CP、16CP、20CP、DBTV、PSJB)，其中 5 个单元(ERCP、BPCP、13CP、16CP、20CP)可更换单元用网络相互通信，是智能化的。

（4）无人警惕 S10 模块：接受中央控制单元(Central Control Unit,CCU)发出的紧急制动信号(接受司机室台面的电动紧急按钮信号)，产生紧急制动，隔离塞门还可以切除紧急制动。

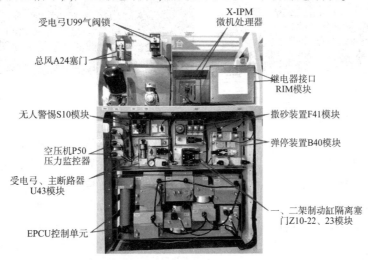

图 2-1-21　CCB Ⅱ型电空制动机空气制动柜结构图

（5）受电弓、主断路器 U43 模块：U43 升弓模块接受两条通道的压力空气，一是总风，一是辅助压缩

机。辅助压缩机的启停通过U43.02压力开关控制。当总风提供的压力低于0.48kPa时,辅助压缩机开始打风,当控制风缸的压力达到0.65kPa时停止。

(6)撒砂装置(F41)模块:提供向前或向后撒砂控制功能,撒砂方向与实际运行方向一致。

(7)弹停装置(B40)模块:机车停放时,由司机操纵电动制动、缓解按压开关或通过手动操纵B40模块制动、缓解按钮,使机车制动或缓解。当弹停风缸压力低于80kPa时,机车弹停产生全制动作用,防止机车停放时溜逸。机车缓解时,弹停风缸压力必须大于480kPa。

(8)一、二架制动缸隔离塞门Z10-22、23模块:制动缸压力切除模块。当转向架上制动缸发生泄露,可以通过Z10-22、23塞门切除该转向架的制动缸压力,同时将隔离信号反馈给控制中心(CCU)。

二、CCB Ⅱ型电空制动器主要组成部件的作用

(一)电子制动阀(EBV)

电子制动阀为水平安装结构,左侧为自动制动手柄,右侧为单独制动手柄,中间为手柄位置的指示牌。自动制动手柄和单独制动手柄都是向前推实施制动,并且具备自动保压特性。

自动制动手柄含有运转位、初制动位、全制动位、抑制位、重联位和紧急制动位6个操作位置,在初制动位与全制动位之间为常用制动区。单独制动手柄含有运转位和全制动位两个操作位置,在运转位与全制动位之间为常用制动区。通过侧压单独制动手柄可以操作机车的单独缓解。图2-1-22所示为电子制动阀实物图。

(二)制动显示屏(LCDM)

制动显示屏是CCB Ⅱ型电空制动机主要的显示设备,安装在机车司机室操作台上,由显示面板、3个亮度调节按键、8个功能按键组成。它可以实时显示均衡风缸、列车管、总风缸、制动缸的压力、列车管流量以及空气制动模式的状态和警告等信息。图2-1-23为制动显示屏示意图。

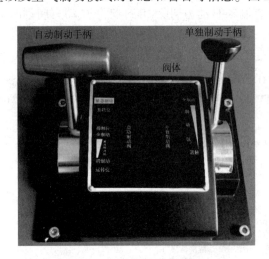

图2-1-22 电子制动阀实物图

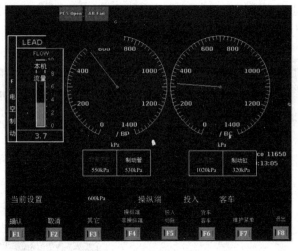

图2-1-23 制动显示屏示意图

(三)微机处理器(IPM)

微机处理器是CCB Ⅱ型电空制动机的核心处理器,执行制动软件运算,并对软件运行状态进行检测和维护。根据应用可以分为X-IPM(扩展线路接口功能)或M-IPM(MVB通信功能)。微机处理器(IPM)执行所有到机车司机室制动显示屏(LCDM)模块接口,通过高速数据连接控制与制动显示屏(LCDM)模块通信,通过网络与电空控制单元(EPCU)模块、电子制动阀(EBV)通信。在微机处理器(IPM)前端有13个可以反馈系统操作状态的LED指示器。当空气制动操作正常时,顶部的两个绿色指示灯亮,空气自动操作故障的红色指示灯不亮。

(四)继电器接口模块(RIM)

继电器接口模块为微机处理器(IPM)与机车间通信的继电器接口,包含电子机械继电器,为机车控

制电路产生输出,处理空气制动系统与本节机车的输入和输出互锁。输入可以包括来自安全设备和电信号监控的惩罚制动和紧急制动指令,以及其他需要的机车特定接口。输出可以包括惩罚制动和紧急制动时动力切除(PCS打开)、动力制动时BC压力缓解、紧急制动时撒砂以及其他需要的机车特定接口。

(五) 电空控制单元(EPCU)

电空控制单元(EPCU)由电空阀和空气阀组成,控制机车的空气管路(包括风缸)的压力变化。电空控制单元的电空阀和空气阀在功能上集成且模块化,形成8个在线可更换单元(分别是ERCP、BPCP、BCCP、13CP、16CP、20CP、DBTV、PSJB),其中5个单元(ERCP、BPCP、13CP、16CP、20CP)可更换单元用网络相互通信,是智能化的。图2-1-24所示为电空控制单元实物图,各组成单元的作用如下:

(1) 均衡风缸控制模块(ERCP):响应电子制动阀(EBV)的自动制动手柄、微机处理器(IPM)、机车监控系统的指令来控制均衡风缸压力。均衡风缸控制模块(ERCP)通过均衡风缸压力的变化产生列车管控制压力。均衡风缸控制模块(ERCP)具备自保压功能,且当均衡风缸控制模块(ERCP)发生故障时,将由16CP替代其功能。同时,均衡风缸控制模块(ERCP)内还集成了无动力回送装置。

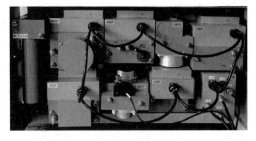

图2-1-24 电空控制单元实物图

(2) 列车管控制模块(BPCP):响应均衡风缸压力变化使列车管产生与均衡风缸相同的压力,相当于DK-1型电空制动机中继阀的作用。

(3) 13CP控制模块:当侧压单独制动手柄时,实现机车的单独缓解。

(4) 16CP控制模块:根据列车管的减压量、平均管压力以及单缓指令,提供制动缸管的制动压力和均衡风缸后备控制。

(5) 20CP控制模块:响应列车管减压量和单独制动手柄单缓指令,产生控制重联单元的制动缸平均管压力。

(6) 制动缸控制模块(BCCP):从16CP控制模块或平均管接收到制动缸预控压力(作用管),产生制动缸压力。

(7) DBTV部分:在电子装置失效的情况下提供空气备份;可以作为16CP的备份模块。

(8) 电源接线盒(PSJB):内部含有向CCBⅡ制动系统供电电源(24V),外壳有多个电子制动阀(EBV)、电空控制单元(EPCU)、微机处理器(IPM)、继电器接口模板(RIM)相互连接的插头。

任务评价

序号	主要内容	考核要求	配分	评分标准	得分
1	CCBⅡ型电空制动机空气制动柜的主要组成部件	能完整描述CCBⅡ型电空制动机空气制动柜的主要组成部件	25	部件组成描述错误,每处扣1分	
2	电子制动阀(EBV)的结构及作用	能完整描述电子制动阀(EBV)的结构及作用	20		
3	制动显示屏(LCDM)的结构及作用	能完整描述制动显示屏(LCDM)的结构及作用	10		
4	微机处理器(IPM)的结构及作用	能完整描述微机处理器(IPM)的结构及作用	10	作用描述错误,每处扣2分	
5	继电器接口模块(RIM)的结构及作用	能完整描述继电器接口模块(RIM)的结构及作用	10		
6	电空控制单元(EPCU)的结构及作用	能完整描述电空控制单元(EPCU)的结构及作用	25		

任务3 CCBⅡ型电空制动机逻辑控制关系认知

任务导入

通过本项目前两个任务的学习,我们掌握了 CCBⅡ型电空制动机的风源系统、CCBⅡ制动机主要组成部件的结构及其作用功能。

思考:在 CCBⅡ型电空制动机工作的时候,各个组成部件之间是什么关系?它们之间是怎样配合的?它们之间的控制关系又是什么?

带着这些疑问,我们进入任务3的学习。学习前请扫描二维码21预习。

任务目标

1. 掌握 CCBⅡ型制动机主要部件的控制关系。
2. 掌握均衡风缸控制模块(ERCP)正常时,自动制动阀、单独制动阀的控制关系。
3. 掌握均衡风缸控制模块(ERCP)电源故障时,自动制动阀、单独制动阀的控制关系。
4. 掌握均衡风缸控制模块(ERCP)电源故障时,自动制动阀、单独制动阀的控制关系。
5. 掌握机车无动力回送时,机车制动、缓解的控制关系。

二维码21
CCBⅡ型制动机控制逻辑关系认知

任务实施

请在横线处补充完整各种情况下 CCBⅡ型电空制动机的控制关系。

一、CCBⅡ型电空制动机主要部件的控制关系

电子制动阀(EBV)→电磁控制单元→基础制动装置

_____ ←→ 微机处理器(X-IPM) ←_____

机车控制系统(TCMS)

二、均衡风缸控制模块(ERCP)正常时,自动制动阀、单独制动阀的控制关系

(一)自动制动阀(大闸)控制关系

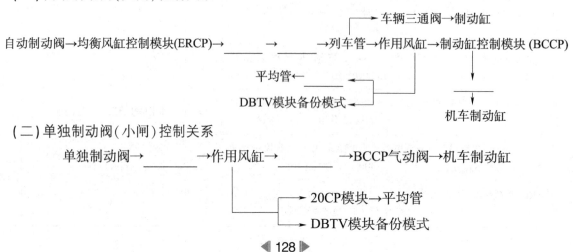

三、均衡风缸控制模块(ERCP)电源故障时,自动制动阀、单独制动阀的控制关系

(一) 自动制动阀(大闸)控制关系

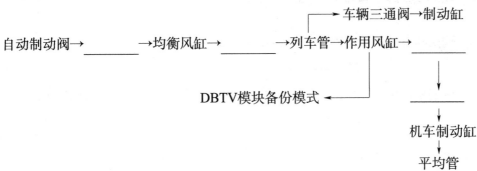

(二) 单独制动阀(小闸)控制关系

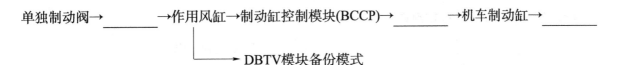

四、制动缸控制模块电源故障时,自动制动阀、单独制动阀的控制关系

(一) 自动制动阀(大闸)控制关系

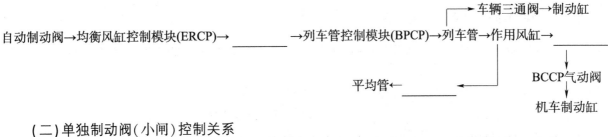

(二) 单独制动阀(小闸)控制关系

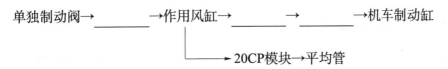

五、机车无动力回送时,机车制动、缓解的控制关系

(一) 未打开平均管时,机车制动控制关系

列车管→_____→_____→作用风缸→DCV5变向阀→BCCP气动阀

机车制动缸←——DCV4变向阀←—————┘

(二) 打开平均管时,本务机车单独制动阀(小闸)操纵,回送机车制动缸控制关系

平均管→_____→_____→DBTV模块→DCV5变向阀→BCCP气动阀

机车制动缸←——DCV4变向阀←—————┘

相关知识

一、CCB Ⅱ型制动机主要部件的控制关系

电子制动阀(EBV)→电磁控制单元→基础制动装置

继电器接口模块(RIM)←→微机处理器(X-IPM)←→制动显示屏(LCDM)

机车控制系统(TCMS)

（继电器接口模块(RIM)与电磁控制单元、微机处理器(X-IPM)、机车控制系统(TCMS)相连）

二、均衡风缸控制模块（ERCP）正常时，自动制动阀、单独制动阀的控制关系

(一) 自动制动阀（大闸）控制关系

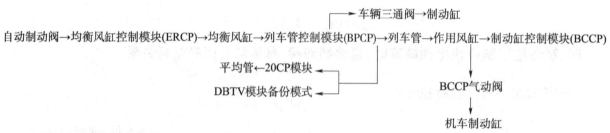

自动制动阀→均衡风缸控制模块(ERCP)→均衡风缸→列车管控制模块(BPCP)→列车管→作用风缸→制动缸控制模块(BCCP)

　→车辆三通阀→制动缸

平均管←20CP模块

DBTV模块备份模式

BCCP气动阀→机车制动缸

(二) 单独制动阀（小闸）控制关系

单独制动阀→16CP模块→作用风缸→制动缸控制模块(BCCP)→BCCP气动阀→机车制动缸

　→20CP模块→平均管
　→DBTV模块备份模式

三、均衡风缸控制模块（ERCP）电源故障时，自动制动阀、单独制动阀的控制关系

(一) 自动制动阀（大闸）控制关系

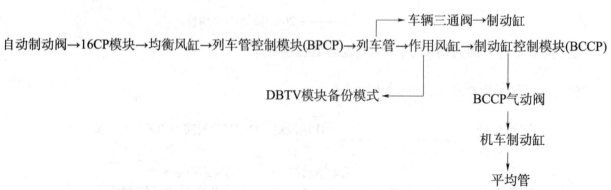

自动制动阀→16CP模块→均衡风缸→列车管控制模块(BPCP)→列车管→作用风缸→制动缸控制模块(BCCP)

　→车辆三通阀→制动缸

DBTV模块备份模式

BCCP气动阀→机车制动缸→平均管

(二) 单独制动阀（小闸）控制关系

单独制动阀→20CP模块→作用风缸→制动缸控制模块(BCCP)→BCCP气动阀→机车制动缸→平均管

　→DBTV模块备份模式

四、制动缸控制模块(BCCP)电源故障时,自动制动阀、单独制动阀的控制关系

(一)自动制动阀(大闸)控制关系

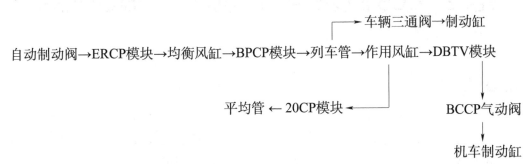

(二)单独制动阀(小闸)控制关系

单独制动阀→16CP模块→作用风缸→DBTV模块→BCCP气动阀→机车制动缸

↳ 20CP模块 → 平均管

五、机车无动力回送时,机车制动、缓解的控制关系

(一)未接平均管时,机车制动控制关系

列车管→DBTV模块→DBTV气动阀→作用风缸→DCV5变向阀→BCCP气动阀

机车制动缸 ← DCV4变向阀 ←

(二)连接平均管时,本务机车单独制动阀(小闸)操纵,回送机车制动缸控制关系

平均管→20CP模块→20R气动阀→DBTV模块→DCV5变向阀→BCCP气动阀

机车制动缸 ← DCV4变向阀 ←

任务评价

序号	主要内容	考核要求	配分	评分标准	得分
1	CCBⅡ型电空制动机主要部件的控制关系	能完整描述CCBⅡ型电空制动机主要部件的控制关系	20	控制关系描述错误,每处扣2分	
2	均衡风缸控制模块(ERCP)正常时,自动制动阀、单独制动阀的控制关系	能完整描述均衡风缸控制模块(ERCP)正常时,自动制动阀、单独制动阀的控制关系	20		
3	均衡风缸控制模块(ERCP)电源故障时,自动制动阀、单独制动阀的控制关系	能完整描述均衡风缸控制模块(ERCP)电源故障时,自动制动阀、单独制动阀的控制关系	20		
4	制动缸控制模块(BCCP)电源故障时,自动制动阀、单独制动阀的控制关系	能完整描述制动缸控制模块(BCCP)电源故障时,自动制动阀、单独制动阀的控制关系	20		
5	机车无动力回送时,机车制动、缓解的控制关系	能完整描述机车无动力回送时,机车制动、缓解的控制关系	20		

项目 2　CCB Ⅱ 型电空制动机电空控制单元认知

项目描述

电空控制单元(EPCU)是 CCB Ⅱ 型制动机的主要组成部分,电空控制单元(EPCU)的主要组成模块有均衡风缸控制模块(ERCP)、列车管控制模块(BPCP)、制动缸控制模块(BCCP)、16CP 控制模块、20CP 控制模块、13CP 控制模块、DBTV 控制模块、电源接线盒控制模块(PSJB)。

思考:各个模块的组成部件有哪些? 它们在不同工况下的工作原理又是什么呢?

带着这些问题,我们开始本项目的学习。

任务 1　均衡风缸控制模块认知

任务导入

根据 CCB Ⅱ 型电空制动机气路的控制关系我们知道,正常情况下均衡风缸控制模块(ERCP)的控制指令来自自动制动手柄(自动制动阀),从而控制均衡风缸的压力的变化的(充风、排风以及保压)。

思考:均衡风缸控制模块(ERCP)是怎么均衡风缸的压力的呢? 在均衡风缸控制模块(ERCP)的内部又是由哪些部件组成的呢? 电子制动阀手柄在不同的位置,均衡风缸控制模块(ERCP)的工作原理是什么?

带着这些疑问,我们进入任务 1 的学习。学习前请扫描二维码 22 预习。

任务目标

1. 了解制动电磁阀(APP)和缓解电磁阀(REL)的工作原理,以及得失电的时机。
2. 理解 MVER 均衡电磁阀、三通气动阀的工作原理。
3. 掌握均衡风缸控制模块(ERCP)均衡风缸充风工作原理。
4. 掌握均衡风缸控制模块(ERCP)均衡风缸排风工作原理。
5. 掌握均衡风缸控制模块(ERCP)无动力回送列车管向总风缸充风工作原理。
6. 掌握 16CP 模块替代均衡风缸控制模块(ERCP)功能,均衡风缸充风工作原理。
7. 掌握均衡风缸控制模块(ERCP)电源故障时,均衡风缸排风(制动)工作原理。

二维码22

ERCP均衡风缸控制模块认知

任务实施

一、均衡风缸控制模块(ERCP)位置

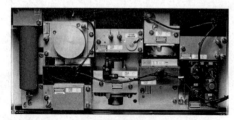

图 2-2-1　电空控制单元(EPCU)模块

请在图 2-2-1 中标出均衡风缸控制模块(ERCP)的位置。

二、均衡风缸控制模块(ERCP)工作原理

(一)均衡风缸控制模块(ERCP)均衡风缸充风工作原理

在图 2-2-2 中标出气路走向并描述其工作原理。

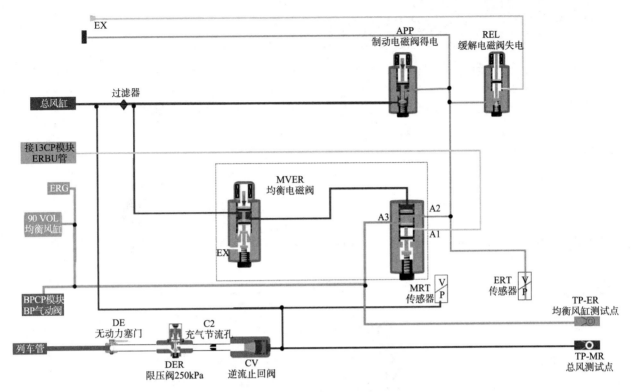

图 2-2-2　均衡风缸控制模块(ERCP)均衡风缸充风(缓解)工作原理

工作原理：

_____

_____

(二)均衡风缸控制模块(ERCP)均衡风缸排风工作原理

在图 2-2-3 中标出气路走向并描述其工作原理。

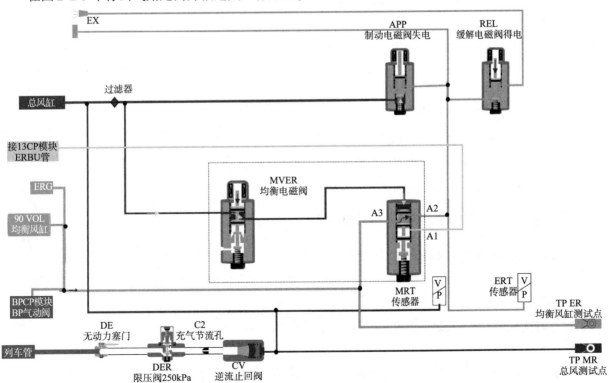

图 2-2-3　均衡风缸控制模块(ERCP)均衡风缸排风(制动)工作原理

工作原理：

_____

_____

_____

(三) 均衡风缸控制模块(ERCP)无动力回送列车管向总风缸充风工作原理

在图 2-2-4 中标出气路走向并描述其工作原理。

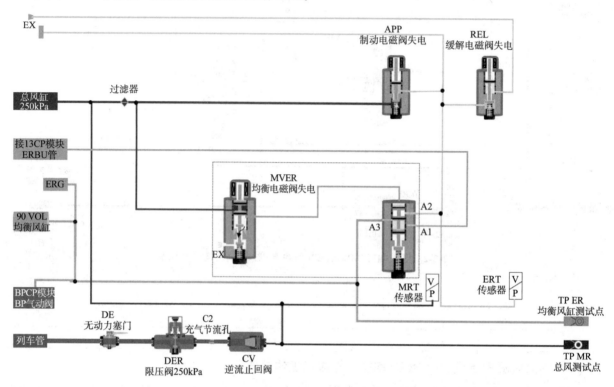

图 2-2-4　均衡风缸控制模块(ERCP)无动力回送列车管向总风缸充风工作原理

工作原理：

_____

_____

_____

(四) 均衡风缸控制模块(ERCP)电源故障，均衡风缸充风工作原理

在图 2-2-5 中标出气路走向并描述其工作原理。

(五) 均衡风缸控制模块(ERCP)故障，均衡风缸排风作原理

在图 2-2-6 中标出气路走向并描述其工作原理。

三、均衡风缸控制模块(ERCP)的结构组成及部件原理

(一) 均衡风缸控制模块(ERCP)的结构组成

根据均衡风缸控制模块(ERCP)的工作原理，将均衡风缸控制模块(ERCP)的组成部分的功能填入表 2-2-1 中。

(二) 均衡风缸控制模块(ERCP)主要组成部件原理

1. 制动电磁阀(APP)

请在图 2-2-7 中空白框内填写制动电磁阀所接气路，并描述其工作原理。

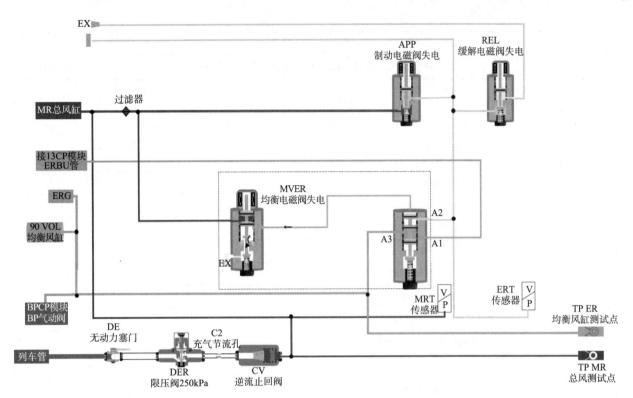

图 2-2-5　16CP 控制模块替代均衡风缸控制模块(ERCP)功能,均衡风缸充风(缓解)工作原理

工作原理:

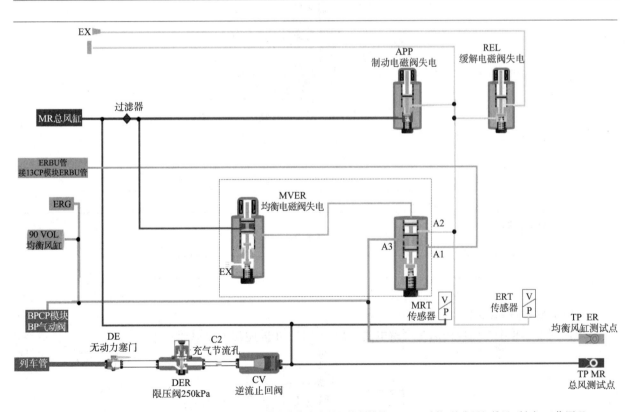

图 2-2-6　均衡风缸控制模块(ERCP)故障,16CP 模块替代均衡风缸控制模块(ERCP)功能,均衡风缸排风(制动)工作原理

工作原理:

将均衡风缸控制模块(ERCP)的组成部分及功能　　表2-2-1

序号	名　称	功　能
1	组装盒	
2	管座	
3	均衡风缸	
4	制动电磁阀(APP)	
5	缓解电磁阀(REL)	
6	均衡电磁阀(MVER)	
7	三通气动阀	
8	总风压力传感器(MRT)	
9	总风测试点(TPMP)	
10	均衡风缸压力传感器(ERT)	
11	均衡风缸压力测试点(TPER)	
12	过滤器	
13	无动力塞门(DE)	
14	压力限压阀(250KPa)	
15	充气节流孔(C2)	
16	单向逆流止回阀(CV)	

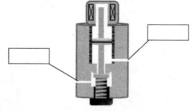

图 2-2-7　制动电磁阀

得电工作原理：
_____
_____
_____

失电工作原理：
_____
_____
_____

2. 缓解电磁阀(REL)

请在图2-2-8中空白框内填写缓解电磁阀所接气路,并描述其工作原理。

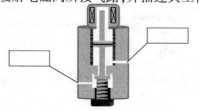

图 2-2-8　缓解电磁阀 REL

得电工作原理：

失电工作原理：

3. 均衡电磁阀（MVER）

请在图 2-2-9 中空白框内填写均衡电磁阀（MVER）所接气路，并描述其工作原理。

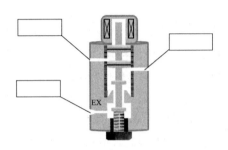

图 2-2-9　均衡电磁阀（MVER）

得电工作原理：

失电工作原理：

4. 三通气动阀

请在图 2-2-10 中空白框内填写三通气动阀所接气路，并描述其工作原理。

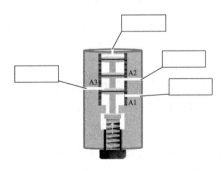

图 2-2-10　三通气动阀

工作原理：

5. 限压阀（DER）

请在图 2-2-11 中空白框内填写限压阀（DER）所接气路，并描述其工作原理。

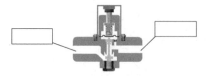

图 2-2-11　限压阀（DER）

工作原理：

___

___

___

📖 相关知识

一、均衡风缸控制模块（ERCP）作用

均衡风缸控制模块（ERCP）是控制均衡风缸的模块，由电子制动阀（EBV）的自动制动阀手柄所在作用位发出设定值指令，控制制动电磁阀（APP）、缓解电磁阀（REL）得电，实现控制均衡风缸的压力变化，具有自动保压功能。其位置如图 2-2-12 所示。均衡风缸压力传感器（ERT）反馈电压信号，经微机处理器（IPM）对设定值数据处理，控制制动电磁阀、缓解电磁阀失电。如遇到均衡风缸控制模块（ERCP）故障或备用状态时，自动转换到 16CP 模块来代替其功能。均衡风缸控制模块（ERCP）内部还设置有无动力回送装置。

图 2-2-12　电空控制单元（EPCU）

二、均衡风缸控制模块（ERCP）工作原理

（一）均衡风缸控制模块（ERCP）均衡风缸充风工作原理

均衡电磁阀得电状态时，开通总风向三通气动阀柱塞上方的充入控制压力，三通气动阀柱塞下移，切断均衡风缸（A3）孔与 13CP 模块均衡风缸备份管（ERBU）（A1）孔通路，同时，连通制动电磁阀（APP）和缓解电磁阀（REL）经三通气动阀 A2 孔与均衡风缸 A3 孔。

自动制动阀运转位发出设定值指令信号，均衡风缸控制模块（ERCP）内制动电磁阀（APP）得电，电磁绕组产生吸合力，芯杆下移并压缩柱塞弹簧，开启供气阀口，总风经供气口有三个通路：一是到达均衡三通气动阀 A2 孔，二是到达缓解电磁阀（REL）排风阀下方，三是到达均衡风缸压力传感器（ERT）充风。当均衡风缸压力达到规定后，均衡风缸压力（ERT）传感器传送信号，经微机处理器（IPM）对设定值数据处理，控制制动电磁阀（APP）失电，关闭总风向均衡风缸充风通路，形成充风后保压状态。其工作原理如图 2-2-13 所示。

（二）均衡风缸控制模块（ERCP）均衡风缸排风工作原理

自动制动阀在初制动至全制动位发出设定值指令电信号，均衡风缸控制模块（ERCP）内缓解电磁阀（REL）得电，开启排风阀口，均衡风缸压力经排风口排向大气，均衡风缸排风，当排风量减到与自动制动阀所在的作用位设定值指令，均衡风缸压力（ERT）传感器传送信号，经微机处理器（IPM）对设定值数据处理，控制缓解电磁阀（REL）失电，关闭排风阀口，停止均衡风缸排风，形成制动后的保压状态。均衡风缸控制模块（ERCP）工作原理如图 2-2-14 所示。

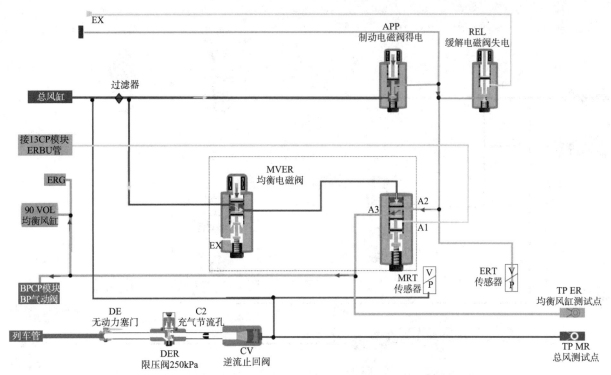

图 2-2-13 均衡风缸控制模块(ERCP)均衡风缸充风工作原理

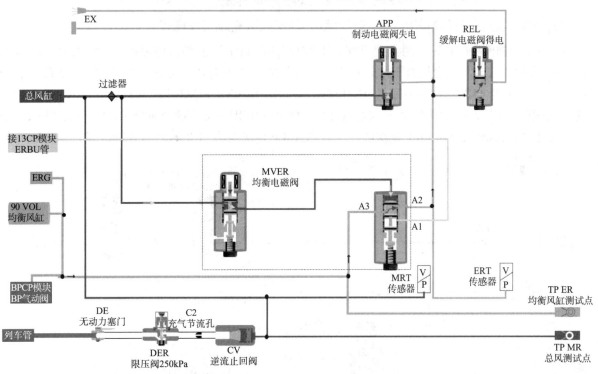

图 2-2-14 均衡风缸控制模块(ERCP)均衡风缸排风工作原理

(三)均衡风缸控制模块(ERCP)无动力装置列车管向总风缸充风工作原理

当机车需要无动力回送时,均衡电磁阀(MVER)、制动电磁阀(APP)、缓解电磁阀(REL)均失电。将无动力塞门打开(IN)位,总风缸压力低于250kPa时,DER限压阀弹簧作用,压模板带动顶杆下移,开启供气阀口,列车管压力由限压阀供气阀口经逆流止回阀,顶开逆流止回阀柱塞向总风缸充风。

当总风缸压力到250kPa时,DER限压阀模板下方充入的总风缸压力与限压弹簧力相等时,在供气阀弹簧作用,顶供气阀带动顶杆上移,关闭供气阀口,切断列车管压力经限压阀的限压向总风缸充风,保持总风缸压力为250kPa。工作原理如图2-2-15所示。

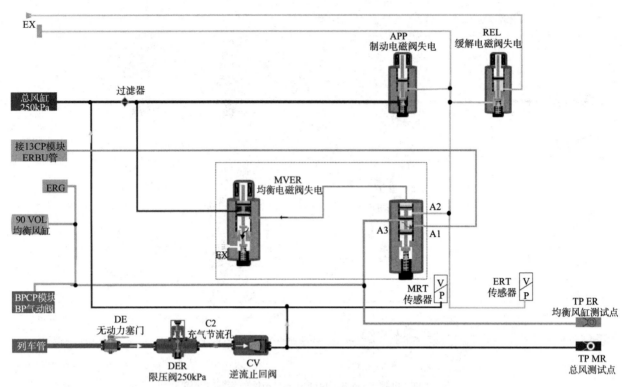

图 2-2-15 均衡风缸控制模块(ERCP)无动力装置列车管向总风缸充风工作原理

(四)均衡风缸控制模块(ERCP)电源故障时,均衡风缸充风工作原理

均衡风缸控制模块(ERCP)发生电源故障,制动电磁阀(APP)失电、缓解电磁阀(REL)失电、均衡电磁阀失电,柱塞上移,三通气动阀控制压力排大气,三通气动阀柱塞上移,切断均衡风缸 A3 孔与 A2 孔通路,连通均衡风缸 A3 孔与 13CP 模块 ERBU 管 A1 孔通路。总风经由 16CP 模块连通 13CP 模块 ERBU 管,到达均衡风缸控制模块(ERCP)ERBU 管,经过均衡风缸控制模块(ERCP)三通气动阀向均衡风缸充风,如图 2-2-16 所示。此过程由 16CP 模块和 13CP 模块联合控制,在 16CP 模块以及 13CP 模块将详细讲解工作原理。

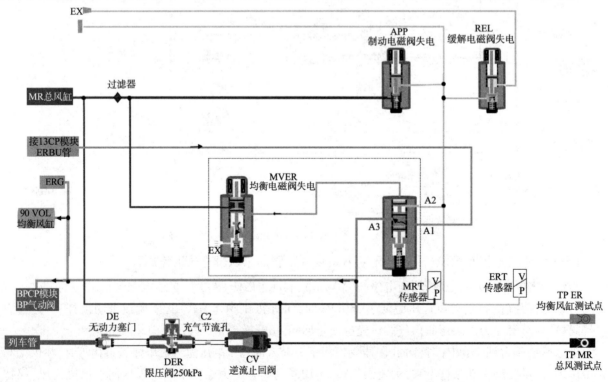

图 2-2-16 均衡风缸控制模块(ERCP)电源故障时,均衡风缸充风工作原理

(五)均衡风缸控制模块(ERCP)电源故障时,均衡风缸排风工作原理

均衡风缸控制模块(ERCP)发生电源故障时,制动电磁阀(APP)失电、缓解电磁阀(REL)失电、均衡电磁阀失电,三通气动阀控制压力排大气,连通均衡风缸 A3 孔与 ERBU 管 A1 孔。均衡风缸的压缩空气经由 A3 孔、A1 孔排到 13CP 模块的 ERBU 管,再经由 16CP 模块排向大气,如图 2-2-17 所示。

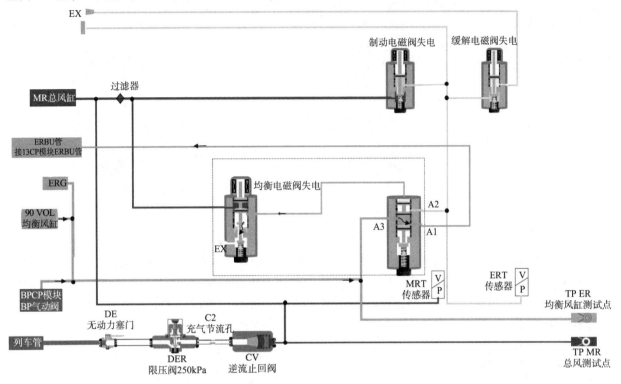

图 2-2-17 均衡风缸控制模块(ERCP)电源故障时,均衡风缸排风工作状态原理

三、均衡风缸控制模块(ERCP)结构

均衡风缸控制模块(ERCP)结构由组装盒、管座、均衡风缸、制动电磁阀(APP)、缓解电磁阀(REL)、均衡模块(MVER)电磁阀和三通气动阀、总风压力传感器(MRT)、总风测试点(TPMP)、均衡风缸压力传感器(ERT)、均衡风缸压力测试点(TPER)、过滤器、无动力回送装置[无动力塞门(DE)、压力节流阀(250kPa)、充气节流孔(C2)、单向逆流止回阀(CV)]等部分组成。

(一)管座

均衡风缸控制模块(ERCP)安装座。管座设有列车管(BP)、总风管(MR)、列车管控制管、均衡风缸备份管(ERBU),均衡风缸($90m^3$ 即 1.5L 容积)等 5 个管子接口。

(二)均衡风缸

总风压力限制在规定压力(货车为 500kPa、客车为 600kPa),作为控制列车管压力(列车管气动阀)储存起来。

(三)缓解电磁阀(REL)

缓解电磁阀(REL)结构如图 2-2-18 所示。

自动制动阀在初制位至全制动位范围内时,缓解电磁阀得电,均衡风缸压力经均衡电磁阀得电时,三通气动阀获得控制压力,柱塞下移均衡风缸 A3 孔与缓解(制动)电磁阀 A2 孔沟通,均衡风缸空气压力由缓解电磁阀排向大气,均衡风缸排风。

均衡风缸控制模块(ERCP)缓解电磁阀(REL)得电工作原理:当缓解电磁阀(REL)得电时,电磁阀绕组产生向下吸合力,带

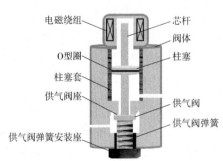

图 2-2-18 缓解电磁阀(REL)结构

动芯杆下移,顶开供气阀并压缩供气弹簧,使供气阀离开阀座,开启供阀口,开通了均衡风缸与大气的通路,均衡风缸排风。

均衡风缸控制模块(ERCP)缓解电磁阀(REL)失电工作原理:当均衡风缸压力传感器将均衡风缸压力信号传送微机处理器(IPM)。达到给定值时,缓解电磁阀(REL)失电时,关闭均衡风缸的排气通路。均衡风缸控制模块缓解电磁阀得电和失电的工作原理如图2-2-19所示。

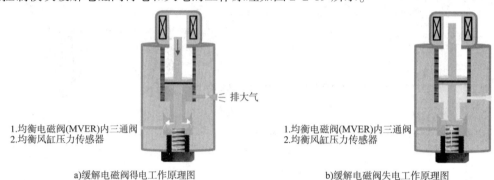

图2-2-19 均衡风缸控制模块(ERCP)缓解电磁阀(REL)得电和失电的工作原理

(四)制动电磁阀(APP)

自动制动阀在运转位,当均衡风缸压力低于规定压力时,制动电磁阀(APP)得电,将总风压力向均衡风缸充气至限制压力后,微机处理器(IPM)根据自动制动阀所在的位(排风量)指令,控制制动电磁阀(APP)失电,关闭均衡风缸充风气路,形成缓解后保压状态。制动电磁阀(APP)得电和失电的工作原理如图2-2-20所示。

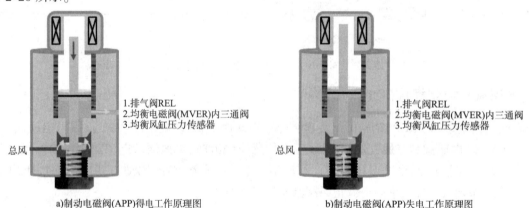

图2-2-20 制动电磁阀(APP)得电和失电的工作原理

(五)均衡电磁阀(MVER)

均衡电磁阀(MVER)得电工作原理:当制动机接通控制电源电磁阀得电,电磁绕组产生电磁吸合力,芯杆带动柱塞下移,并压缩排阀弹簧,排风阀密贴阀座,关闭排气阀口,开通了总风压力向三通气动阀柱塞上方充入控制压力。

均衡电磁阀(MVER)失电工作原理:当断开制动机控制电源时,均衡电磁阀(MVER)失电,开启排风阀口,均衡电磁阀(MVER)三通气动阀柱塞上方控制压力经排风阀口排向大气。

均衡电磁阀(MVER)得电和失电的工作原理如图2-2-21所示。

(六)均衡电磁阀(MVER)三通气动阀

均衡电磁阀(MVER)三通气动阀动作原理:三通柱塞上方获得控制压力时,柱塞下移并压缩柱塞弹簧,切断均衡风缸A3孔与通13CP模块均衡风缸备份(ERBU)管A1孔通路,同时,开通了制动电磁阀(APP)(缓解电磁阀)A2孔与均衡风缸A3孔通路。

均衡电磁阀(MVER)三通气动阀释放原理:三通柱塞上方失去控制压力时,柱塞在弹簧作用下,推柱塞上移,切断均衡风缸 A3 孔与充风电磁阀 APP(排气阀 REL) A2 孔通路,同时,开通了均衡风缸 A3 孔与 13CP 模块均衡风缸备份管 A1 孔通路。三通气动阀工作原理如图 2-2-22 所示。

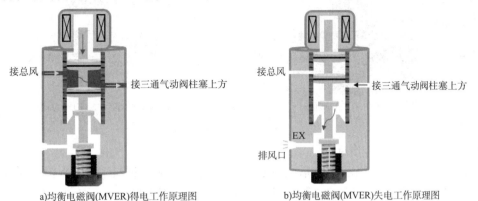

图 2-2-21　均衡电磁阀(MVER)得电和失电的工作原理

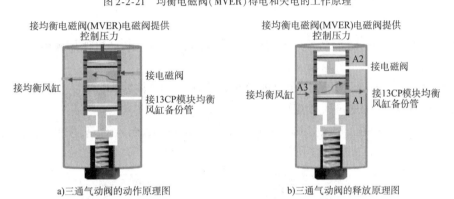

图 2-2-22　三通气动阀工作原理

(七) 无动力装置

在机车失去动力功能,而机车总风缸无风源,如编入列车回段或进厂修复时,列车施行制动而机车不制动,会影响行车安全。为了回送机车编入列车能与列车同时制动,机车设置无动力装置,当无动力机车编入列车回送时,将无动力装置的无动力塞门打开,列车管空气压力经限压阀、逆流止回阀,向总风缸充入限制压力储存,机车制动时总风缸向制动缸提供风源,保证机车能与列车同步产生制动作用。

无动力装置的无动力塞门作用:开通或切断,列车管与限压阀通路。

1. 无动力塞门(DE)打开位的作用

将无动力塞门(DE)置于打开位(IN),列车管空气压力开通至限压阀(DER)供气阀下方供气通路,如图 2-2-23 所示。

2. 无动力塞门(DE)关闭位

将无动力塞门 DE 置于关闭位(OUT),切断列车管空气压力与限压阀(DER)供气阀下方供气通路。

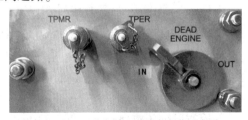

图 2-2-23　无动力塞门(DE)打开位示意图

(八) 限压阀(DER)

限制列车管压力向总风缸充气压力在 250kPa。

1. 限压阀(DER)充气工作原理

机车无动力回送时,当总风缸压力低于 250kPa 时,限压阀(DER)弹簧作用,压模板带动顶杆下移,并压缩供气阀弹簧,供气阀离开阀座,开启供气阀口,此时,无动力塞门(DE)置于打开位(IN),列车管压力由限压阀供气阀口经逆流止回阀,顶开逆流阀柱塞向总风缸充气。限压阀工作原理如图 2-2-24 所示。

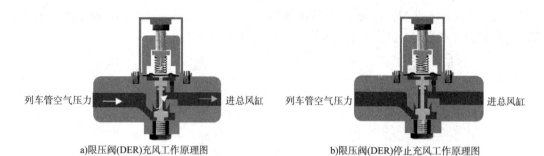

a)限压阀(DER)充风工作原理图　　　　b)限压阀(DER)停止充风工作原理图

图 2-2-24　限压阀(DER)工作原理

2. 限压阀(DER)停止气工作原理

机车无动力回送时,当总风缸压力到达 250kPa 时,限压阀(DER)模板下方充入的总风缸压力与限压弹簧力相等时,供气阀弹簧作用,顶供气阀带动顶杆上移,供气阀密贴阀座,关闭供气阀口,切断列车管压力经限压阀(DER)的限压向总风缸充气,保持总风缸压力为 250kPa。

(九)逆流止回阀(CV)

机车在正常工作状态下,防止总风缸压力逆流到列车管内,引起制动机作用失效。

1. 逆流止回阀(CV)充风工作原理

当总风缸压力低于 250kPa 时,限压阀(DER)供过来压力推开柱塞,开启向总风缸充风通路。

2. 逆流止回阀(CV)停止充风工作原理

当总风缸压力大于 250kPa 时,总风缸空气压力推动柱塞关闭充风通路,防止总风缸逆流到列车管内。逆流止回阀工作原理如图 2-2-25 所示。

a)逆流止回阀(CV)充风工作原理图　　　　b)逆流止回阀(CV)停止充风工作原理图

图 2-2-25　逆流止回阀(CV)工作原理

(十)总风压力传感器(MRT)

将总风缸压力信号传递微机处理器(IPM)转换为电信号,制动显示器接收并在制动显示屏上显示总风压力。如该传感器发生故障时,有列车管控制模块(BPCP)内的总风压力传感器(MRT)自动代替功能。

(十一)均衡风缸压力传感器(ERT)

将均衡风缸压力信号传递微机处理器(IPM)转换为电信号,制动显示器接收并在制动显示屏上显示均衡风缸压力。均衡风缸控制模块(ERCP)故障处于备用模式时,均衡风缸压力的显示由 16CP 模块内的 16T 压力传感器经微机处理器(IPM)转换后,制动显示器接收并在制动显示屏上显示均衡风缸压力。

均衡风缸传感器与缓解电磁阀(REL)和制动电磁阀(APP)配合作用,准确均检测均衡风缸压力变化并得到精确控制及充、排气后保压作用。

(十二)均衡风缸压力测试点(TPER)

用检测系统装置直接与均衡风缸压力测试点处连接,可测得均衡风缸压力变化的实际压力。

(十三)总风压力测试点(TPMR)

用检测系统装置直接与总风压力测试点处连接,可测得总风压力的实际压力。

(十四)充气节流孔(C2)

在机车无动力回送时,防止列车管向总风缸充气压力下降过快,引起列车产生紧急制动,所以,限制列车管压力充气流速,保证总风缸获得稳定空气压力。

任务评价

序号	主要内容	考核要求	配分	评分标准	得分
1	均衡风缸控制(ERCP)模块组成及作用	能完整描述均衡风缸控制(ERCP)模块结构组成及各个部件的作用	20	1.部件组成描述错误,每处扣1分。 2.部件作用描述错误,每处扣2分	
2	均衡风缸控制模块(ERCP)均衡风缸充风工作原理	能完整描述均衡风缸控制模块(ERCP)均衡风缸充风工作原理	20	原理描述错误,每处扣2分	
3	均衡风缸控制模块(ERCP)均衡风缸排风工作原理	能完整描述均衡风缸控制模块(ERCP)均衡风缸排风工作原理	15		
4	均衡风缸控制模块(ERCP)无动力回送列车管向总风缸充风工作原理	能完整描述均衡风缸控制模块(ERCP)无动力回送列车管向总风缸充风工作原理	15		
5	16CP模块替代均衡风缸控制模块(ERCP)功能,均衡风缸充风工作原理	能完整描述16CP模块替代均衡风缸控制模块(ERCP)功能,均衡风缸充风工作原理	15		
6	均衡风缸控制模块(ERCP)电源故障时,均衡风缸排风工作原理	能完整描述均衡风缸控制模块(ERCP)电源故障时,均衡风缸排风工作原理	15		

任务2 列车管控制模块认知

任务导入

列车管控制模块(BPCP)是受均衡风缸控制模块(ERCP)的控制,从而控制列车管的压力变化(充风、排风以及保压)。

思考:列车管控制模块(BPCP)如何控制列车的压力?在列车管控制模块(BPCP)的内部又是由哪些部件组成?电子制动阀的自动制动阀在不同的位置,列车管控制模块(BPCP)的工作原理是什么?

带着这些疑问,我们进入任务2的学习。学习前请扫描二维码23预习。

二维码23

BPCP列车管控制模块认知

任务目标

1. 了解列车管控制模块(BPCP)的作用以及连接的气路管路。
2. 理解NB-11紧急阀的工作原理。
3. 理解列车管BP气动阀的工作原理。
4. 理解MV53电磁阀、BPCO气动阀的工作原理。
5. 理解EMV-74V电磁阀,MVEM-24V电磁阀,紧急气动放风阀PVEM的工作原理。
6. 掌握列车管控制模块(BPCP)列车管充风(缓解)工作原理。
7. 掌握列车管控制模块(BPCP)列车管排风(制动)工作原理。
8. 掌握自动制动阀重联位,列车管控制模块(BPCP)列车管排风(制动)后保留有70kPa以下压力工作原理。
9. 掌握紧急制动位,列车管控制模块(BPCP)列车管快速排风工作原理。

任务实施

一、列车管控制模块(BPCP)位置

请在图 2-2-26 中标出列车管控制模块(BPCP)的位置。

图 2-2-26　电空控制单元(EPCU)

二、列车管控制模块(BPCP)工作原理

(一)自动制动阀运转位,列车管控制模块(BPCP)列车管充风工作原理

请在图 2-2-27 中标出气路走向并描述其工作原理。

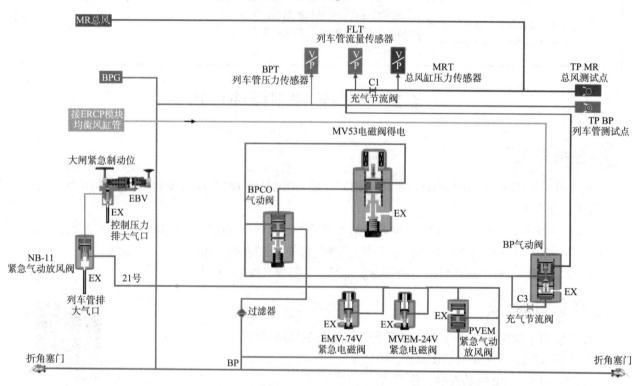

图 2-2-27　均衡风缸控制模块(ERCP)均衡风缸充风(缓解)工作原理

工作原理:

_____

_____

(二)自动制动阀制动位,列车管控制模块(BPCP)列车管排风(制动)工作原理

请在图 2-2-28 中标出气路走向并描述其工作原理。

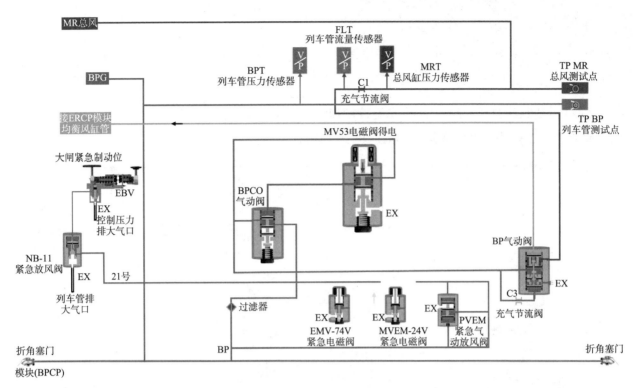

图 2-2-28　列车管控制模块(BPCP)列车管排风工作原理

工作原理：

_____

_____

(三)自动制动阀重联位,列车管控制模块(BPCP)列车管排风(制动)后保留有 70kPa 以下压力工作原理

请在图 2-2-29 中标出气路走向并描述其工作原理。

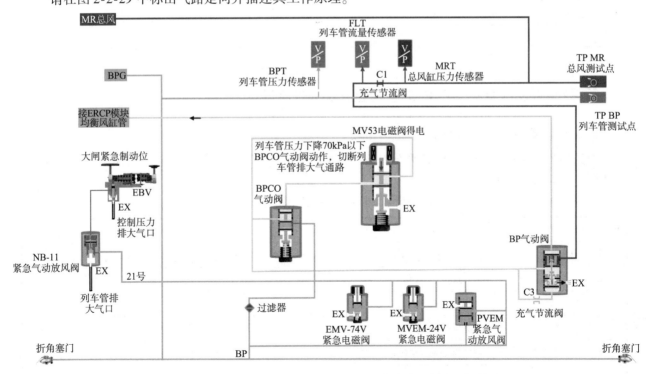

图 2-2-29　自动制动阀重联位,列车管控制模块(BPCP)列车管排风(制动)后保留有 70kPa 以下压力工作原理

工作原理：
_____
_____
_____

(四) 自动制动阀紧急制动位,列车管控制模块(BPCP)列车管快速排风工作原理

请在图 2-2-30 中标出气路走向并描述其工作原理。

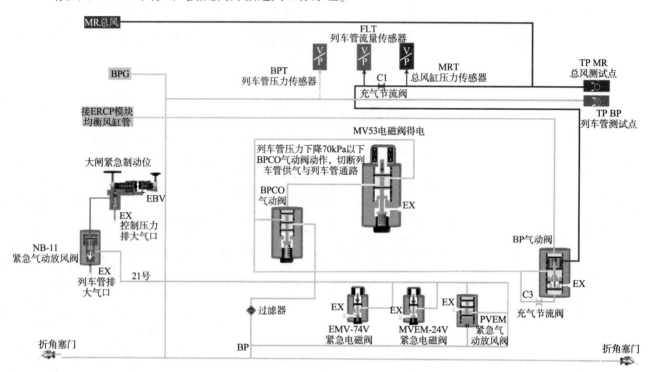

图 2-2-30　自动制动阀紧急制动位,列车管控制模块(BPCP)列车管快速排风工作原理

工作原理：
_____
_____
_____

三、列车管控制模块(BPCP)的结构组成及部件原理

(一) 列车管控制模块(BPCP)的结构组成

根据列车管控制模块(BPCP)的列车管控制模块(BPCP)工作原理,将列车管控制模块(BPCP)的组成部分的功能填入表 2-2-2 中。

列车管控制模块(BPCP)的组成部分及功能　　　　　　表 2-2-2

序　号	名　称	功　能
1	管座	
2	列车管(BP)气动阀	
3	MV53 电磁阀	
4	BPCO 气动阀	
5	EMV-74V 紧急制动电磁阀	
6	MVEM-24V 紧急制动电磁阀	

续上表

序 号	名 称	功 能
7	紧急气动放风阀	
8	C1 列车管充气节流阀	
9	C3 设置列车管气动阀下方活塞通路中排气节流阀	

(二)列车管控制模块(BPCP)主要组成部件原理

1. 列车管气动阀

请在图 2-2-31 中空白框内填写列车管气动阀所接气路,并描述其工作原理。

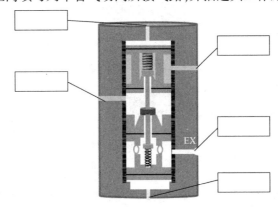

图 2-2-31 列车管(BP)气动阀

(1)列车管气动阀充风工作原理:

_____

_____

(2)列车管气动阀排风工作原理:

_____

_____

2. MV53 电磁阀

请在图 2-2-32 中空白框内填写 MV53 电磁阀所接气路,并描述其工作原理。

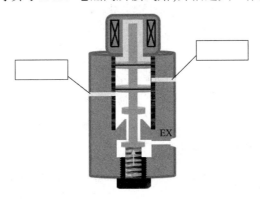

图 2-2-32 MV53 电磁阀

(1)MV53 电磁阀得电工作原理:

_____

_____

(2) MV53 电磁阀失电工作原理：

3. BPCO 气动阀

请在图 2-2-33 中空白框内填写 BPCO 气动阀所接气路，并描述其工作原理。

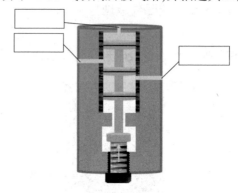

图 2-2-33　BPCO 气动阀

(1) 列车管充风工作原理：

(2) 列车管排风工作原理：

4. EMV-74V 紧急电磁阀

请在图 2-2-34 中空白框内填写 EMV-74V 紧急电磁阀所接气路，并描述其工作原理。

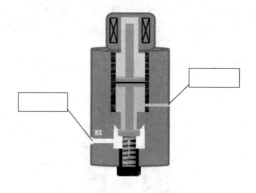

图 2-2-34　EMV-74V 紧急电磁阀

(1) EMV-74V 紧急电磁阀得电工作原理：

(2) EMV-74V 紧急电磁阀失电工作原理：

5. MVEM-24V 紧急电磁阀

请在图 2-2-35 中空白框内填写 MVEM-24V 紧急电磁阀所接气路,并描述其工作原理。

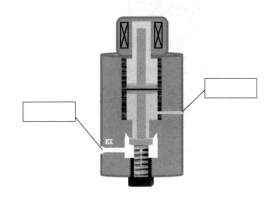

图 2-2-35　MVEM-24V 紧急电磁阀

(1) MVEM-24V 紧急电磁阀得电工作原理:

(2) MVEM-24V 紧急电磁阀失电工作原理:

6. 紧急气动放风阀

请在图 2-2-36 中空白框内填写紧急气动放风阀所接气路,并描述其工作原理。

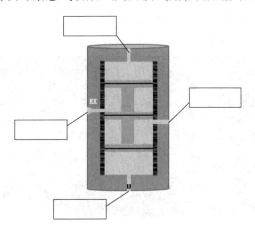

图 2-2-36　紧急气动放风阀

(1) 紧急气动放风阀开启列车管排风气路工作原理:

(2) 紧急气动放风阀关闭列车管排风气路工作原理:

7. NB-11 紧急气动放风阀

请在图 2-2-37 中空白框内填写 NB-11 紧急气动放风阀所接气路,并描述其工作原理。

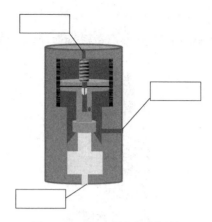

图 2-2-37　NB-11 紧急气动放风阀

（1）紧急制动，NB-11 紧急气动放风阀工作原理：

（2）非紧急制动，NB-11 紧急气动放风阀工作原理：

相关知识

一、列车管控制模块（BPCP）的作用

列车管控制模块（BPCP）的作用是接收均衡风缸压力变化，通过列车管（BP）气动阀控制列车管压力变化，从而使列车缓解、制动、保压，位置如图 2-2-38 所示。

图 2-2-38　电空控制单元（EPCU）

当自动制动阀、微机处理器（IPM）发出紧急制动指令信号时，自动制动阀控制 BPCP 模块 MVEM-24V 电磁阀得电、NB-11 紧急气动放风阀动作，紧急气动阀失去控制压力，紧急气动放风阀、KM-2 紧急放风阀开启排风口，加快列车管排风速度，使列车产生紧急制动状态。

二、列车管控制模块（BPCP）工作原理

（一）自动制动阀运转位，列车管控制模块（BPCP）列车管充风作原理

自动制动阀在运转位时，均衡风缸充入设定压力值，列车管控制模块（BPCP）列车管气动阀获得控制压力而动作，柱塞下移，排气阀呈关闭状态，开启供气阀口，开通总风向列车管气动阀下方活塞、BPCO 气动阀、MV53 电磁阀供气。当 MV53 电磁阀得电时，芯杆受吸力的作用下移，总风经 MV53 电磁阀向 BPCO 气动阀上方充气，BPCO 气动阀在控制压力作用下，柱塞下移开通总风向列车管充气通路，列车管充气，

列车呈缓解作用。当列车管压力达到设定值时即与均衡风缸压力相等,列车管气动阀供气阀弹簧伸张作用,关闭供气阀口,停止向列车充气形成充气后的保压状态,如图2-2-39所示。

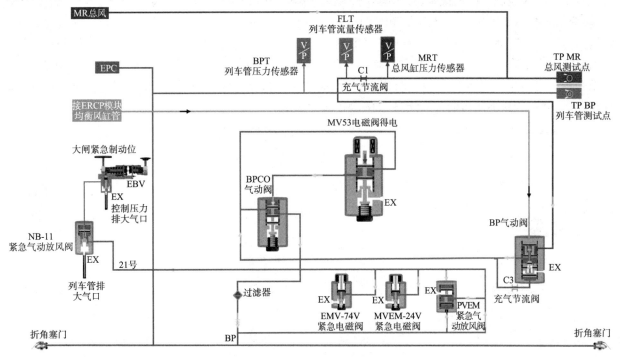

图2-2-39　自动制动阀运转位,列车管控制模块(BPCP)列车管充气工作原理图

(二) 自动制动阀制动位,列车管控制模块(BPCP)列车管排风工作原理

自动制动阀在初制动至全制动位发出设定值指令,均衡风缸控制模块(ERCP)控制均衡风缸排风,列车管控制模块(BPCP)列车管气动阀柱塞上方控制压力下降,柱塞在排气阀弹簧作用上移,供气阀在关闭状态,顶开排气阀离开排气阀口,列车管压力经BPCO气动阀和列车管气动阀下由排气阀排大气,列车产生常用制动作用。当均衡风缸压力传感器反馈信号,经微机处理器对设定值数据处理,控制均衡风缸控制模块(ERCP)缓解电磁阀失电,列车管压力排风量与均衡风缸排风量相等时,列车管气动阀柱塞自重下移,关闭排气阀口,停止列车管排风,列车管呈制动后的保压状态,如图2-2-40所示。

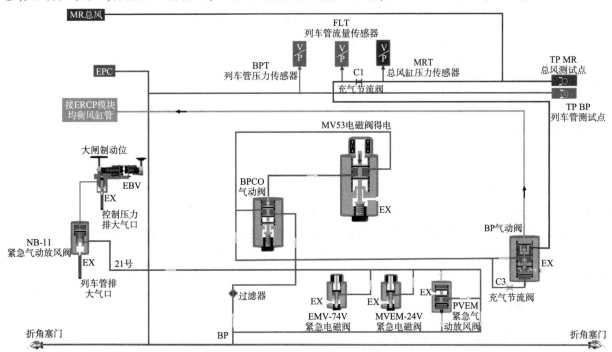

图2-2-40　自动制动阀制动位,列车管控制模块(BPCP)列车管排风(制动)工作原理图

(三) 自动制动阀重联位,列车管控制模块(BPCP)列车管排风后保留有70kPa以下压力工作原理

自动制动阀重联位发出设定值指令,均衡风缸控制模块(ERCP)缓解电磁阀(REL)得电,开启排气阀口,均衡风缸排风。列车管控制模块(BPCP)列车管气动阀柱塞上方控制压力下降,打开排气阀口,列车管压力经BPCO气动阀和列车管气动阀下方活塞列车管压力由排气阀排大气,列车产生常用制动作用。当列车管压力下降至70kPa以下时,BPCO气动阀柱塞弹簧作用,顶柱塞上移,切断列车管压力由列车管气动阀排大气通路。当列车管压力排风量与均衡风缸排风量相等时,列车管气动阀柱塞自重下移,关闭排气阀口,列车管呈制动后的保压状态,如图2-2-41所示。

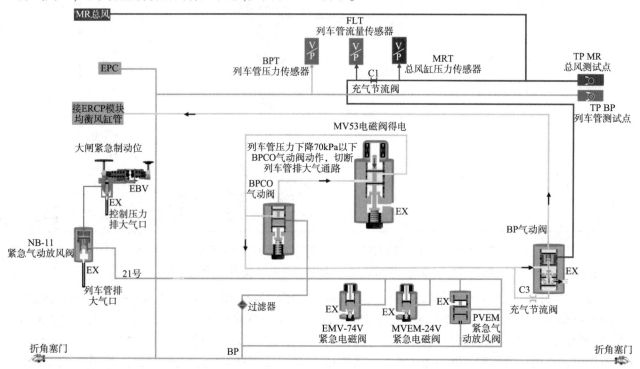

图2-2-41 自动制动阀重联位,列车管控制模块(BPCP)列车管排风后保留有70kPa以下压力的工作原理图

(四) 自动制动阀紧急制动位,列车管控制模块(BPCP)列车管快速排风工作原理

自动制动阀在紧急制动位发出指令信号,电子制动阀(EBV)快速排出NB-11紧急气动放风阀上方控制压力,NB-11紧急气动放风阀(机械控制)动作将列车管压力排向大气,MVEM-24V紧急制动电磁阀得电,开启排气阀口,列车管压力经排阀口排向大气。MV53电磁阀处于失电状态,关闭列车管从此处排风气路。

紧急气动放风阀柱塞上方列车管压力快速下降,柱塞下方列车管压力受节流孔限制压力下降缓慢,推柱塞上移,开启列车管排大气通路,加快列车管排气速度,使列车产生紧急制动作用。同时,列车管压缩空气也能从KM-2紧急放风阀排出。

当列车管压力下降70kPa以下时,在BPCO气动阀柱塞弹簧作用下,柱塞上移切断列车管供气与列车管通路,但是列车管压力仍能从NB-11紧急制动放风阀、MVEM-24V紧急制动电磁阀、紧急气动放风阀、KM-2紧急放风阀排向大气,至列车管压力为0,列车管压力降为0后,NB-11紧急气动放风阀关闭,紧急气动放风阀关闭、KM-2紧急气动放风阀关闭。60s后列车管压力传感器反馈信号,经微机处理器对设定值数据处理,控制MVEM-24V紧急制动电磁阀失电,排气阀在弹簧作用,使排气阀与阀座密贴,关闭列车管排气阀口,自动制动阀方可回运转位才能使列车缓解,如图2-2-42所示。

三、列车管控制模块(BPCP)组成

列车管控制模块(BPCP)是由管座、列车管气动阀、MV53电磁阀、BPCO气动阀、EMV-74V紧急制动电磁阀、MVEM-24V紧急制动电磁阀、紧急气动放风阀、C1-列车管充气节流孔、C3-设置BP气动阀下方活

塞通路中排气节流孔、列车管压力传感器(BPT)、总风缸压力传感器(MRT)、列车管流量传感器(FLT)、列车管压力检测接口(TPBP)等部件组成。

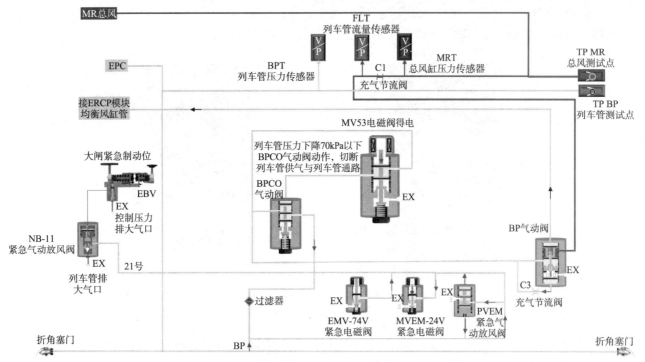

图2-2-42　自动制动阀紧急制动位,列车管控制模块(BPCP)列车管紧急(制动)工作原理图

(一)管座

管座是安装列车管控制模块(BPCP)的,设有5个连接管子孔:总风管(MR)、列车管(BP)、列车管压力反馈管(TP-BP)、NB-11紧急气动放风阀BP列车管21号管、列车管气动阀的均衡风缸控制压力管。

(二)列车管气动阀

列车管气动阀是列车管控制模块(BPCP)重要部件,是接受均衡风缸压力变化,控制列车管气动阀动作,从而来控制列车管充气、排气,使列车缓解、制动、保压作用,在列车管气动阀下方活塞设置常用制动排气 C3 节流孔,限制列车管在常用制动时列车管排气速度过快,防止常用制动引起紧急制动,其结构如图 2-2-43 所示。

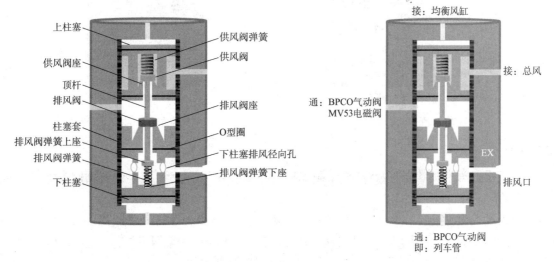

图2-2-43　列车管气动阀结构

1.列车管气动阀充风工作原理

列车管气动阀获得均衡风缸空气压力的控制,上柱塞下移,开启供风阀口,当 MV53 电磁阀得电状

态,BPCO 气动阀获得控制压力,总风经供风阀口由 BPCO 气动阀连通列车管、列车管气动阀下柱塞下方充风,列车呈缓解作用,如图 2-2-44 所示。

当列车管气动阀上下柱塞压力均衡时,供风阀弹簧伸张作用,推动供风阀与阀座密贴,关闭供风阀口,停止向列车管充风,列车管呈充风后保压状态,如图 2-2-45 所示。

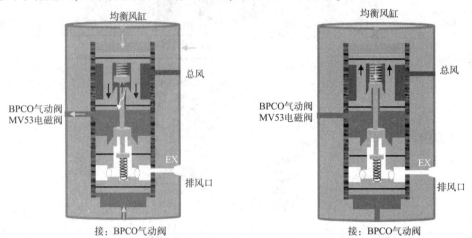

图 2-2-44　列车管气动阀充风工作原理图　　图 2-2-45　列车管气动阀充风后的保压工作原理图

2. 列车管气动阀排风工作原理

当列车管气动阀柱塞上方均衡风缸空气压力排风时,列车管气动阀排风阀弹簧作用,因供风阀弹簧力大于排风阀弹簧力,所以供风阀仍在关闭状态,开启排风阀口,列车管空气压力由 BPCO 气动阀经列车管气动阀排风阀口排向大气,列车呈制动作用,如图 2-2-46 所示。

当列车管气动阀上下柱塞压力均衡时,上柱塞因自重落下,并压缩排风阀弹簧,排风阀与阀座密贴,关闭排风阀口,列车管空气压力停止排向大气,列车管呈排风后保压状态,如图 2-2-47 所示。

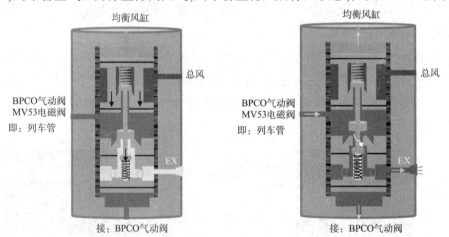

图 2-2-46　列车管气动阀排风工作原理图　　图 2-2-47　列车管气动阀排风后保压工作原理图

(三) MV53 电磁阀

当制动机设置为本机状态时,制动机电源 MV53 电磁阀得电,开启由列车管气动阀提供空气压力控制 BPCO 气动阀动作,如图 2-2-48 所示。

当制动机设置为单机、补机状态时,MV53 电磁阀失电,切断由列车管气动阀提供 BPCO 气动阀控制压力,同时开通 BPCO 气动阀柱塞上方控制压力排大气通路,BPCO 气动阀释放,如图 2-2-49 所示。切断列车管充风通路,防止补机误动作自动制动阀,引起全列车制动失效。

(四) BPCO 气动阀

BPCO 气动阀受 MV53 电磁阀控制,当 MV53 电磁阀得电状态时,BPCO 气动阀获得控制压力而动作,柱塞下移并压缩柱塞弹簧,连通列车管气动阀与列车管充排风通路,结构如图 2-2-50 所示。

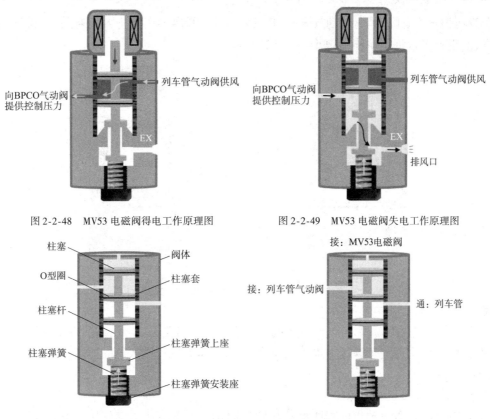

图 2-2-48 MV53 电磁阀得电工作原理图　　　图 2-2-49 MV53 电磁阀失电工作原理图

图 2-2-50 BPCO 气动阀结构图

当制动机设置为单机、补机状态时,MV53 电磁阀失电,BPCO 气动阀控制压力由 MV53 电磁阀排风口排向大气。当控制压力下降至 70kPa 以下时,柱塞弹簧伸张作用,柱塞上移,切断列车管气动阀与列车管充排风通路。自动制动阀在重联位时,列车管保留 70kPa 以下空气压力。

（五）EMV-74V 紧急制动电磁阀

受 LKJ 监控装置指令电信号,控制 EMV-74V 紧急制动电磁阀得电动作,开通列车管排大气通路,列车管压力急剧下降,加速列车管排风速度,实现全列车紧急制动作用。EMV-74V 紧急制动电磁阀结构如图 2-2-51 所示。

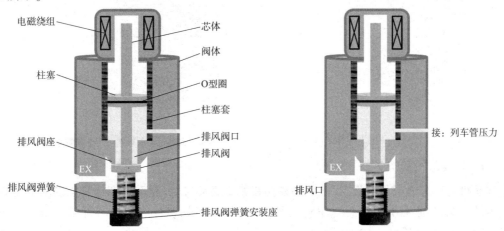

图 2-2-51 EMV-74V 紧急制动电磁阀结构图

（六）MVEM-24V 紧急制动电磁阀

MVEM-24V 紧急制动电磁阀受自动制动阀紧急制动位发出指令电信号,MVEM-24V 紧急制动电磁阀得电,开通列车管排大气通路,加速列车管排风速度,实现全列车紧急制动作用。

(七)紧急气动放风阀(PVEM)

在列车管压力急剧下降,紧急气动放风阀(PVEM)动作,开启列车管排大气通路,加快列车管压力排大气的速度,实现列车紧急制动作用,如图 2-2-52 所示。

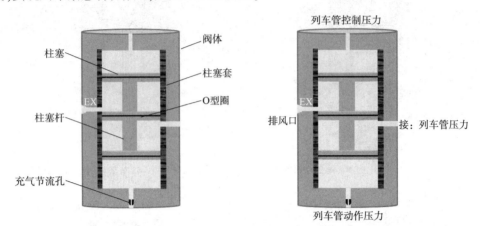

图 2-2-52　紧急气动放风阀(PVEM)结构图

1. 紧急气动放风阀动作工作原理

当列车管压力急剧下降时,紧急气动放风阀柱塞上方失去控制压力,柱塞下方动作压力受充气节流孔限制作用柱塞上移,沟通列车管压力排大气通路,加快列车管压力排大气的速度,实现列车紧急制动作用,如图 2-2-53 所示。

2. 紧急气动放风阀关闭工作原理

当列车管充风时,紧急气动放风阀柱塞上方获得控制压力,柱塞下方动作压力受充气节流孔限制,充入列车管压力速度缓慢,柱塞上方充入列车管控制空气压力作用,柱塞下移,关闭列车管通排大气通路,如图 2-2-54 所示。

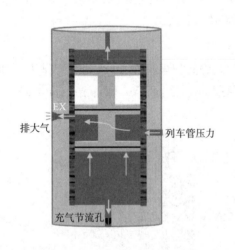
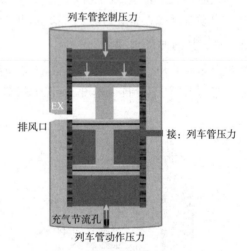

图 2-2-53　紧急气动放风阀动作工作原理图　　图 2-2-54　紧急气动放风阀关闭工作原理图

(八)NB-11 紧急气动放风阀

无论制动机处于有电或无电状态,自动制动阀在紧急制动位时,制动机施行紧急制动都是有效的,原理是机械传动机构,控制 NB-11 紧急气动放风阀动作,开启排风阀口,加速列车管压力排大气通路,实现全列车紧急制动作用,如图 2-2-55 所示。

1. NB-11 紧急气动放风阀动作工作原理

当 NB-11 紧急气动放风阀柱塞上方失去控制压力,NB-11 紧急气动放风阀柱塞下方列车管压力在限制孔排风限制,推柱塞并带动排风阀上移,排风阀离开阀座,开启排风阀口,列车管压力排向大气,如图 2-2-56 所示。

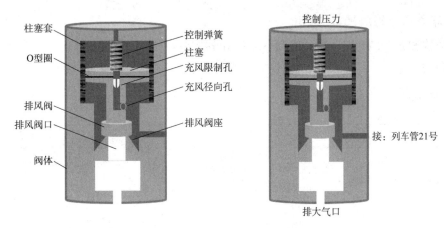

图 2-2-55　NB-11 紧急气动放风阀结构图

2. NB-11 紧急气动放风阀停止排风工作原理

当柱塞下方列车管压力降至小于柱塞上方弹簧力时,弹簧伸张推柱塞下移带动排风阀与阀座密贴,关闭排风阀口,切断列车管排大气通路,如图 2-2-57 所示。

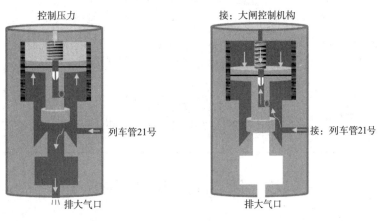

图 2-2-56　NB-11 紧急气动放风阀　　　图 2-2-57　NB-11 紧急气动放风阀停止
　　　　　动作工作原理图　　　　　　　　　　　　　排风工作原理图

(九) 充气节流孔(C1)

充气节流孔(C1)是限制总风向列车管充气速度,防止长大列车前方车列缓解过快,而后部车列仍在制动,造成前冲后拉,致使列车制动、缓解不一致,易发断钩事故。

(十) 常用制动排气节流孔(C3)

常用制动排气节流孔(C3),限制列车管在常用制动时列车管排气速度过快,防止常用制动引起紧急制动。

(十一) 总风压力传感器(RT)

总风压力传感器(RT)将总风压力信号传递到微机处理器,使制动显示器显示屏上显示总风压力值。

(十二) 列车管压力传感器(BPT)

列车管压力传感器(BPT)将列车管压力信号传递到微机处理器,使制动显示器显示屏上显示总风压力值。

(十三) 列车管流量传感器(FLT)

列车管流量传感器(FLT)将总风经充气节流孔充气速度信号传递到微机处理器,通过微机处理器(IPM)与总风缸压力传感器(MRT)和列车管流量传感器(FLT)充气速度比较信号,在制动显示器显示屏上显示列车充气流速。

(十四)列车管压力检测接口(TPBP)

列车管压力检测接口(TPBP),将检测设备安装在列车管压力反馈管(BPVV)上,通过压力表可检测到列车管实际压力。

任务评价

序号	主要内容	考核要求	配分	评分标准	得分
1	列车管控制模块(BPCP)组成及作用	能完整描述列车管控制模块(BPCP)组成结构组成及各个部件的作用	20	1. 部件组成描述错误,每处扣1分 2. 部件作用描述错误,每处扣2分	
2	列车管控制模块(BPCP)列车管充风工作原理	能完整描述列车管控制模块(BPCP)列车管充风工作原理	20	原理描述错误,每处扣2分	
3	列车管控制模块(BPCP)列车管排风工作原理	能完整描述列车管控制模块(BPCP)模块列车管排风工作原理	20		
4	自动制动阀重联位,列车管控制模块(BPCP)列车管排风后保留有70kPa以下压力工作原理	能完整描述自动制动阀重联位,列车管控制模块(BPCP)列车管排风后保留有70kPa以下压力工作原理	20		
5	紧急制动位,列车管控制模块(BPCP)列车管快速排风工作原理	能完整描述紧急制动位,列车管控制模块(BPCP)列车管快速排风工作原理	20		

任务3 制动缸控制模块认知

任务导入

制动缸控制模块(BCCP)是受列车管控制模块(BPCP)或受16CP模块的控制,从而控制制动缸的充风、排风以及保压。

思考:制动缸控制模块如何制动缸的压力?在制动缸控制模块(BCCP)模块的内部有哪些部件组成?电子制动阀的自动制动阀以及下闸手柄在不同的位置,制动缸控制模块(BCCP)的工作原理是什么?

带着这些疑问,我们进入任务3的学习。学习前请扫描二维码24预习。

二维码24
BCCP制动缸控制模块认知

任务目标

1. 了解制动缸控制模块(BCCP)的作用以及连接的气路管路。
2. 理解BCCP气动阀、DBTV气动阀、PVPL气动阀、BO气动阀、DB1电磁阀、DB2电磁阀、DB12电磁阀工作原理。
3. 掌握自动制动阀运转位,制动缸排风,制动缸控制模块(BCCP)工作原理。
4. 掌握自动制动阀制动位,机车制动缸充风,制动缸控制模块(BCCP)工作原理。
5. 掌握自动制动阀制动位,单独制动阀侧缓位,机车制动缸排风,制动缸控制模块(BCCP)工作原理。
6. 掌握自动制动阀运转位,单独制动阀制动位,制动缸控制模块(BCCP)工作原理。
7. 掌握自动制动阀运转位,单独制动阀运转位,制动缸控制模块(BCCP)工作原理。
8. 掌握均衡风缸控制模块(ERCP)电源故障时,制动缸控制模块(BCCP)平均管充风工作原理。
9. 掌握均衡风缸控制模块(ERCP)电源故障时,制动缸控制模块(BCCP)平均管排风工作原理。

任务实施

一、制动缸控制模块（BCCP）位置

请在图2-2-58中标出制动缸控制模块（BCCP）的位置。

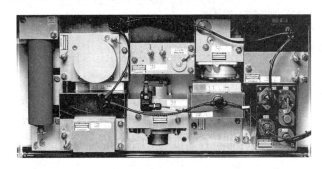

图2-2-58　电空控制单元（EPCU）

二、制动缸控制模块（BCCP）工作原理

1. 自动制动阀运转位，机车制动缸排风，制动缸控制模块（BCCP）工作原理

请在图2-2-59中标出气路走向并描述其工作原理。

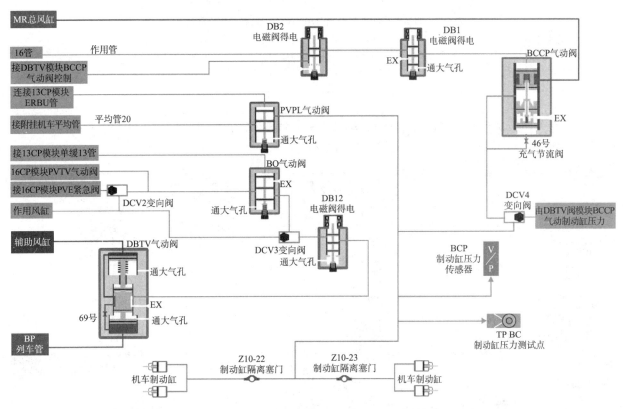

图2-2-59　自动制动阀运转位，机车制动缸排风，制动缸控制模块（BCCP）工作原理

工作原理：

_____

_____

2. 自动制动阀制动位，机车制动缸充风，制动缸控制模块（BCCP）工作原理

请在图2-2-60中标出气路走向并描述其工作原理。

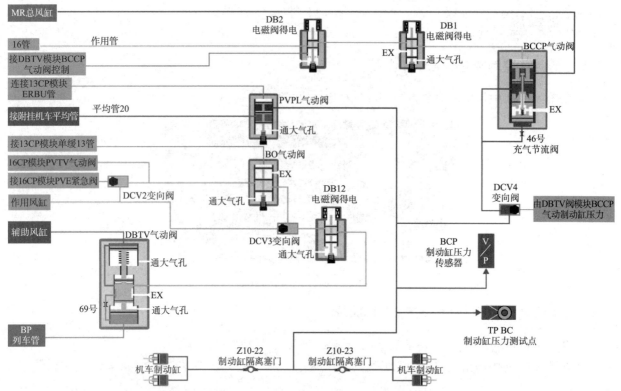

图 2-2-60　自动制动阀制动位，机车制动缸充风，制动缸控制模块（BCCP）工作原理

工作原理：

3. 自动制动阀制动位，单独制动阀侧缓位，机车制动缸排风，制动缸控制模块（BCCP）工作原理

请在图 2-2-61 中标出气路走向并描述其工作原理。

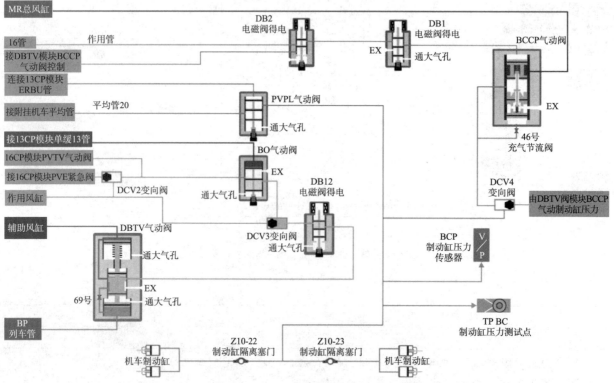

图 2-2-61　自动制动阀制动位，单独制动阀施行侧缓位，机车制动缸排风，制动缸控制模块（BCCP）工作原理

工作原理：

4. 自动制动阀紧急位或重联位，单独制动阀侧缓位工作原理

请在图 2-2-62 中标出气路走向并描述其工作原理。

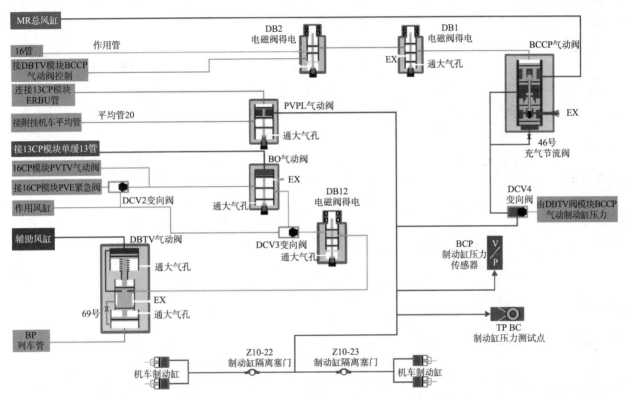

图 2-2-62 自动制动阀紧急位或重联位，单独制动阀施行侧缓位工作原理

工作原理：

5. 自动制动阀运转位，单独制动阀制动位，制动缸控制模块（BCCP）工作原理

请在图 2-2-63 中标出气路走向并描述其工作原理。

6. 自动制动阀运转位，单独制动阀运转位，制动缸控制模块（BCCP）工作原理

请在图 2-2-64 中标出气路走向并描述其工作原理。

7. 均衡风缸控制模块（ERCP）电源故障时，制动缸控制模块（BCCP）平均管充风工作原理

请在图 2-2-65 中标出气路走向并描述其工作原理。

8. 均衡风缸控制模块（ERCP）电源故障时，制动缸控制模块（BCCP）平均管排风工作原理

请在图 2-2-66 中标出气路走向并描述其工作原理。

三、制动缸控制模块（BCCP）的结构组成及部件工作原理

（一）制动缸控制模块（BCCP）的结构组成

根据制动缸控制模块的工作原理，将制动缸控制模块（BCCP）的组成部分的功能填入表 2-2-3 中。

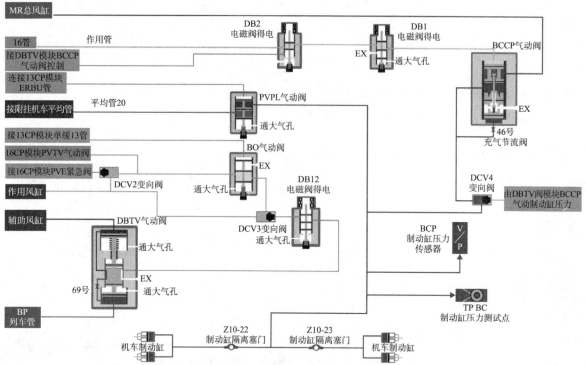

图 2-2-63 自动制动阀运转位,单独制动阀制动位,制动缸控制模块(BCCP)工作原理

工作原理：

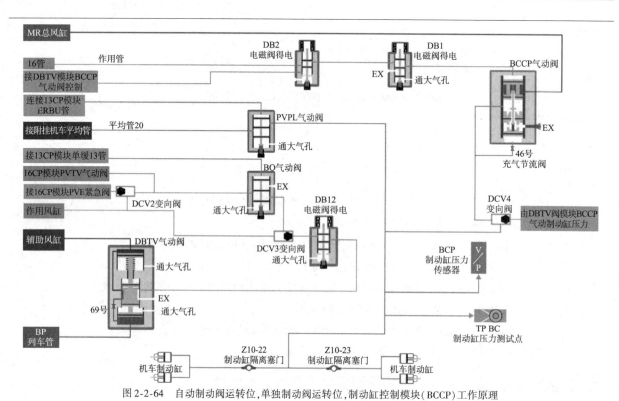

图 2-2-64 自动制动阀运转位,单独制动阀运转位,制动缸控制模块(BCCP)工作原理

工作原理：

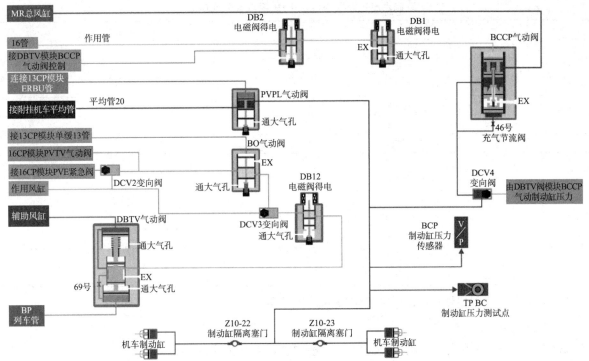

图 2-2-65 均衡风缸控制模块(ERCP)电源故障时,制动缸控制模块(BCCP)平均管充风工作原理

工作原理：

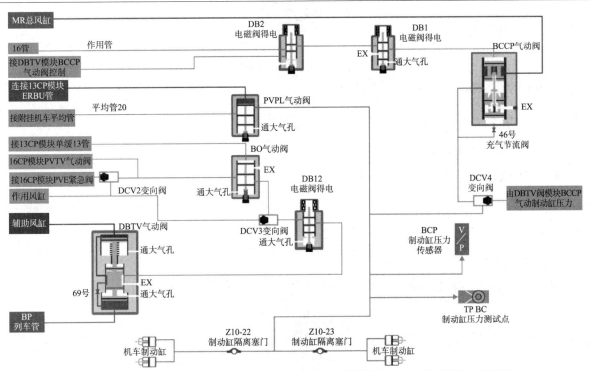

图 2-2-66 均衡风缸控制模块(ERCP)电源故障时,制动缸控制模块(BCCP)平均管排风工作原理

工作原理：

制动缸控制模块（BCCP）的组成部分及功能　　　　表2-2-3

序号	名　　称	功　　能
1	管座	
2	BCCP 气动阀	
3	DBTV 气动阀	
4	PVPL 气动阀	
5	BO 气动阀	
6	DB1 电磁阀	
7	DB2 电磁阀	
8	DB12 电磁阀	
9	DCV3 变向阀	
10	DCV4 变向阀	
11	机车制动缸压力传感器（BCP）	
12	TP-BC 制动缸压力测试点	
13	Z10-22、23 机车一、二转向架制动缸塞门	

（二）制动缸控制模块（BCCP）主要组成部件工作原理

1. BCCP 气动阀

请在图 2-2-67 中空白框内填写 BCCP 气动阀所接气路，并描述其工作原理。

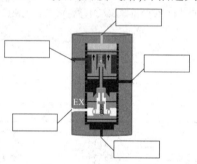

图 2-2-67　BCCP 气动阀

（1）BCCP 气动阀向制动缸充风工作原理：
_____
_____

（2）BCCP 气动阀制动缸排风工作原理：
_____
_____

2. DBTV 气动阀

请在图 2-2-68 中空白框内填写 DBTV 气动阀所接气路，并描述其工作原理。

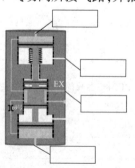

图 2-2-68　DBTV 气动阀

(1) DBTV 气动阀向辅助风缸充风工作原理：

(2) DBTV 气动阀辅助风缸向作用风缸工作原理：

3. PVPL 气动阀

请在图 2-2-69 中空白框内填写 PVPL 气动阀所接气路，并描述其工作原理。

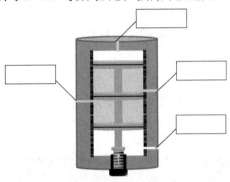

图 2-2-69　PVPL 气动阀

(1) PVPL 气动阀动作工作原理：

(2) PVPL 气动阀释放工作原理：

4. BO 气动阀

请在图 2-2-70 中空白框内填写 BO 气动阀所接气路，并描述其工作原理。

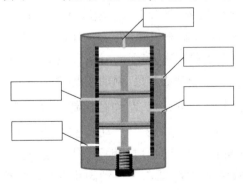

图 2-2-70　BO 气动阀

(1) BO 气动阀动作工作原理：

(2) BO 气动阀释放工作原理:

___

___

___

> 相关知识

一、制动缸控制模块(BCCP)作用

(1) 列车管压力变化或作用风缸压力变化,控制 BCCP 气动阀动作或释放,从而实现机车制动、缓解、保压作用。

(2) 当均衡风缸控制模块(ERCP)电源故障自动转换 16CP 模块代替功能,16CP 模块的功能自动转换由 20CP 模块代替,20CP 模块失去对平均管的压力控制,此时,均衡风缸备份管有均衡风缸压力,控制 PVPL 气动阀动作,沟通制动缸与平均管通路,本机制动时,制动缸压力经平均管向附挂机车平均充风,实现补机机车制动、缓解、保压作用。

(3) 自动制动阀制动位,单独制动阀侧缓位发出电信号,13CP 模块 MV13S 电磁阀得电,总风向 13 管充风,使制动缸控制模块(BCCP)BO 气动阀获得制动压力而动作,作用风缸压力排大气,机车缓解,具体位置如图 2-2-71 所示。

图 2-2-71 电空控制单元(EPCU)

二、制动缸控制模块工作原理

(一) 自动制动阀运转位,机车制动缸排风,制动缸控制模块(BCCP)工作原理

自动制动阀运转位发出设定值指令,单独制动阀运转位,列车管充风,制动缸控制模块(BCCP)DBTV 气动阀动作,开通列车管向辅助风缸充风通路,开启 BO 气动阀 16TV 管排大气通路。BCCP 气动阀制动缸控制压力下降,排风阀在弹簧作用离开阀座,开启排风阀口,制动缸经排风阀口排向大气,机车呈缓解状态。自动制动阀运转位,机车制动缸排风,制动缸控制模块(BCCP)工作原理如图 2-2-72 所示。

(二) 自动制动阀制动位,机车制动缸充风,制动缸控制模块(BCCP)工作原理

列车管排风,制动缸控制模块(BCCP)中 DBTV 气动阀柱塞在辅助风缸压力作用下移,切断列车管压力向辅助风缸充风通路和作用风缸排风通路,开启辅助风缸压力经充风孔、DB12 电磁阀、DCV3 变向阀、BO 气动阀向作用风缸的 16TV 管充风通路。BCCP 气动阀获得制动缸控制压力,柱塞下移,开启供气阀口,总风经供气阀口向制动缸充风,机车产生制动作用。当制动缸压力与控制压力相等时,供气阀弹簧伸张作用,推供气阀与阀座密贴,关闭供气阀口,机车呈制动后的保压状态。当 DBTV 气动阀柱塞下方列车管压力停止减压,而辅助风缸压力降至与列车管相等时,DBTV 气动阀缓解弹簧伸张作用,柱塞稍向上移,切断辅助风缸向作用风缸充风通路,左右联络槽仍在切断位。作用风缸停止增压,机车形成制动后的保压作用。自动制动阀制动位,机车制动缸充风,制动缸控制模块(BCCP)工作原理如图 2-2-73 所示。

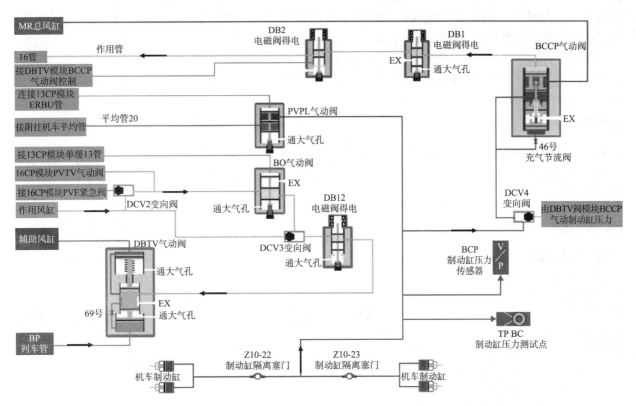

图 2-2-72 自动制动阀运转位,机车制动缸排风,制动缸控制模块(BCCP)工作原理

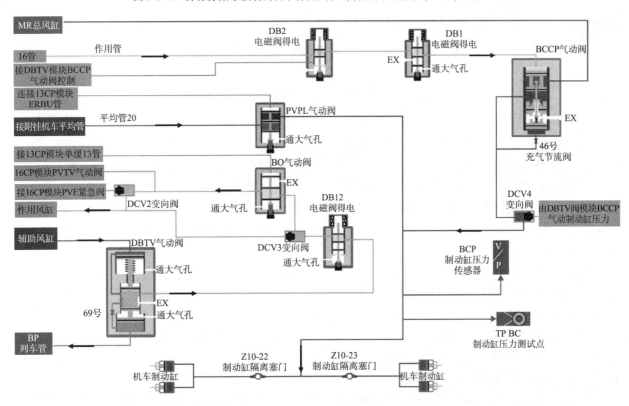

图 2-2-73 自动制动阀制动位,机车制动缸充风,制动缸控制模块(BCCP)工作原理

(三)自动制动阀制动位,单独制动阀侧缓位工作原理

自动制动阀在制动位制动区,制动缸控制模块(BCCP)处于制动后保压状态,单独制动阀施行侧缓位发出指令,开启总风向 13 号管充风通路,制动缸控制模块(BCCP)中的 BO 气动阀柱塞上方获得来自 13 号管控制压力而动作,柱塞下移开启作用风缸和 16 号管排大气通路,DB2、DB1 电磁阀得电,BCCP 气动

阀柱塞上方控制压力下降，随作用风缸和16号管排向大气，排风阀在弹簧作用离开阀座，开启排风阀口，制动缸经排风阀口排向大气，机车呈缓解状态。单独制动阀离开侧缓位，13号管压缩空气排向大气，BO气动阀失去控制压力，柱塞上移，连通作用风缸到DB12电磁阀通路。但是由于均衡风缸保压，列车管保压，DBTV气动阀无动作，所以机车仍处于缓解状态。自动制动阀制动位，单独制动阀侧缓位工作原理如图2-2-74所示。

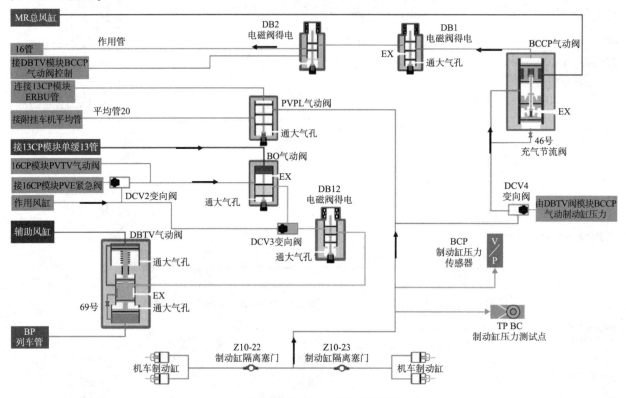

图 2-2-74　自动制动阀制动位，单独制动阀侧缓位工作原理

（四）自动制动阀紧急位或重联位，单独制动阀侧缓位工作原理

当自动制动阀在紧急位或重联位，列车管压力快速下降至0或剩余70kPa，DBTV气动阀动作，16CP模块PVE紧急阀动作，通过PVE紧急阀向作用风缸充风，推DCV2变向阀右移，关闭作用风缸到BO气动阀的气路。作用风缸充风，经得电电磁阀DB2、DB1电磁阀向BCCP气动阀充入控制压力，BCCP气动阀获得控制压力，柱塞下移，开启供气阀口，总风经供气阀口，到DCV4、制动缸隔离塞门向制动缸充风，机车产生制动作用。当制动缸压力与控制压力相等时，BCCP气动阀供气阀弹簧伸张作用，关闭供气阀口，机车呈制动后的保压状态。

自动制动阀重联位或紧急位时，单独制动阀侧缓位，作用风缸的压缩空气经PVE紧急阀排向大气，BCCP气动阀柱塞上方控制压力下降，随作用风缸排向大气，排风阀在弹簧作用离开阀座，开启排风阀口，制动缸经排风阀口排向大气，机车呈缓解状态。当单独制动阀离开侧缓位时，16CP模块PVE紧急阀上方控制压力位"零"，柱塞上移，总风经ELV紧急限压阀、PVE紧急阀继续向作用风缸充风，平均管充风，制动缸控制模块（BCCP）气动获得控制压力，总风向制动缸充入450kPa压力。随后关闭BCCP气动阀充风阀口。自动制动阀紧急位或重联位，单独制动阀侧缓位工作原理如图2-2-75所示。

（五）自动制动阀运转位，单独制动阀制动位，制动缸控制模块（BCCP）工作原理

单独制动阀制动位发出指令，16CP模块制动电磁阀APP得电，总风向作用风缸和16号管充风，DCV3变向阀柱塞被推至DB12电磁阀侧，切断作用风缸和16号管经DBTV气动阀排向大气，作用风缸和16号管经DB1、DB2电磁阀得电向BCCP气动阀柱塞上方充入控制压力，供气阀在顶杆作用压缩供气阀弹簧，开启供气阀口，总风经供气阀口、DCV4变向阀、制动缸隔离塞门向机车制动缸充风，机车产生制动作用。当制动缸压力与控制压力相等时，供气阀弹簧伸张作用，关闭供气阀口，机车呈制动后的保压状态。

自动制动阀运转位,单独制动阀制动位,制动缸控制模块(BCCP)工作原理如图 2-2-76 所示。

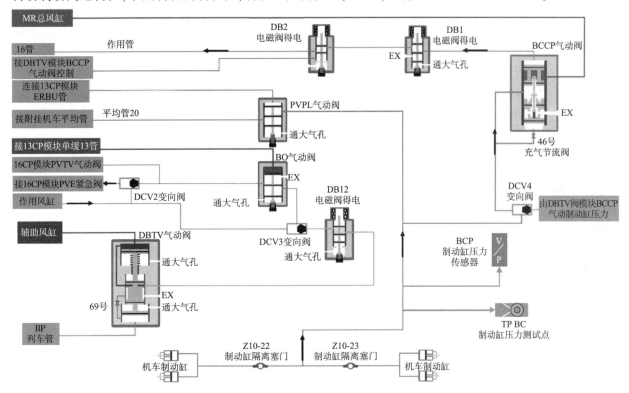

图 2-2-75　自动制动阀紧急位或重联位,单独制动阀施行侧缓位工作原理

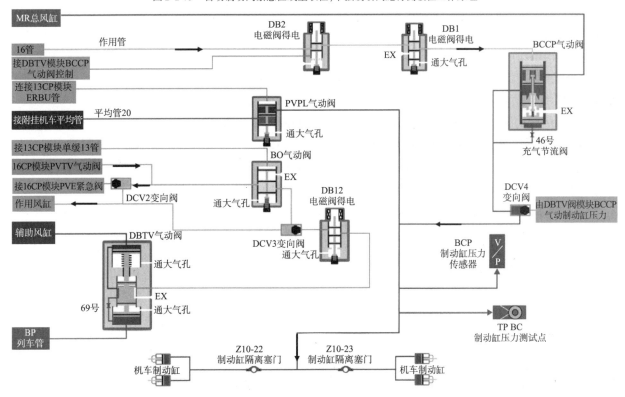

图 2-2-76　自动制动阀运转位,单独制动阀制动位,制动缸控制模块(BCCP)工作原理

(六)自动制动阀运转位,单独制动阀运转位,制动缸控制模块(BCCP)工作原理

单独制动阀运转位发出指令,16CP 模块缓解电磁阀得电,作用风缸压缩空气通过 16CP 模块排向大气,平均管压缩空气也排向大气,BCCP 气动阀上方控制压力经 DB1、DB2 电磁阀作用风缸排向大气,BCCP 气动阀柱塞上移,开启排风阀口,制动缸压缩空气经制动缸隔离塞门,DCV4 变向阀从 BCCP 气动阀排

向大气,机车呈缓解状态。自动制动阀运转位,单独制动阀运转位,制动缸控制模块(BCCP)工作原理如图 2-2-77 所示。

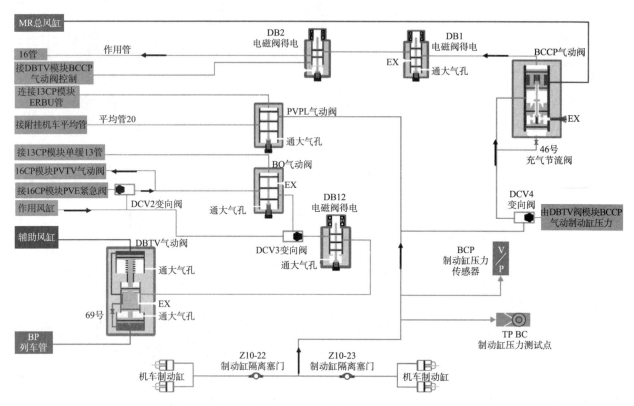

图 2-2-77　自动制动阀运转位,单独制动阀运转位,制动缸控制模块(BCCP)工作原理

(七)均衡风缸控制模块(ERCP)电源故障时,制动缸控制模块(BCCP)平均管充风工作原理

当均衡风缸控制模块(ERCP)电源发生故障时,自动转换 16CP 模块和 13CP 模块联合替代其功能,而 16CP 模块功能由 20CP 模块代替功能,20CP 模块失去对平均管压力的控制。

列车管排风,制动缸控制模块(BCCP)中 DBTV 气动阀柱塞在辅助风缸压力作用下移,开启辅助风缸压力经 DBTV 气动阀充风孔、DB12 电磁阀得电、DCV3 变向阀、BO 气动阀向作用风缸得充风通路。作用风缸充风,经 16 号管,DB2、DB1 电磁阀得电向 BCCP 气动阀充入控制压力,BCCP 气动阀获得控制压力,柱塞下移,开启供气阀口,总风经供气阀口,到 DCV4、制动缸隔离塞门向制动缸充风,机车产生制动作用。

制动缸控制模块(BCCP)PVPL 气动阀上方获得 13CP 模块均衡风缸备份管均衡风缸压力而动作,开通制动缸与平均管通路,向平均管充风。当补机连通,打开平均管后,通过本务机制动缸压力变化控制平均管压力变化,实现补机制动、缓解、保压作用。

当列车管停止减压时,DBTV 气动阀上方辅助风缸压力与下方列车管压力相等时,柱塞上移,关闭辅助风缸向作用风缸充气通路。当作用风缸压力不变时,当制动缸压力与控制压力相等时,BCCP 气动阀供气阀弹簧伸张,关闭供气阀口,机车呈制动后的保压状态,平均管压力也不再变化。均衡风缸控制模块(ERCP)电源故障时,制动缸控制模块(BCCP)平均管充风工作原理如图 2-2-78 所示。

(八)均衡风缸控制模块(ERCP)电源故障时,制动缸控制模块(BCCP)平均管排风工作原理

列车管充风,制动缸控制模块(BCCP)中 DBTV 气动阀动作,柱塞上移,左侧联络槽沟通列车管向辅助风缸充风通路,作用风缸的压缩空气经 BO 气动阀、DCV3 变向阀、DB12 电磁阀得电,到达 DBTV 气动阀从而排向大气。DB2、DB1 电磁阀得电,BCCP 气动阀控制压力随 16 号管和作用风缸排向大气,BCCP 气动阀柱塞上移开启排风阀口,制动缸压缩空气经制动缸隔离塞门,DCV4 变向阀从 BCCP 气动阀排向大气,机车呈缓解状态。

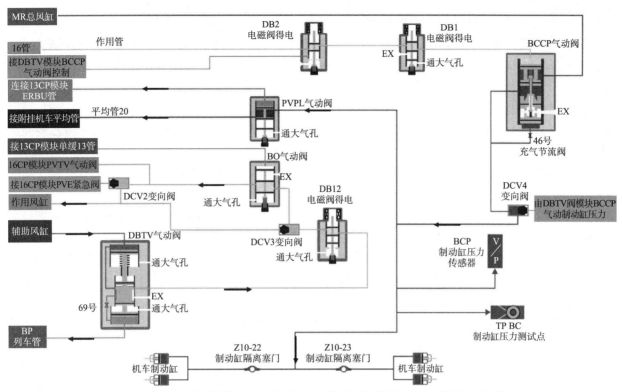

图 2-2-78 均衡风缸控制模块(ERCP)电源故障时,制动缸控制模块(BCCP)平均管充风工作原理

制动缸控制模块(BCCP)PVPL气动阀上方获得均衡风缸控制压力而动作,开通制动缸与平均管通路,平均管压缩空气经 PVPL、DCV4 变向阀随制动缸一起从制动缸控制模块(BCCP)排向大气。当补机重联打开平均管后,通过本务机制动缸压力变化控制平均管压力变化,实现补机制动、缓解、保压作用。

当制动缸压力与控制压力相等时,供气阀弹簧伸张作用,关闭供气阀口,机车呈制动后的保压状态,平均管压力也不再变化。均衡风缸控制模块(ERCP)电源故障时,制动缸控制模块(BCCP)平均管排风工作原理工作原理如图 2-2-79 所示。

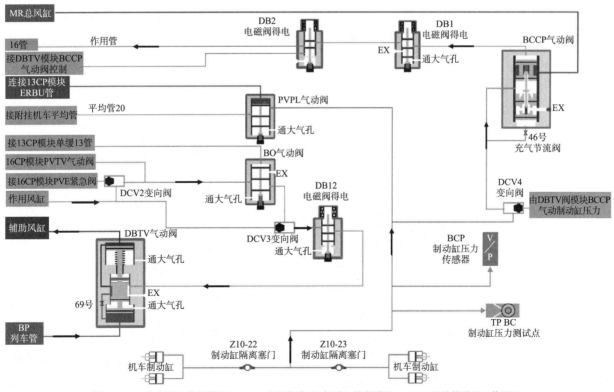

图 2-2-79 均衡风缸控制模块(ERCP)电源故障时,制动缸控制模块(BCCP)平均管排风工作原理

(九)制动缸控制模块(BCCP)电源故障时,DBTV 模块控制制动缸工作原理

DB1 电磁阀失电,切断 DB2 作用风缸与制动缸控制模块(BCCP)气动阀柱塞上方控制充风通路,同时,开启制动缸控制模块(BCCP)气动阀柱塞上方控制排大气通路,切除制动缸控制模块(BCCP)气动阀作用。

DB2 电磁阀失电,关闭排风阀口,切断 DBTV 模块 BCCP 气动阀柱塞上方控制压力排大气通路,同时切断作用风缸与 DB1 电磁阀充风通路。开通了作用风缸与 DBTV 模块 BCCP 气动阀柱塞上方控制充风通路。

DB12 电磁阀失电,柱塞上移,切断 DCV3 变向阀与 DBTV 气动阀充排风通路,切除 DBTV 气动阀作用。

DBTV 模块自动转换替代制动缸控制模块(BCCP)作用功能。由 DBTV 模块中的 BCCP 气动阀控制制动缸的压力。

列车管排风,DBTV 气动阀动作,此时作用风缸的压缩空气由 DBTV 模块 DBTV 气动阀控制提供。作用风缸压缩空气通过 DB2 电磁阀、DCV5 变向阀到达 DBTV 模块 BCCP 气动阀,推 DCV4 移动,向制动缸充风,机车制动。

列车管充风,DBTV 模块 BCCP 气动阀上方压力从 DB2 电磁阀随作用风缸一起排向大气,制动缸排风,机车缓解。

三、制动缸控制模块组成

制动缸控制模块(BCCP)由管座、BCCP 气动阀、DBTV 气动阀、DCV3 双向变向阀、PVPL 气动阀、BO 气动阀、DB1/DB2/DB12 电磁阀等部件组成。

(一)管座

制动缸控制模块(BCCP)安装座,设有 5 个连接管子孔,即总风管孔、连接 16CP 模块 16 号管、连接 20CP 模块的 20 号管、连接 13CP 模块的均衡风缸备份管、连接 BC 制动缸管。

(二)BCCP 气动阀

BCCP 气动阀是在获得作用风缸空气压力变化,控制 BCCP 气动阀动作或释放,使总风向制动缸充风或将制动缸压力排向大气,以实现机车制动、缓解、保压作用。BCCP 气动阀结构图如图 2-2-80 所示。

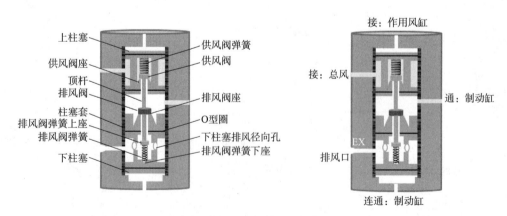

图 2-2-80 BCCP 气动阀结构图

1. BCCP 气动阀向制动缸充风工作原理

BCCP 气动阀获得作用风缸空气压力的控制,柱塞下移,供风阀在顶杆作用并压缩供风阀弹簧,供风阀离开阀座,开启供风阀口,总风经供风阀口制动缸、BCCP 气动阀下柱塞下方充风,机车呈制动状态。BCCP 气动阀向制动缸充风工作原理图如图 2-2-81 所示。

当BCCP气动阀上下柱塞压力均衡时,供风阀弹簧伸张作用,推供风阀与阀座密贴,关闭供风阀口,停止向制动缸充风,机车呈制动后保压状态。

2. BCCP气动阀使制动缸排风工作原理

BCCP气动阀柱塞上方作用风缸空气压力排向大,BCCP气动阀排风阀弹簧作用,因供风阀弹簧力大于排风阀弹簧力,供风阀仍在关闭状态,推排风阀带顶杆及上柱塞上移,排风阀离开阀座,开启排风阀口,制动缸空气压力由BCCP气动阀排风阀口排向大气,机车呈缓解状态。BCCP气动阀使制动缸排风工作原理图如图2-2-82所示。

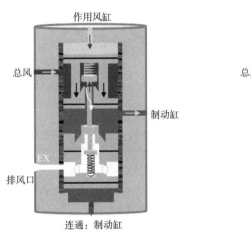
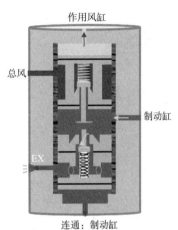

图2-2-81　BCCP气动阀向制动缸充风工作原理图

图2-2-82　BCCP气动阀使制动缸排风工作原理图

BCCP气动阀上下柱塞无空气压力时,上柱塞因自重落下,并压缩排风阀弹簧,排风阀与阀座密贴,关闭排风阀口,机车呈缓解状态。

(三) DBTV气动阀

DBTV气动阀是在列车管空气压力变化,控制DBTV气动阀动作,将辅助风缸空气压力经BO气动阀16TV管和作用风缸充风,或16TV管和作用风缸空气压力排向大气,实现列车管压力发生变化使机车制动、缓解、保压与辆车作用一致。DBTV气动阀结构图如图2-2-83所示。

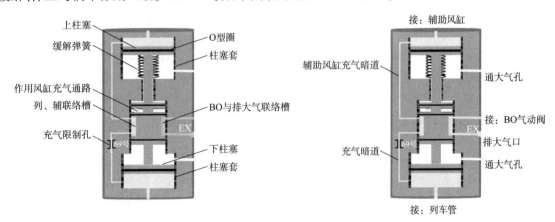

图2-2-83　DBTV气动阀结构图

1. DBTV气动阀向辅助风缸充风工作原理

当列车管为充风(缓解)状态时,DBTV气动阀下方柱塞充入列车管压力而动作,柱塞上移,切断辅助风缸与作用风缸通路。列车管压力经充气限制孔由左侧联络槽沟通列车管与辅助风缸充风通路,同时,左侧联络槽将作用风缸与排大气口连通,机车呈缓解状态。DBTV气动阀向辅助风缸充风和作用风缸排风工作原理图如图2-2-84所示。

2. DBTV 气动阀将辅助风缸压力向作用风缸充风工作原理

当列车管呈排风（制动）状态时，DBTV 气动阀下方柱塞列车管压力下降，柱塞上方辅助风缸压力作用并压缩缓弹簧下移，切断辅助风缸与列车管充风和作用风缸与排大气口通路。开通辅助风缸压力经作用风缸充风暗道由 BO 气动阀向作用风缸和 16TV 管充风，控制 BCCP 气动阀动作，机车呈制动状态。当柱塞上下压力均衡时，缓解弹簧伸张作用，柱塞稍向上移，切断辅助风缸向作用风缸充风。同时，列车管与辅助风缸、作用风缸与排风口通路仍在关闭状态，机车呈制动后的保压状态。DBTV 气动阀停止辅助风缸压力向作用风缸充风工作原理图如图 2-2-85 所示。

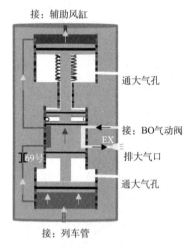

图 2-2-84 DBTV 气动阀向辅助风缸充风和作用风缸排风工作原理图

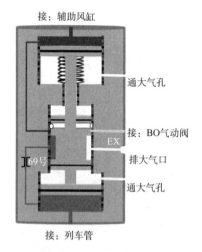

图 2-2-85 DBTV 气动阀停止辅助风缸压力向作用风缸充风工作原理图

（四）PVPL 气动阀

当均衡风缸控制模块（ERCP）发生故障时，20CP 模块自动转换替代 16CP 模块功能，而 20CP 模块失去平均管控制功能，由 16CP 模块产生的均衡风缸压力，经均衡风缸备份管向 PVPL 气动阀柱塞上方充入控制压力而动作，柱塞下移并压缩柱塞弹簧，连通制动缸与平均管通路，实现补机能与本务机车制动、缓解、保压作用一致。PVPL 气动阀结构如图 2-2-86 所示。

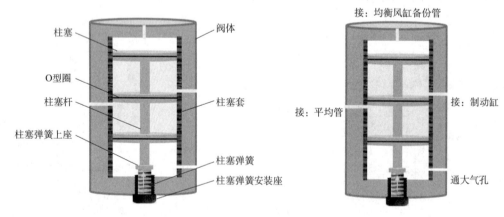

图 2-2-86 PVPL 气动阀结构

1. PVPL 气动阀动作工作原理

当 PVPL 气动阀柱塞上方获得均衡风缸控制压力而动作，柱塞下移并压缩柱塞弹簧，连通制动缸与平均管通路，当本务机车制动时，制动缸压力经 PVPL 气动阀向平均管充风，补机平均管获得空气压力，而补机产生制动作用。PVPL 气动阀动作工作原理图如图 2-2-87 所示。

2. PVPL 气动阀释放工作原理

当 PVPL 气动阀柱塞上方失去均衡风缸控制压力而释放，柱塞在弹簧伸张作用下，推柱塞上移，切断制动缸与平均管通路。PVPL 气动阀释放工作原理图如图 2-2-88 所示。

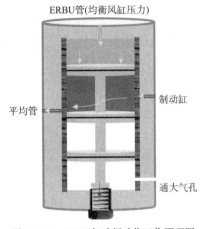
图 2-2-87　PVPL 气动阀动作工作原理图

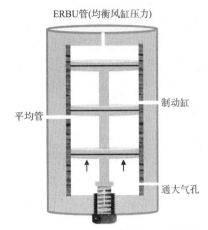
图 2-2-88　PVPL 气动阀释放工作原理图

(五) BO 气动阀

BO 气动阀失去控制压力而释放,开通作用风缸和 16TV 管与 DBTV 气动阀辅助风缸充风或作用风缸和 16TV 管大气通路。当列车管减压时,辅助风缸压力向作用风缸和 16TV 管充风;当列车管充风时,将作用风缸和 16TV 管压力排向大气。BO 气动阀结构如图 2-2-89 所示。

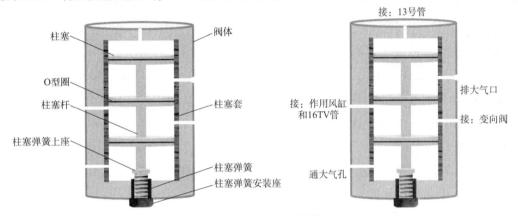
图 2-2-89　BO 气动阀结构

1. BO 气动阀释放工作原理

BO 气动阀失去控制压力而释放,柱塞在弹簧作用上移,开通作用风缸和 16PV 管与变向阀,切断作用风缸和 16TV 管排大气通路。BO 气动阀释放工作原理图如图 2-2-90 所示。

2. BO 气动阀动作工作原理

BO 气动阀获得控制压力而动作,柱塞下移并压缩柱塞弹簧,切断作用风缸和 16TV 管与变向阀通路,开通作用风缸和 16TV 管排大气通路。BO 气动阀动作工作原理图如图 2-2-91 所示。

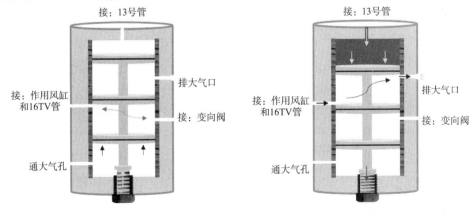
图 2-2-90　BO 气动阀释放工作原理图　　图 2-2-91　BO 气动阀动作工作原理图

（六）DB1 电磁阀

当制动机接通电源时，DB1 电磁阀得电，连通 DB2 电磁阀作用风缸与 BCCP 气动阀控制压力通路。当制动机失去电源时，切断 BCCP 气动阀控制压力与 DB2 电磁阀作用风缸通路，同时，开启 BCCP 气动阀排大气通路，切除 BCCP 气动阀的作用功能。

（七）DB2 电磁阀

当制动机接通电源时，DB2 电磁阀得电，连通作用风缸与 DB1 电磁阀通路。当制动机失去电源时，切断作用风缸与 DB1 电磁阀通路，切除 DBTV 气动阀的作用功能，开启 DBTV 模块 BCCP 气动阀作用功能。

（八）DB12 电磁阀

当制动机接通电源时，DB12 电磁阀得电，连通 DBTV 气动阀与变向阀的通路。当制动机失去电源时，切断 DBTV 气动阀与变向阀通路，切除 DBTV 气动阀的作用功能。

（九）DCV3 变向阀

自动制动阀运转位，单独制动阀制动位发出设定值指令，作用风缸压力增压，DCV3 变向阀切断 DBTV 气动阀作用风缸排大气通路。当自动制动阀制动位发出设定值指令，列车管减压，DBTV 气动阀开通了辅助风缸压力向作用风缸充风通路；当辅助风缸充入的空气压力大于作用风缸压力时，开通变向阀向 BCCP 气动阀增加控制压力。

（十）DCV4 变向阀

当机车施行制动作用时，为防止制动缸压力串入 DBTV 模块 BCCP 气动阀产生误动作，而引起机车制动压力发生变化，影响机车制动作用。

（十一）机车制动缸压力传感器

机车制动缸压力传感器，产生与制动缸空气压力成比例电信号，反馈微机处理器，进行对数据处理，并在制动显示屏上显示制动缸压力，有利于司机对机车制动力的作用进行了解。

（十二）TP-BC 制动缸压力测试点

TP-BC 制动缸压力测试点，用测试设备直接的制动缸管连接，通过测试设备的外部表观察，能检测制动缸的实际压力。

（十三）Z10-22、Z10-23

Z10-22、Z10-23 分别为机车一、二转向架制动缸塞门，作用在打开位时，连通制动缸充风或制动缸排向大气通路。在断开位时，切断制动缸与充排风通路，直接开通制动缸通向大气，切除一或二转向架制动缸的制动作用。

任务评价

序号	主要内容	考核要求	配分	评分标准	得分
1	制动缸控制模块（BCCP）组成及作用	能完整描述制动缸控制模块（BCCP）组成结构及各个部件的作用	10	1. 部件组成描述错误，每处扣1分。 2. 部件作用描述错误，每处扣2分	
2	自动制动阀运转位，制动缸排风，制动缸控制模块（BCCP）工作原理	能完整描述自动制动阀运转位，制动缸排风，制动缸控制模块（BCCP）工作原理	15	原理描述错误，每处扣2分	
3	自动制动阀制动位，机车制动缸充风，制动缸控制模块（BCCP）工作原理	能完整描述自动制动阀制动位，机车制动缸充风，制动缸控制模块（BCCP）工作原理	15		

续上表

序号	主要内容	考核要求	配分	评分标准	得分
4	自动制动阀制动位,单独制动阀侧缓位,机车制动缸排风,制动缸控制模块(BCCP)工作原理	能完整描述自动制动阀制动位,单独制动阀侧缓位,机车制动缸排风,制动缸控制模块(BCCP)工作原理	15	原理描述错误,每处扣2分	
5	自动制动阀运转位,单独制动阀制动位,制动缸控制模块(BCCP)工作原理	能完整描述自动制动阀运转位,单独制动阀制动位,制动缸控制模块(BCCP)工作原理	15		
6	自动制动阀运转位,单独制动阀运转位,制动缸控制模块(BCCP)工作原理	能完整描述自动制动阀运转位,单独制动阀运转位,制动缸控制模块(BCCP)工作原理	10		
7	均衡风缸控制模块(ERCP)电源故障时,制动缸控制模块(BCCP)平均管充风工作原理	能完整描述均衡风缸控制模块(ERCP)电源故障时,制动缸控制模块(BCCP)平均管充风工作原理	10		
8	均衡风缸控制模块(ERCP)电源故障时,制动缸控制模块(BCCP)平均管排风工作原理	能完整描述均衡风缸控制模块(ERCP)电源故障时,制动缸控制模块(BCCP)平均管排风工作原理	10		

任务4　16CP控制模块认知

任务导入

16CP模块是响应单独制动阀单独控制指令,控制制动缸控制模块的动作,从而控制制动缸的充、排风;当均衡风缸控制模块出现故障,16CP模块取代均衡风缸控制模块(ERCP)并能够联合13CP模块一起控制均衡风缸的充排风。

思考:在16CP模块的内部有哪些部件组成?它的工作原理是什么?

带着这些疑问,我们进入任务4的学习。学习前请扫描二维码25预习。

二维码25
16CP控制模块认知

任务目标

1. 了解16CP控制模块的作用以及连接的气路管路。
2. 理解缓解电磁阀、制动电磁阀、MV16电磁阀、MV16气动阀、PVTV气动阀、PVE紧急阀、ELV紧急限压阀的工作原理。
3. 掌握单独制动阀在运转位,16CP模块作用风缸排气(机车缓解)工作原理。
4. 掌握单独制动阀在制动位,16CP模块作用风缸充气(机车制动)工作原理。
5. 掌握自动制动阀在紧急制动位,16CP模块作用风缸充气(机车紧急制动)工作原理。
6. 掌握自动制动阀在紧急制动位,单独制动阀手柄置于侧缓位,16CP模块作用风缸排气(机车缓解)工作原理。
7. 掌握自动制动阀在运转位,均衡风缸控制模块(ERCP)故障,16CP模块均衡风缸充气(列车缓解)工作原理。
8. 掌握自动制动阀在制动位,均衡风缸控制模块(ERCP)故障,16CP模块均衡风缸排气(列车制动)工作原理。

任务实施

一、16CP 模块位置

请在图 2-2-92 中标出 16CP 模块的位置。

图 2-2-92　电空控制单元(EPCU)

二、16CP 模块工作原理

(一) 自动制动阀运转位，单独制动阀在运转位，16CP 模块控制机车缓解工作原理

请在图 2-2-93 中标出气路走向并描述其工作原理。

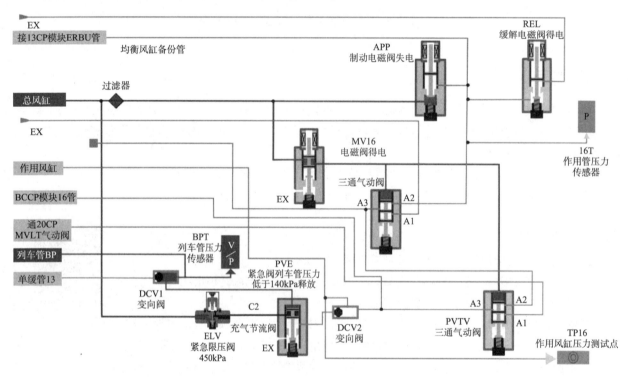

图 2-2-93　自动制动阀运转位，单独制动阀在运转位，16CP 模块控制机车缓解工作原理图

工作原理：

_____

_____

(二) 自动制动阀运转位，单独制动阀在制动位，16CP 模块机车制动工作原理

请在图 2-2-94 中标出气路走向并描述其工作原理。

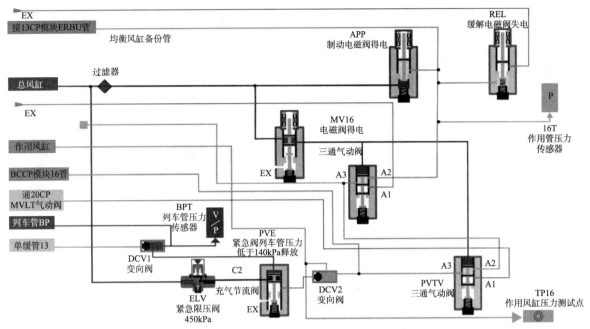

图 2-2-94　自动制动阀运转位,单独制动阀在制动位,16CP 模块机车制动工作原理图

工作原理：

(三)自动制动阀重联位或紧急制动位,16CP 模块作用风缸充入 450kPa 压力(机车紧急制动)的工作原理

请在图 2-2-95 中标出气路走向并描述其工作原理。

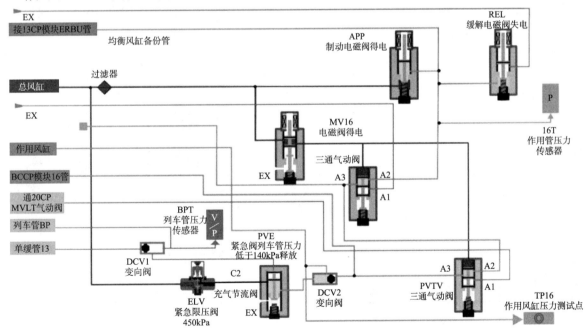

图 2-2-95　自动制动阀紧急制动位,16CP 模块作用风缸充气(机车紧急制动)工作原理图

工作原理：

(四)自动制动阀紧急制动位,单独制动阀置于侧缓位,16CP 模块作用风缸排大气工作原理

请在图 2-2-96 中标出气路走向并描述其工作原理。

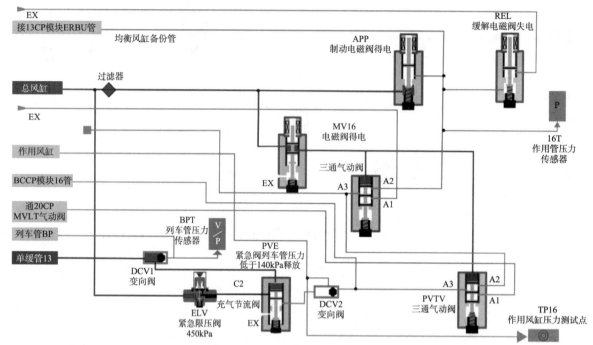

图 2-2-96　自动制动阀紧急制动位,单独制动阀置于侧缓位,16CP 模块作用风缸排大气工作原理图

工作原理:

(五)均衡风缸控制模块(ERCP)电源故障时自动转换由 16CP 模块替代功能,16CP 模块控制均衡风缸充气(列车缓解)工作原理

请在图 2-2-97 中标出气路走向并描述其工作原理。

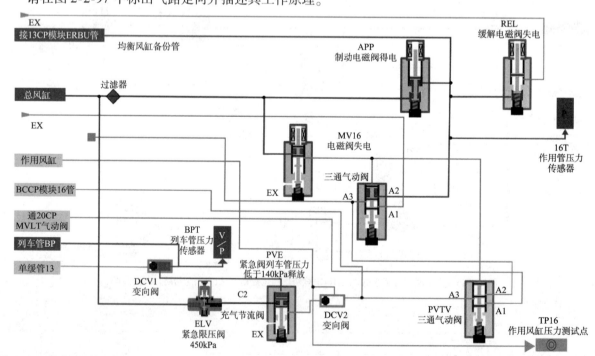

图 2-2-97　均衡风缸控制模块(ERCP)电源故障时自动转换由 16CP 模块控制替代功能,16CP 模块控制均衡风缸充气(列车缓解)工作原理图

工作原理：

(六) 均衡风缸控制模块(ERCP)电源故障时自动转换由16CP模块替代功能，16CP模块控制均衡风缸排气(列车制动)工作原理

请在图2-2-98中标出气路走向并描述其工作原理。

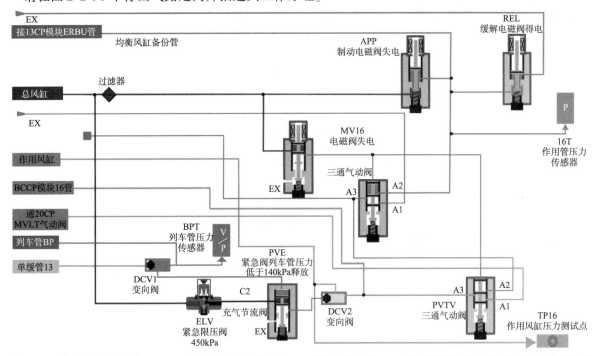

图2-2-98　均衡风缸控制模块(ERCP)电源故障时自动转换由16CP模块替代功能，16CP模块均衡风缸排气(列车制动)工作原理图

工作原理：

三、16CP主要组成部件原理

(一) MV16电磁阀

请在图2-2-99中空白框内填写MV16电磁阀所接气路，并描述其工作原理。

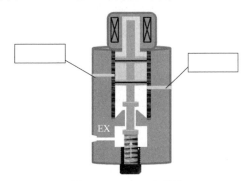

图2-2-99　MV16电磁阀

(1) MV16电磁阀得电工作原理：

(2) MV16 电磁阀失电工作原理：

(二) MV16 气动阀

请在图 2-2-100 中空白框内填写 MV16 气动阀所接气路，并描述其工作原理。

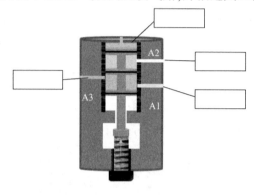

图 2-2-100　MV16 气动阀

(1) MV16 气动阀动作工作原理：

(2) MV16 气动阀释放工作原理：

(三) PVTV 气动阀

请在图 2-2-101 中空白框内填写 PVTV 气动阀所接气路，并描述其工作原理。

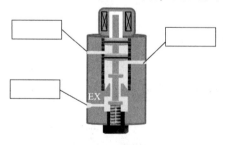

图 2-2-101　PVTV 气动阀

(1) PVTV 气动阀动作工作原理：

(2) PVTV 气动阀释放工作原理：

(四) PVE 紧急阀

请在图 2-2-102 中空白框内填写 PVE 紧急阀所接气路,并描述其工作原理。

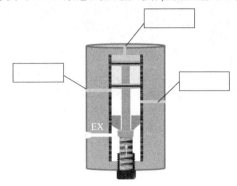

图 2-2-102　PVE 紧急阀

(1) PVE 紧急阀动作工作原理：

(2) PVE 紧急阀释放工作原理：

(五) ELV 紧急限压阀

请在图 2-2-103 中空白框内填写 ELV 紧急限压阀所接气路,并描述其工作原理。

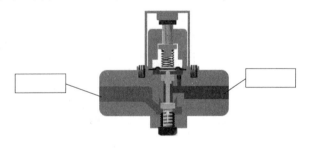

图 2-2-103　ELV 紧急限压阀

(1) ELV 紧急限压阀充气工作原理：

(2) ELV 紧急限压阀停止充气工作原理：

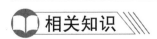

一、16CP 模块作用

单独制动阀及微机处理器(IPM),控制制动电磁阀(APP)、缓解电磁阀(REL)得电或者失电,从而控制作用风缸压力变化,实现机车制动、缓解、保压作用,其在电空控制单元(EPCU)上的位置如图 2-2-104 所示。

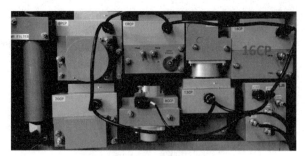

图 2-2-104　电空控制单元(EPCU)

二、16CP 模块工作原理

(一) 自动制动阀运转位,单独制动阀在运转位,16CP 模块机车缓解工作原理

自动制动阀运转位,单独制动阀在运转位发出指令电信号,16CP 模块缓解电磁阀(REL)得电,芯杆下移,开启排风阀口,作用风缸压缩空气经 DCV2 变向阀、PVTV 气动阀 A3 孔与 A2 孔和 MV16 模块三通气动阀 A3 孔与 A2 孔,由缓解电磁阀(REL)排风阀口排向大气。制动缸控制模块 BCCP 气动阀失去来自作用风缸控制压力,制动缸控制模块 BCCP 气动阀开启制动缸排风阀口,制动缸压缩空气经制动缸控制模块 BCCP 气动阀排向大气,机车呈缓解状态。16T 作用风缸压力传感器反馈信号,经微机处理器对设定值数据处理,控制缓解电磁阀失电,排风阀在弹簧作用,关闭排风阀口,切断作用风缸排大气通路。其工作原理图如图 2-2-105 所示。

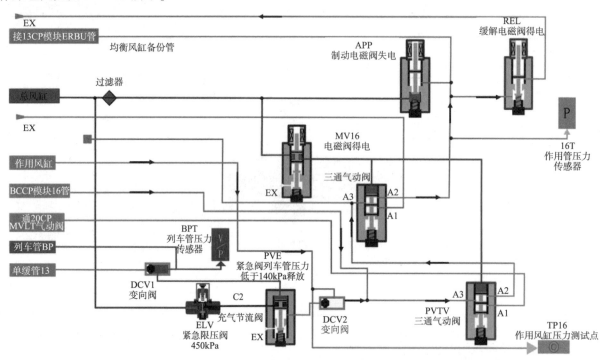

图 2-2-105　自动制动阀运转位,单独制动阀在运转位,16CP 模块作用风缸排气工作原理图

(二) 自动制动阀运转位,单独制动阀在制动位,16CP 模块机车制动工作原理

16CP 模块中 MV16 电磁阀得电,芯杆下移,总风压缩空气经 MV16 电磁阀到达 MV16 三通气动阀和 PVTV 三通气动阀上方,气动阀获得控制压力,柱塞下移,连通 A2 和 A3 孔。同时,到达 ELV 紧急限压阀,到达 PVE 紧急阀。自动制动阀运转位,单独制动阀在制动位发出设定值指令电信号,16CP 模块制动电磁阀(APP)得电,芯杆下移,开启供气阀口,总风经制动电磁阀 APP,MV16 三通气动阀 A2、A3,PVTV 三通气动阀 A2、A3,DCV2 变向阀向作用风缸充风,BCCP 气动阀获得来自作用风缸控制压力,BCCP 气动阀开启总风向制动缸的供风阀口,制动缸充风机车产生制动作用。16T 作用管压力传感器压力信号反馈,经 IPM 微机处理器对设定值数据处理,控制制动电磁阀(APP)失电,停止向作用风缸充风,机车呈制动后的保压状态。

其工作原理图如图 2-2-106 所示。

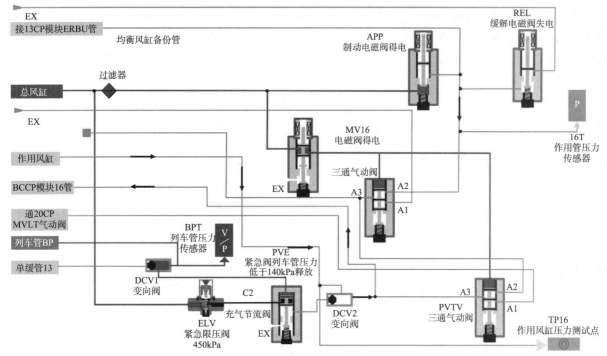

图 2-2-106　自动制动阀运输位,单独制动阀在制动位,16CP 模块作用风缸充气工作原理图

(三) 自动制动阀重联位或紧急制动位,16CP 模块作用风缸充入 450kPa 压力(机车紧急制动)的工作原理

自动制动阀紧急制动位,列车管压力低于 140kPa 时,PVE 紧急阀柱塞上方失去列车管的控制压力,柱塞在排风阀弹簧伸张作用上移,总风经 ELV 紧急限压阀提供的 450kPa 压力经 C2 充气节流孔,PVE 紧急阀,推 DCV2 变向阀右移,向作用风缸充风,作用风缸充入不超过 450kPa 压力,机车产生紧急制动作用,此时列车管压力为 0。重联位时,机车产生常用制动作用,列车管保有一定压力,约为 70kPa。其工作原理图如图 2-2-107 所示。

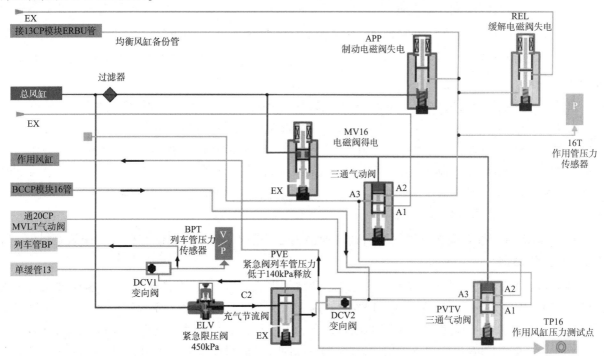

图 2-2-107　自动制动阀重联位或紧急制动位,16CP 模块作用风缸充入 450kPa 压力(机车紧急制动)的工作原理图

(四)自动制动阀紧急制动位,单独制动阀置于侧缓位,16CP 模块作用风缸排大气工作原理

自动制动阀紧急制动位,单独制动阀置于侧缓位发出指令信号,13 模块 MV13 电磁阀得电,连通总风向 13 号管充风,将 DCV1 变向阀柱塞推至右侧,开通了 PVE 紧急阀柱塞上方充入总风控制压力大于 140kPa,PVE 紧急阀柱塞下移,开启排风阀口,作用风缸压力经 DCV2 变向阀由 PVE 紧急阀排风阀口排向大气,机车由紧急制动呈缓解状态。

当单独制动阀离开侧缓位时,16CP 模块 PVE 紧急阀上方控制压力位"0",柱塞上移,总风经 ELV 紧急限压阀、PVE 紧急阀继续向作用风缸充风,制动缸控制模块 BCCP 气动阀获得控制压力,总风向制动缸充入 450kPa 压力。随后关闭制动缸控制模块 BCCP 气动阀充风阀口。其工作原理图如图 2-2-108 所示。

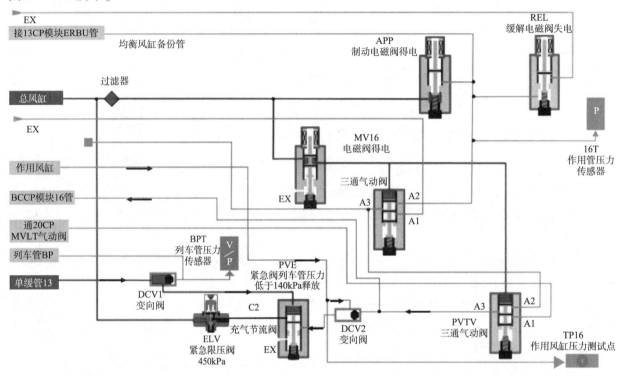

图 2-2-108　自动制动阀紧急制动位,单独制动阀手柄置于侧缓位,16CP 模块作用风缸排气工作原理图

(五)均衡风缸控制模块(ERCP)电源故障自动转换由 16CP 模块替代功能,16CP 模块均衡风缸充气工作原理

自动制动阀运转位发出设定值指令,16CP 模块制动电磁阀(APP)得电,开启供气阀口,总风由供气阀口向 16CP 模块 ERBU 管与 13CP 模块 ERBU(16)管相通,由于均衡风缸控制模块电源故障,MVER 电磁阀失电,MVER 气动阀失去控制压力,柱塞在弹簧的作用上移,切断 A3 孔与 A2 孔通路,同时,连通均衡风缸 A3 孔与均衡风缸控制模块 ERBU 管 A1 孔充气通路,当达到所需压力,均衡风缸压力传感器反馈信号,经微机处理器对设定值数据处理,控制制动电磁阀失电,供气阀口关闭,停止均衡风缸充气,全列车呈缓解状态。其工作原理图如图 2-2-109 所示。

(六)均衡风缸控制模块电源故障自动转换由 16CP 模块替代功能,16CP 模块均衡风缸排气(列车制动)工作原理

自动制动阀制动位发出设定值指令,16CP 模块缓解电磁阀得电,开启排气阀口,均衡风缸经均衡风缸控制模块 MVER 气动阀 A3 孔与 A2 孔均衡风缸备份管,再与 13CP 模块均衡风缸备份管经均衡风缸备份气动阀 A3 孔与 A2 孔连接 16CP 模块均衡风缸备份管,排气阀口排大气,全列车呈制动作用。均衡风缸压力传感器反馈信号,经微机处理器对设定值数据处理,控制缓解电磁阀失电,关闭排气阀口,停止均衡风缸排大气通路,列车呈制动后的保压作用。其工作原理图如图 2-2-110 所示。

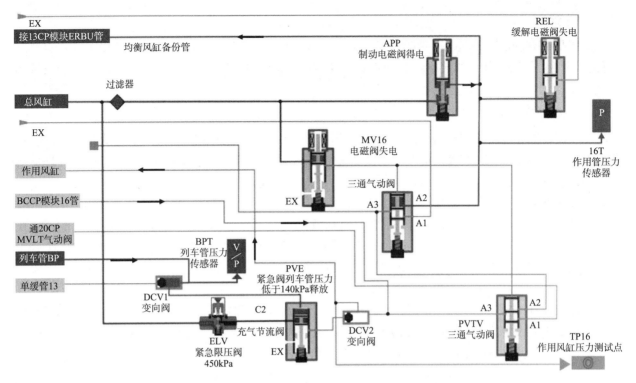

图 2-2-109　自动制动阀置于运转位,16CP 模块均衡风缸充气工作原理图

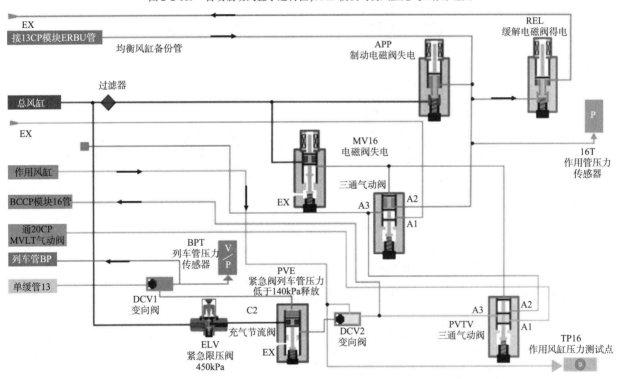

图 2-2-110　自动制动阀置于制动位,16CP 模块均衡风缸排气工作原理图

三、均衡风缸控制模块(ERCP)结构

16CP 模块由管座、缓解电磁阀、制动电磁阀、MV16 模块电磁阀和三通气动阀、PVTV 气动阀、DCV1 变向阀、DCV2 变向阀、ELV 紧急限压阀、C2 充气节流孔、PVE 紧急气动阀、16T 作用控制压力传感器、TP16 作用管压力检测接口、列车管压力传感器、机车制动缸压力传感器、机车制动缸压力检测接口、过滤器、作用风缸等部分组成。

(一) 管座

管座是16CP模块的安装座,管座设有7个连接管子接孔,即均衡风缸备用管孔(ERBU13)、总风缸管孔、作用16号管孔、作用风缸(容积为1.5L)管孔、制动缸压力反馈BCCO管孔、单独制动阀侧缓控制13管孔。

(二) 缓解电磁阀

单独制动阀在运转位发出指令,缓解电磁阀得电,开启排气阀口,作用风缸压力排向大气,机车缓解。当作用风缸压力降至单独制动阀运转位设定值时,16T作用风缸压力传感器反馈信号,经微机处理器对设定值的数据处理,控制缓解电磁阀失电。

1. 缓解电磁阀得电工作原理

单独制动阀置于运转位,缓解电磁阀得电,开启排阀口,作用风缸空气压力经排气阀口排向大气,机车呈缓解作用。当16CP模块替代均衡风缸控制模块(ERCP)功能时,排均衡风缸压力排向大气,全列车制动作用。缓解电磁阀得电工作原理图如图2-2-111所示。

2. 缓解电磁阀失电工作原理

当作用风缸压力降至单独制动阀在运转位给的设定值指令,作用风缸16T压力传感器反馈信号,经微机数据处理对设定值数据处理,控制缓解电磁阀(REL)失电,排气阀弹簧作用,关闭排气阀口,切断作用风缸排大气通路。缓解电磁阀失电工作原理图如图2-2-112所示。

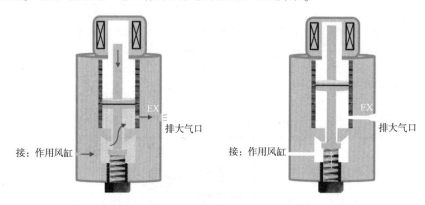

图2-2-111 缓解电磁阀得电工作原理图　　图2-2-112 缓解电磁阀失电工作原理图

(三) 制动电磁阀

单独制动阀置于制动位发出指令,制动电磁阀得电,开启供气阀口,总风经供气阀口向作用风缸充气,制动缸控制模块BCCP气动阀获得作用风缸控制压力而动作,开启供气阀口,总风向机车制动缸充气,机车制动。当作用风缸压力达到单独制动阀运转位设定值时,16T作用风缸压力传感器反馈信号,经微机处理器对设定值的数据处理,控制制动电磁阀失电。其工作原理图如图2-2-113、图2-2-114所示。

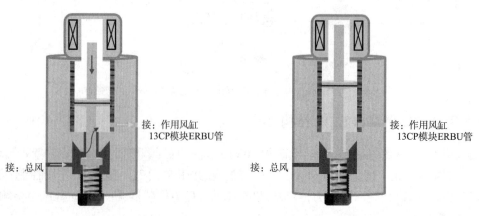

图2-2-113 制动电磁阀得电工作原理图　　图2-2-114 制动电磁阀失电工作原理图

(四) MV16 电磁阀

制动机电源接通时,MV16 电磁阀得电,开通总风向 MV16 三通气动阀柱塞上方和 PVTV 三通阀柱塞上方充入控制压力而动作,连通作用风缸充排气通路。当均衡风缸控制模块(ERCP)电源故障,MV16 电磁阀失电,MV16 三通气动阀柱塞上方失去控制压力而释放,切断 A2 孔与 A3 孔通路,同时,连通 A3 孔与 A1 孔排大气通路。PVTV 三通阀柱塞上方失去控制压力,切断 A2 孔与 A3 孔通路,同时,连通作用风缸 A3 孔与 A2 孔接 20CP 模块作用管通路。MV16 电磁阀得电、失电工作原理图分别如图 2-2-115、图 2-2-116 所示。

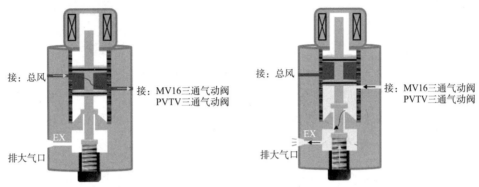

图 2-2-115　MV16 电磁阀得电工作原理图　　图 2-2-116　MV16 电磁阀失电工作原理图

(五) MV16 气动阀

制动机电源接通时,MV16 电磁阀得电,MV16 气动阀获得总风控制压力而动作,关闭 A3 孔与 A1 孔排大气通路,开启 A2 孔与 A3 孔通路。当均衡风缸控制模块(ERCP)电源故障时,MV16 电磁阀自动转换失电,MV16 气动阀失去总风控制压力而释放,开启 A3 孔与 A1 孔排大气通路,切断 A2 孔与 A3 孔通路,切除 16CP 模块对作用风缸压力变化的控制。MV16 气动阀结构如图 2-2-117 所示。

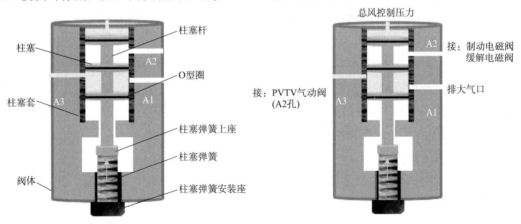

图 2-2-117　MV16 气动阀结构

(六) PVTV 气动阀的作用

当制动机电源接通时,MV16 电磁阀得电,PVTV 气动阀获得总风控制压力而动作,关闭 DCV2 变向阀 A3 孔与 A1 孔 20CP 模块作用管通路,开启 A2 孔与 DCV2 变向阀 A3 孔通路。当均衡风缸控制模块(ERCP)电源故障时,MV16 电磁阀自动转换失电,PVTV 气动阀失去总风控制压力而释放,连通 DCV2 变向阀 A3 孔与 A1 孔 20CP 模块作用管通路,切断 A2 孔与 DCV2 变向阀 A3 孔通路,切除 16CP 模块对作用风缸压力变化的控制。PVTV 气动阀工作原理如图 2-2-118、图 2-2-119 所示。

(七) PVE 紧急阀

(1) 自动制动阀由紧急制动位移回运转位,当列车管压力大于 140kPa 以上时,PVE 紧急阀动作,切断 ELV 紧急限压阀(450kPa)与 DCV2 变向阀向作用风缸充气通路,开启作用风缸经 DCV2 变向阀排大气通路,机车呈缓解作用。PVE 紧急阀有控制压力的工作原理图如图 2-2-120 所示。

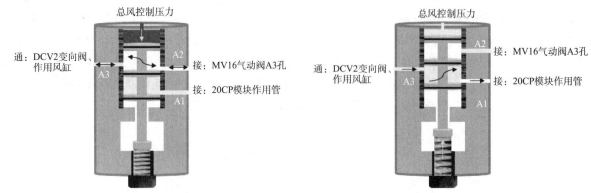

图 2-2-118　PVTV 气动阀动作工作原理图　　　图 2-2-119　PVTV 气动阀释放工作原理图

(2)自动制动阀置于紧急制动位,列车管压力小于 140kPa 以下时,PVE 紧急阀释放,排气阀关闭作用风缸排大气通路,连通 ELV 紧急限压阀(450kPa)与 DCV2 变向阀向作用风缸充入限制压力 450kPa,机车呈紧急制动作用。PVE 紧急阀无控制压力的工作原理图如图 2-2-121 所示。

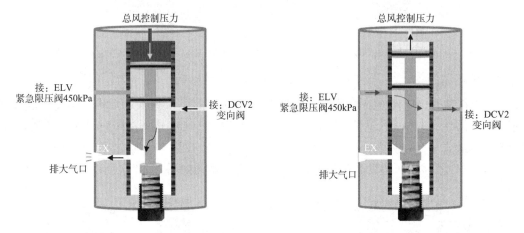

图 2-2-120　PVE 紧急阀有控制压力的工作原理图　　　图 2-2-121　PVE 紧急阀无控制压力的工作原理图

(3)自动制动阀置于紧急制动位,单独缓解机车制动时,单独制动阀手柄侧缓位,PVE 紧急阀获得控制压力而动作,切断 ELV 紧急限压阀(450kPa)与 DCV2 变向阀向作用风缸充气通路,开启作用风缸经 DCV2 变向阀排大气通路,机车呈缓解作用。

(八)ELV 紧急限压阀作用

当制动机施行紧急制动时,ELV 紧急限压阀控制作用风缸压力不超过 450kPa。ELV 紧急限压阀结构如图 2-2-122 所示。

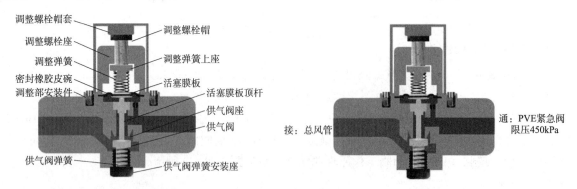

图 2-2-122　ELV 紧急限压阀结构

1. ELV 紧急限压阀充气工作原理

当制动机施行紧急制动时,ELV 紧急限压阀充气压力低于 450kPa 时,调整弹簧作用,推活塞膜板带动顶杆,并压缩供气阀弹簧,供气阀离开阀座,开启供气阀口,总风经限压后向 PVE 紧急阀提供 450kPa 压力。ELV 紧急限压阀充气工作原理图如图 2-2-123 所示。

2. ELV 紧急限压阀停止充气工作原理

当制动机施行紧急制动时,如 ELV 紧急限压阀活塞上下压力均衡时,供气阀弹簧伸张作用,推供气阀与阀座密贴,关闭供气阀口,切断总风充气通路,保证限压不超过 450kPa。ELV 紧急限压阀停止充气工作原理图如图 2-2-124 所示。

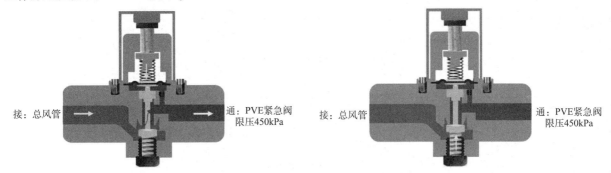

图 2-2-123　ELV 紧急限压阀充气工作原理图　　　　图 2-2-124　ELV 紧急限压阀停止充气工作原理图

(九) DCV1 变向阀

DCV1 变向阀设有 3 个管子接口,即列车管、单独制动阀缓解 13 号管、PVE 气动阀控制管。根据列车管压力与单独制动阀缓解 13 管压力选择最高压力,推动 DCV1 变向阀柱塞移动,开通 PVE 气动阀控制压力而柱塞下移,切断 ELV 紧急限压阀与 DCV2 变向阀通路,开启 DCV2 变向阀通大气通路。

(十) DCV2 变向阀

DCV2 变向阀设有 3 个管子接口,即 PVTV 三通气动阀 A3 孔与变向阀联络作用管、16TV 管(作用风缸)、PVE 紧急气动阀联络作用管。根据 PVTV 三通气动阀 A3 孔与变向阀联络作用管与 PVE 紧急气动阀联络作用管选择最高压力,向作用风缸充气或将作用风缸经排风口排向大气。

(十一) 充气节流孔

充气节流孔为控制总风经 ELV 紧急限压阀空气压力向作用风缸充气压力速度稳定上升。

(十二) 16T 作用控制压力传感器

16T 作用控制压力传感器将作用管压力电信号,反馈到微机处理器设定值数据处理,对 16CP 模块制动电磁阀、缓解电磁阀得电或失电控制。

(十三) TP16 作用管压力检测接口

TP16 作用管压力检测接口,将检测设备安装在 TP16 作用反馈管上,通过压力表可检测到作用管实际压力。

(十四) 列车管压力传感器

列车管压力传感器,将列车管压力信号,反馈到微机处理器对设定值数据处理,使列车管控制模块的 MV53 电磁阀得电或失电控制。

(十五) 机车制动缸压力传感器

机车制动缸压力传感器是传递制动缸压力信号,给微机处理器对数据处理,在制动显示屏上显示制动缸压力。

(十六) 机车制动缸压力检测接口

机车制动缸压力检测接口,将检测设备安装在制动缸反馈 BCCO 管上,通过压力表可检测到制动缸实际压力。

(十七)过滤器

过滤器对总风空气进行滤清后,再各部件供气,避免因空气不清洁,影响各阀作用不良。

(十八)作用风缸

作用风缸将作用管容积增大(1.5L),使作用管压力有效对制动缸控制模块 BCCP 气动阀控制。

任务评价

序号	主要内容	考核要求	配分	评分标准	得分
1	16CP 控制模块组成及作用	能完整描述 16CP 控制模块结构组成及各个部件的作用	20	1. 部件组成描述错误,每处扣1分。2. 部件作用描述错误,每处扣2分	
2	单独制动阀在运转位,16CP 模块作用风缸排气(机车缓解)工作原理	能完整描述单独制动阀在运转位,16CP 模块作用风缸排气(机车缓解)工作原理	15	原理描述错误,每处扣2分	
3	单独制动阀在制动位,16CP 模块作用风缸充气(机车制动)工作原理	能完整描述单独制动阀在制动位,16CP 模块作用风缸充气(机车制动)工作原理	15		
4	自动制动阀在紧急制动位,16CP 模块作用风缸充气(机车紧急制动)工作原理	能完整描述自动制动阀在紧急制动位,16CP 模块作用风缸充气(机车紧急制动)工作原理	15		
5	自动制动阀在紧急制动位,单独制动阀手柄置于侧缓位,16CP 模块作用风缸排气(机车缓解)工作原理	能完整描述自动制动阀在紧急制动位,单独制动阀手柄置于侧缓位,16CP 模块作用风缸排气(机车缓解)工作原理	15		
6	自动制动阀在运转位,均衡风缸控制模块(ERCP)电源故障,16CP 模块均衡风缸充气(列车缓解)工作原理	能完整描述自动制动阀在运转位,均衡风缸控制模块(ERCP)电源故障,16CP 模块均衡风缸充气(列车缓解)工作原理	10		
7	自动制动阀在制动位,均衡风缸控制模块(ERCP)电源故障,16CP 模块均衡风缸排气(列车制动)工作原理	能完整描述自动制动阀在制动位,均衡风缸控制模块(ERCP)电源故障,16CP 模块均衡风缸排气(列车制动)工作原理	10		

任务5　20CP 控制模块认知

任务导入

20CP 模块正常工作情况下控制平均管的充排风能,在均衡风缸控制模块(ERCP)故障的情况下,16CP 模块联合 13CP 模块控制均衡风缸充排风,单独制动阀单独控制机车原 16CP 模块的位置由 20CP 模块取代,那么 20CP 模块的内部是由哪些部件组成的呢?它的工作原理又是什么样的呢?

带着这些疑问,我们进入任务5的学习。学习前请扫描二维码26预习。

任务目标

1. 理解制动电磁阀、缓解电磁阀、MVLT 电磁阀、MVLT 气动阀、PVLT 气动阀、20R 气动阀的工作原理。

2. 掌握 20CP 模块平均管充气工作原理。

3. 掌握 20CP 模块平均管排气工作原理。

4. 掌握均衡风缸控制模块(ERCP)电源故障时,20CP 模块替代 16CP 模块功能,单独制动阀制动位,制动缸充气,平均管充气工作原理。

5. 掌握均衡风缸控制模块(ERCP)电源故障时,20CP 模块替代 16CP 模块功能,单独制动阀运转位,制动缸排气,平均管排气工作原理。

6. 掌握制动机设置在"补机模式状态"20CP 模块失去平均管作用工作原理。

7. 掌握机车无动力回送时,制动机断开电源,20CP 模块工作原理。

任务实施

一、20CP 模块位置

请在图 2-2-125 中标出 20CP 模块的位置。

图 2-2-125 电空控制单元(EPCU)控制模块

二、20CP 模块工作原理

(一)均衡风缸控制模块(ERCP)正常,作用风缸充风,20CP 模块控制平均管充风工作原理

请在图 2-2-126 中标出气路走向并描述其工作原理。

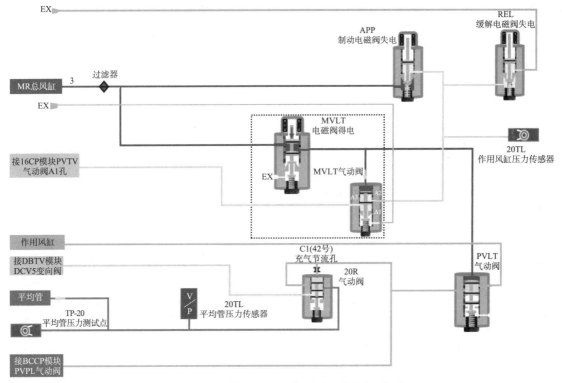

图 2-2-126 平均管充气,20CP 模块部件工作状态工作原理

电力机车制动系统

工作原理：

___

(二) 均衡风缸控制模块(ERCP)正常,作用风缸排风,20CP 模块控制平均管排风工作原理

请在图 2-2-127 中标出气路走向并描述其工作原理。

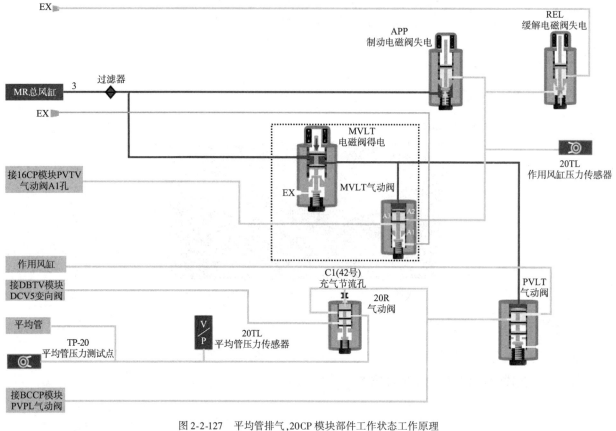

图 2-2-127　平均管排气,20CP 模块部件工作状态工作原理

工作原理：

___

(三) 均衡风缸控制模块(ERCP)电源故障时,20CP 模块替代 16CP 模块功能时,单独制动阀制动位,制动缸充气时,平均管充气工作原理

请在图 2-2-128 中标出气路走向并描述其工作原理。

工作原理：

___

(四) 均衡风缸控制模块(ERCP)电源故障时,20CP 模块替代 16CP 模块功能,单独制动阀运转位,制动缸排气,平均管排气工作原理

请在图 2-2-129 中标出气路走向并描述其工作原理。

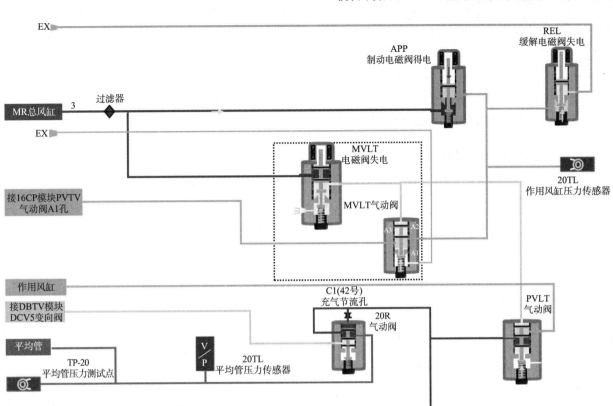

图 2-2-128　均衡风缸控制模块(ERCP)电源故障时,20CP模块替代16CP模块功能时,单独制动阀制动位,制动缸充气时,平均管充气工作原理

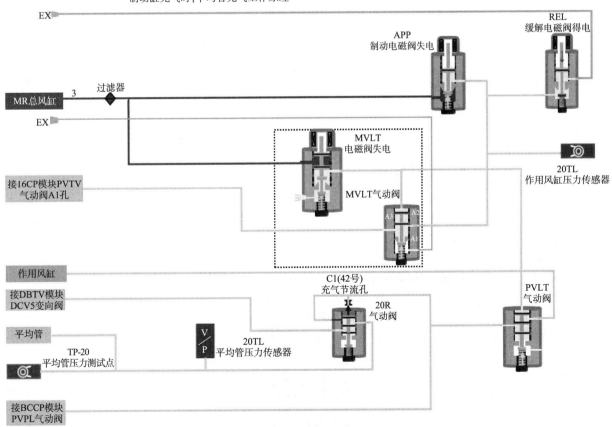

图 2-2-129　均衡风缸控制模块(ERCP)电源故障时,20CP模块替代16CP模块功能时,单独制动阀制动位,制动缸充气时,平均管排气工作原理

工作原理：

_____

_____

三、20CP 模块的结构组成及部件原理

（一）20CP 模块的结构组成

根据 20CP 模块的工作原理，将 20CP 模块的组成部分的功能填入表 2-2-4 中。

20CP 模块的组成部分及功能　　　　表 2-2-4

序号	名　　称	工作状态（如得电、失电、开启、关闭等）	气路路径
1	制动电磁阀		
2	缓解电磁阀		
3	MVLT 电磁阀		
4	MVLT 气动阀		
5	PVLT 气动阀		
6	20R 气动阀		

（二）20CP 主要组成部件原理

1. MVLT 电磁阀

请在图 2-2-130 中空白框内填写 MVLT 电磁阀所接气路，并描述其工作原理。

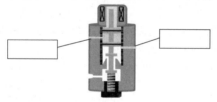

图 2-2-130　MVLT 电磁阀

（1）MVLT 电磁阀得电工作原理：

_____

_____

（2）MVLT 电磁阀失电工作原理：

_____

_____

2. MVLT 气动阀

请在图 2-2-131 中空白框内填写 MVLT 气动阀所接气路，并描述其工作原理。

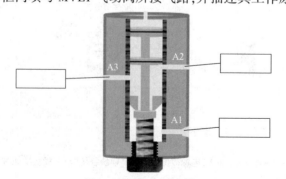

图 2-2-131　MVLT 气动阀

(1) MVLT 气动阀动作工作原理：

(2) MVLT 气动阀释放工作原理：

3. PVLT 气动阀

请在图 2-2-132 中空白框内填写 PVLT 气动阀所接气路，并描述其工作原理。

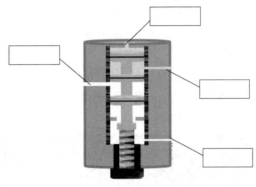

图 2-2-132　PVLT 气动阀

(1) PVLT 气动阀动作工作原理：

(2) PVLT 气动阀释放工作原理：

4. 20R 气动阀

请在图 2-2-133 中空白框内填写 20R 气动阀所接气路，并描述其工作原理。

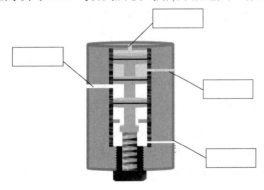

图 2-2-133　20R 气动阀

(1) 20R 气动阀动作工作原理：

(2)20R 气动阀释放工作原理:

_____

_____

_____

相关知识

一、20CP 模块作用

20CP 模块作用如下

(1)自动制动阀施行制动时,列车管压力减压,DBTV 气动阀制动位,辅助风缸向作用风缸充气,是按列车管减压量的 2.5 倍上升,控制 20R 气动阀动作,平均管获得空气压力。

(2)机车制动机设置本机、单机状态,单独制动阀制动位发出的指令,作用风缸产生压力空气,控制 20R 气动阀动作,平均管获得空气压力。

(3)当 20CP 模块替代 16CP 模块功能时,MVLT 电磁阀自动失电,在三通气动阀和 PVLT 气动阀释放,切除平均管控制作用。单独制动阀控制 20CP 模块制动电磁阀与缓解电磁阀得电、失电,实现机车制动、缓解、保压控制作用。其位置如图 2-2-134 所示。

图 2-2-134 电空控制单元(EPCU)

二、20CP 模块工作原理

(一)均衡风缸控制模块(ERCP)正常,作用风缸充风,20CP 模块控制平均管充风工作原理

当均衡风缸控制模块(ERCP)正常时,制动电磁阀、缓解电磁阀均处于失电状态,MVLT 电磁阀得电,芯杆下移,总风经 MVLT 电磁阀向 MVLT 气动阀和 PVLT 气动阀上方出入控制压力,活塞下移,MVLT 电磁阀沟通 16CP 模块 PVTV 气动阀 A1 孔同大气通路,作用风缸充风,PVLT 气动阀沟通了作用风缸向 20R 气动阀上方充入控制压力的通路,20R 气动阀柱塞下移,连通作用风缸向平均管充风通路。同时,PVLT 气动阀出来的压缩空气会充风至制动缸控制模块(BCCP)PVPL 气动阀。其工作原理图如图 2-2-135 所示。

(二)均衡风缸控制模块(ERCP)正常,作用风缸排风,20CP 模块控制平均管排风工作原理

当作用风缸压力排向大气时,20R 气动阀柱塞上方的作用风缸控制压力,受充气节流孔限制缓慢随作用风缸下降,平均管压力经 20R 气动阀,再由 PVLT 气动阀连通随作用风缸排向大气,同时制动缸控制模块(BCCP)PVPL 气动阀内压缩空气也随作用风缸一起排向大气。

当平均管压力降为零后,20R 气动阀柱塞上方失去作用风缸控制压力,柱塞在弹簧作用,推柱塞上移,切断作用风缸向平均管通路,同时,连通 DCV5 变向阀与平均管通路。其工作原理图如图 2-2-136 所示。

(三)均衡风缸控制模块(ERCP)电源故障时,20CP 模块替代 16CP 模块功能,单独制动阀制动位,制动缸充风,平均管充风工作原理

由于均衡风缸控制模块(ERCP)电源故障,20CP 模块 MVLT 电磁阀失电,芯杆上移,开启排风阀口,

MVLT、PVLT 气动阀柱塞上方控制压力经排风阀口排向大气。

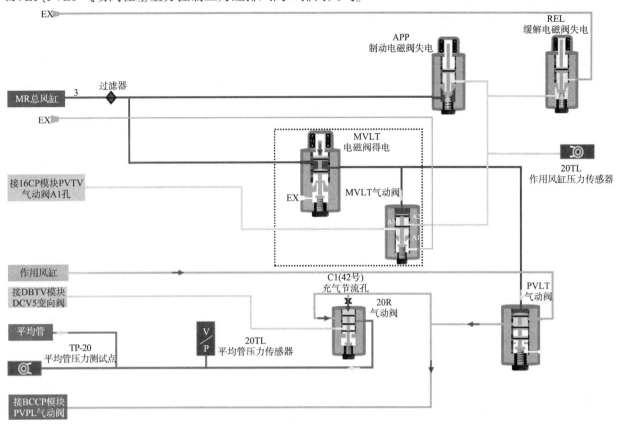

图 2-2-135　20CP 模块平均管充风工作原理图

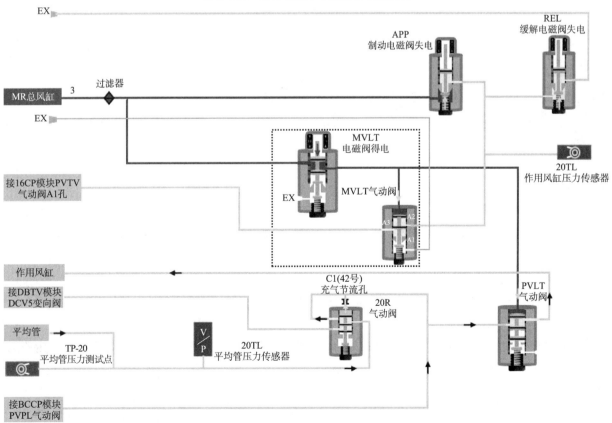

图 2-2-136　20CP 模块平均管排风工作原理图

MVLT 气动阀失去总风控制压力,柱塞上移,连通 A3 孔与 A2 孔通路。PVLT 气动阀失去总风控制压力,柱塞上移,切断作用风缸向20R气动阀柱塞上方充入控制压力的通路。

单独制动阀制动位发出设定值指令信号,20CP模块制动电磁阀得电,芯杆下移,开启供气阀口,总风经供气阀口由MVLT气动阀连通A2孔与A3孔,再经16CP模块PVTV气动阀连通A1孔与A3孔,推DCV2变向阀柱塞到另一端,开通向作用风缸充风通路。

作用风缸充风,到达制动缸控制模块(BCCP),从而控制制动缸充风,制动缸压缩空气通过制动缸控制模块(BCCP)PVPL气动阀,到达20R气动阀上方,20R气动阀获得来自制动缸控制压力,柱塞下移,连通制动缸压力向平均管充风通路。制动缸压力变化来控制平均管变化的,与作用风缸压力变化无关。

当作用风缸压力达到单独制动阀制动位设定值时,在压力传感器反馈信号,经微机处理器对设定值数据处理后,控制制动电磁阀失电,关闭供气阀口,切断总风向作用风缸充风通路,机车呈制动后的保压状态,平均管压力也不再变化。其工作原理图如图2-2-137所示。

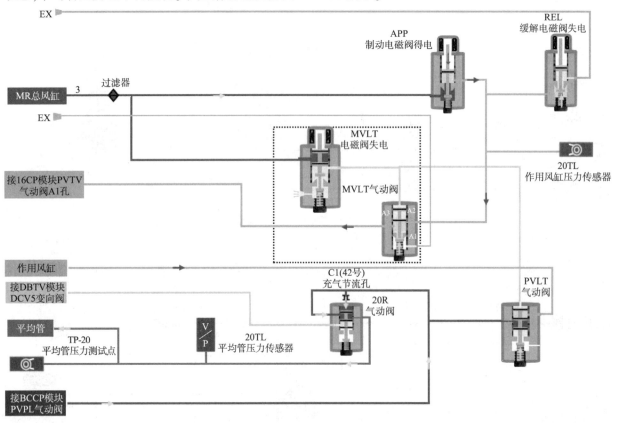

图 2-2-137 均衡风缸控制模块(ERCP)电源故障时,20CP模块替代16CP模块功能,单独制动阀制动位,制动缸充风,平均管充风工作原理图

(四)均衡风缸控制模块(ERCP)电源故障时,20CP模块替代16CP模块功能,单独制动阀运转位,制动缸排风,平均管排风工作原理

单独制动阀运转位发出指令信号,20CP模块缓解电磁阀得电,芯杆下移,开启排风阀口,作用风缸压力经DCV2变向阀、16CP模块PVTV气动阀连通A3孔与A1孔,再经MVLT气动阀连通A3孔与A2孔,排向大气。

作用风缸排风,从而控制制动缸控制模块(BCCP),制动缸排风,当机车制动缸压力下降时,20R气动阀柱塞上方制动缸压力受节流孔限制,缓慢随制动缸排向大气,平均管压力经20R气动阀连通也随制动缸排大气。

当压力降至单独制动阀运转位设定值时,压力传感器反馈信号,经微机处理器对设定值数据处理后,控制缓解电磁阀失电,关闭排风阀口,切断作用风缸排大气通路,机车呈缓解状态。其工作原理图如图2-2-138所示。

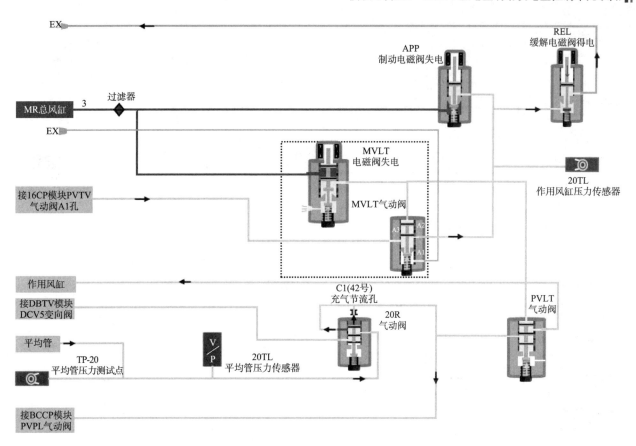

图 2-2-138　均衡风缸控制模块(ERCP)电源故障时,20CP 模块替代 16CP 模块功能,单独制动阀运转位,
制动缸排风,平均管排风工作原理图

(五)机车无动力回送时,制动机断开电源,打开平均管,20CP 模块工作原理

20CP 模块制动电磁阀失电,缓解电磁阀失电,MVLT 电磁阀失电,芯杆上移,开启排风阀口,MVLT、PVLT 气动阀柱塞上方控制压力经排风阀口排向大气。20R 气动阀无控制压力,连通平均管与 DBTV 控制模块。

无动力机车与本务机车连挂,并打开平均管,本务机车施行制动时,平均管产生压力,经无动力机车平均管传递,再经 20R 气动阀连通推 DCV5 变向阀柱塞到另一端,开通 DBTV 模块制动缸控制模块(BCCP)气动阀获得平均管控制压力动作,总风向制动缸充风,无动力机车呈制动状态。

本务机施行制动时,平均管排风,经无动力机车平均管传递,DBTV 模块制动缸控制模块(BCCP)气动阀来自平均管控制压力,经 20R 气动阀随着平均管排向大气,DBTV 模块制动缸控制模块(BCCP)气动阀控制制动缸排风,无动力机车呈缓解状态。其工作原理图如图 2-2-139 所示。

三、20CP 模块结构

20CP 模块由管座、制动电磁阀、缓解电磁阀、MVLT 模块电磁阀和三通气动阀、20R 平均管充排气三通气动阀、PVLT 气动阀、C1 充气节流阀、20TL 平均管控制压力传感器、20TT 补机平均管压力传感器、TP20 平均管压力检测接口、过滤器等部件组成。

(一)管座

20CP 模块的安装座,设有 4 个孔,3 个连接管子接孔,即总风管孔、平均管(20 号管)孔、作用风缸安装孔,一个是 MVLT 模块三通气阀 A1 排大气孔。

(二)20R 气动阀

20R 气动阀由作用风缸压力控制 20R 气动阀动作,实现平均管压力变化,从而控制附挂机车制动、缓解、保压作用。

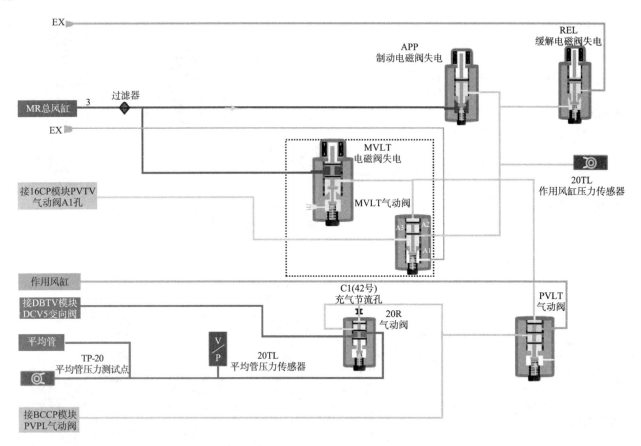

图 2-2-139　机车无动力回送时,制动机断开电源,20CP 模块工作原理图

1. 20R 气动阀向平均管充气工作原理

当单独制动阀制动位发出指令或列车管减压时,作用风缸产生空气压力,20R 气动阀上方柱塞获得作用风缸控制压力,开启总风向平均管充气通路。当柱塞下方平均压力与柱塞上方作用风缸相等时,供气阀弹簧伸张作用,关闭供气阀口,停止向平均管充气作用。其工作原理图如图 2-2-140 所示。

2. 20R 气动阀平均管排气工作原理

当单独制动阀制动位回运转位发出指令或列车管充气时,作用风缸空气压力经 16CP 模块缓解电磁阀得电或 DBTV 模块气动阀呈缓解状态,开启作用风缸排大气通路,20R 气动阀上方柱塞失去作用风缸控制压力,开启平均管排大气通路。当柱塞下方平均压力降为零时,上方柱塞自重作用下移,因供气阀弹簧力大于排气阀弹簧力,供气阀仍处于关闭状态,排气阀随顶杆下移,关闭排气阀口,切断平均管通大气通路。其工作原理图如图 2-2-141 所示。

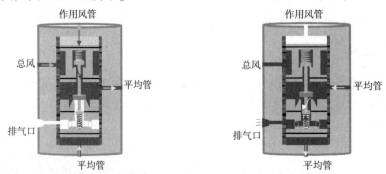

图 2-2-140　20R 气动阀向平均管充气工作原理图　　图 2-2-141　20R 气动阀平均管排气工作原理图

(三) MVLT 电磁阀

在本机、单机模式状态,MVLT 模块电磁阀得电。当 20CP 模块替代 16CP 模块功能时,MVLT 电磁阀自动被转换失电状态或设置补机状态电磁阀失电,切断作用风缸向 20R 气动阀柱塞上方控制通路,切除

平均管控制功能。

1. MVLT 电磁阀得电工作原理

当 MVLT 电磁阀得电时,开通总风向三通气动阀和 PVLT 气动阀柱塞上方充入总风控制压力。MVLT 电磁阀得电工作原理图如图 2-2-142 所示。

2. MVLT 电磁阀失电工作原理

当 MVLT 电磁阀失电时,切断总风与三通气动阀和 MVLT 气动阀的控制作用压力,开通三通气动阀和 MVLT 气动阀柱塞上方排大气通路。MVLT 电磁阀失电工作原理图如图 2-2-143 所示。

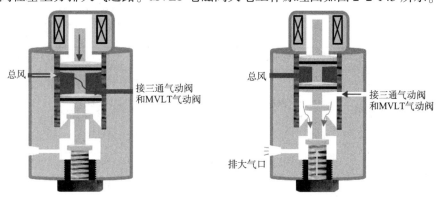

图 2-2-142　MVLT 电磁阀得电工作原理图　　图 2-2-143　MVLT 电磁阀失电工作原理图

(四) MVLT 气动阀

MVLT 气动阀是受 MVLT 电磁阀作用控制,开通作用风缸与 20R 气动阀获得控制压力,或将 20R 气动阀柱塞上方通向大气。

1. MVLT 三通气动阀获得控制压力工作原理

当 MVLT 气动阀柱塞上方获得总风控制压力时,柱塞下移,切断 A3 孔 20R 气动阀柱塞上方控制压力与 A1 孔排大气通路,连通作用风缸 A2 孔与 A3 孔 20R 气动阀柱塞上方控制压力通路。

2. MVLT 气动阀失去控制压力工作原理

当 MVLT 气动阀柱塞上方失去总风控制压力时,切断 A3 孔 20R 气动阀柱塞上方控制压力与 A2 孔作用风缸通路,连通 A3 孔 20R 气动阀柱塞上方控制压力与 A1 孔排大气通路。

(五) PVLT 气动阀

PVLT 气动阀是受 MVLT 电磁阀作用控制,将 20R 气动阀联络管与平均管连通,当 MVLT 电磁阀失电时,切断 20R 气动阀联络管与平均管通路,在制动状态时,附挂机车呈保压作用。

(六) 20CP 模块制动电磁阀、缓解电磁阀

当均衡风缸控制模块(ERCP)电源故障时,自动转换 16CP 替代均衡风缸控制模块(ERCP)功能,而 16CP 模块作用自动转换由 20CP 模块替代功能,MVLT 电磁阀失电,柱塞在弹簧作用下上移,切断总风向三通气阀和 PVLT 气动阀柱塞上方充气通路,同时,开启三通气动阀和 PVLT 气动阀排大气通路。三通气动阀柱塞在弹簧作用下上移,切断作用风缸 A2 孔与 20R 阀柱塞上方 A3 孔,连通 20R 阀柱塞上方 A3 孔与 A1 孔排大气。PVLT 气动阀柱塞在弹簧作用下上移,切断平均管与 20R 气动阀联络管的通路,20CP 模块切除对平均管控制功能。单独制动阀操纵附挂机车的制动、缓解,此时制动缸控制模块(BCCP)PV-PL 气动阀获得均衡风缸控制压力,柱塞下移,连通本务机车制动缸与平均管通路,附挂机车随着本务机车的制动缸压力变化来控制。

(七) 20TL 平均管控制压力传感器

20TL 平均管控制压力传感器,制动机设置在本机、单机模式状态时,在施行制动时,作用风缸压力控制 20R 气动阀动作,同时,20TL 将 20R 气动阀的控制压力反馈,经微机处理器进行设定值数据处理,控制 16CP 模块制动电磁阀失电,切断总风向作用风缸充气通路,平均管呈保压状态。

(八) 20TT 平均管压力传感器

20TT 平均管压力传感器是在机车设置补机模式状态下,将平均管压力信号传递给微机处理,对设定值数据处理,将机车制动缸压力显示在制动显示器显示屏上。

(九) TP20 平均管检测接口

TP20 平均管检测接口,将检测设备装置直接与平均管检测接口连接,通过检测压力表查看显示数据,确认平均管实际压力。

任务评价

序号	主要内容	考核要求	配分	评分标准	得分
1	16CP 控制模块组成及作用	能完整描述 16CP 控制模块结构组成及各个部件的作用	10	1. 部件组成描述错误,每处扣 1 分。 2. 部件作用描述错误,每处扣 2 分	
2	20CP 模块平均管充气工作原理	能完整描述 20CP 模块平均管充气工作原理	15	原理描述错误,每处扣 2 分	
3	20CP 模块平均管排气工作原理	能完整描述 20CP 模块平均管排气工作原理	15		
4	均衡风缸控制模块(ERCP)电源故障时,20CP 模块替代 16CP 模块功能,单独制动阀制动位,制动缸充气,平均管充气工作原理	能完整描述均衡风缸控制模块(ERCP)电源故障时,20CP 模块替代 16CP 模块功能,单独制动阀制动位,制动缸充气,平均管充气工作原理	15		
5	均衡风缸控制模块(ERCP)电源故障时,20CP 模块替代 16CP 模块功能,单独制动阀运转位,制动缸排气,平均管排气工作原理	能完整描述均衡风缸控制模块(ERCP)电源故障时,20CP 模块替代 16CP 模块功能,单独制动阀运转位,制动缸排气,平均管排气工作原理	15		
6	制动机设置在"补机模式状态"20CP 模块失去平均管作用工作原理	能完整描述制动机设置在"补机模式状态"20CP 模块失去平均管作用工作原理	15		
7	机车无动力回送时,制动机断开电源,20CP 模块工作原理	能完整描述机车无动力回送时,制动机断开电源,20CP 模块工作原理	15		

任务 6　13CP 控制模块认知

任务导入

13CP 模块是单独制动阀侧缓位,单独缓解机车,同时在均衡风缸控制模块(ERCP)出现故障时,联合 16CP 模块一起控制均衡风缸的充排风。

思考:13CP 控制模块的内部由哪些部件组成?它的工作原理是什么?

带着这些疑问,我们进入任务 6 的学习。学习前请扫描二维码 27 预习。

二维码27

13CP模块认知

任务目标

1. 了解 MV13S 电磁阀、ERBU 电磁阀、ERBU 气动阀工作原理。

2. 掌握 13CP 模块正常工作原理。
3. 掌握均衡风缸控制模块（ERCP）电源故障，均衡风缸充风，13CP 模块工作原理。
4. 掌握均衡风缸控制模块（ERCP）电源故障，均衡风缸排风，13CP 模块工作原理。
5. 掌握单独制动阀手柄置于侧缓位，13CP 模块工作原理。
6. 掌握单独制动阀手柄离开侧缓位，13CP 模块工作原理。

任务实施

一、13CP 模块位置

请在图 2-2-144 中标出 13CP 模块的位置。

图 2-2-144　电空控制单元（EPCU）模块

二、13CP 模块工作原理

（一）13CP 模块正常工作原理

请在图 2-2-145 中标出气路走向并描述其工作原理。

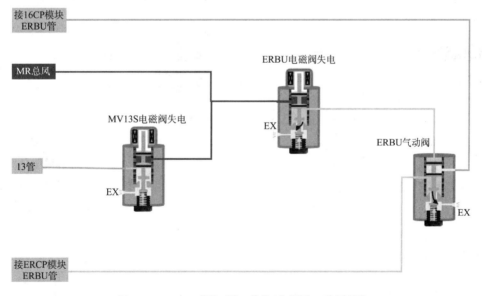

图 2-2-145　13CP 模块正常工作位（非侧缓）工作原理图

工作原理：

_____

_____

（二）均衡风缸控制模块（ERCP）电源故障，13CP 模块控制均衡风缸充风

请在图 2-2-146 中标出气路走向并描述其工作原理。

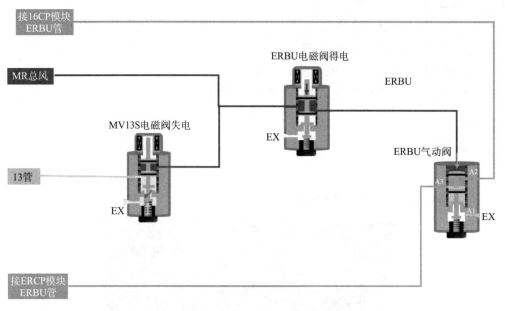

图 2-2-146　均衡风缸控制模块(ERCP)电源故障,13CP 模块控制均衡风缸充风

工作原理:

(三) 均衡风缸控制模块(ERCP)电源故障,13CP 模块控制均衡风缸排风

在图 2-2-147 中标出气路走向并描述其工作原理。

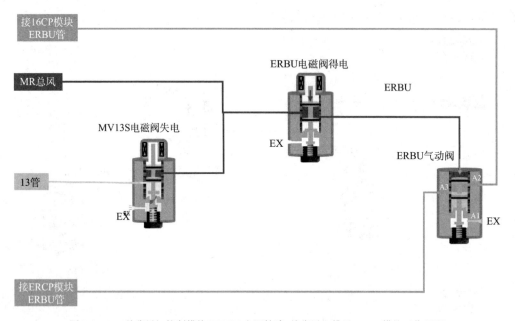

图 2-2-147　均衡风缸控制模块(ERCP)电源故障,均衡风缸排风,13CP 模块工作原理

工作原理:

(四) 单独制动阀手柄置于侧缓位,13CP 模块工作原理

请在图 2-2-148 中标出气路走向并描述其工作原理。

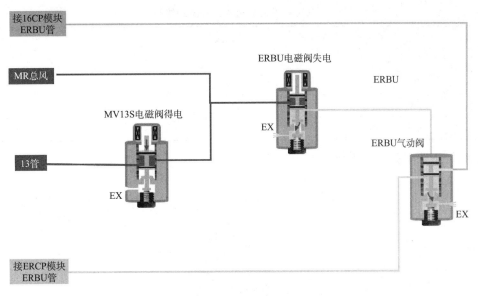

图 2-2-148　单独制动阀手柄置于侧缓位,13CP 模块工作原理

工作原理：

(五) 单独制动阀手柄离开侧缓位,13CP 模块工作原理

请在图 2-2-149 中标出气路走向并描述其工作原理。

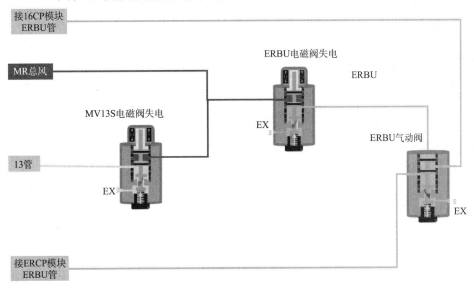

图 2-2-149　单独制动阀手柄离开侧缓位,13CP 模块工作原理

工作原理：

三、13CP 模块的结构组成及部件原理

(一) 13CP 模块的结构组成

根据 13CP 模块的工作原理,将 13CP 模块的组成部分的功能填入表 2-2-5 中。

13CP 模块的组成部分及功能　　　　　　　表 2-2-5

序号	名　　称	功　　能
1	管座	
2	MV13S 电磁阀	
3	ERBU 电磁阀	
4	ERBU 气动阀	

（二）ERCP 主要组成部件原理

1. MV13S 电磁阀

请在图 2-2-150 中空白框内填写 MV13S 电磁阀所接气路，并描述其工作原理。

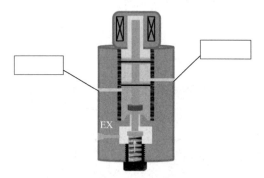

图 2-2-150　MV13S 电磁阀

（1）MV13S 电磁阀得电工作原理：
_____
_____

（2）MV13S 电磁阀失电工作原理：
_____
_____

2. ERBU 电磁阀

请在图 2-2-151 中空白框内填写 ERBU 电磁阀所接气路，并描述其工作原理。

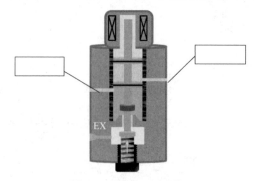

图 2-2-151　ERBU 电磁阀

（1）ERBU 电磁阀得电工作原理：
_____
_____

（2）ERBU 电磁阀失电工作原理：
_____

3. ERBU 气动阀

请在图 2-2-152 中空白框内填写 ERBU 气动阀所接气路,并描述其工作原理

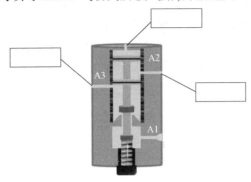

图 2-2-152　ERBU 气动阀

(1) ERBU 气动阀动作工作原理:

(2) ERBU 气动阀释放工作原理:

 相关知识

一、13CP 模块作用

13CP 模块作用如下:

(1) 自动制动阀制动位,单独制动阀置于侧缓位时,13CP 模块 MV13S、DBTV 模块电磁阀得电,关闭 13 号管排大气通路,同时,开启总风向 13 号管充风通路,使制动缸控制模块(BCCP)BO 气动阀获得控制压力而动作,开通作用风缸和 16TV 管经 BO 气动阀的排大气通路,制动缸控制模块 BCCP 气动阀失去控制压力而释放,开启排气阀口,制动缸压力经排气口排向大气,机车呈缓解状态。

(2) 当均衡于风缸控制模块(ERCP)发生故障时,自动转换 13CP 模块 ERBU 电磁阀得电,开通总风向 ERBU 气动阀柱塞上方充入总风控制压力,柱塞下移,切断均衡风缸控制模块(ERCP)管排大气通路,同时,连通 ERBU 模块 ERBU 管与 16CP 模块 ERBU 管通路,自动转换 16CP 模块替代均衡风缸控制模块(ERCP)控制均衡风缸充、排气功能。其位置如图 2-2-153 所示。

图 2-2-153　电空控制单元(EPCU)

二、13CP 模块工作原理

(一) 13CP 模块正常工作原理

13CP 模块正常情况下,MV13S 电磁阀失电,活塞上移,开启 13 号管通大气通路。ERBU 电磁阀失电,活塞上移,开启 ERBU 气动阀上方控制压力经排大气通路,同时,切断总风向 ERBU 气动阀柱塞上方控制压力通路。ERBU 气动阀失去控制压力,活塞上移,开启均衡风缸控制模块(ERCP)ERBU 管 A3 孔经排风口 A1 排向大气,同时,切断均衡风缸控制模块(ERCP)ERBU 管 A3 孔与 16CP 模块 ERBU 管 A2 孔通路。切除 16CP 模块替代均衡风缸控制模块(ERCP)功能。其工作原理图如图 2-2-154 所示。

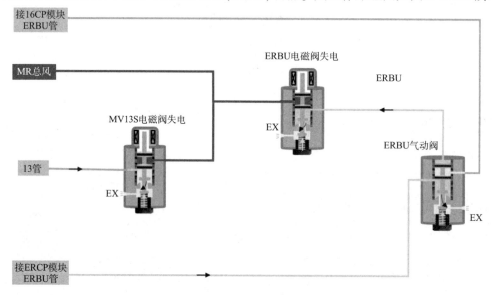

图 2-2-154　13CP 模块[均衡风缸控制模块(ERCP)正常]工作原理图

(二) 均衡风缸控制模块(ERCP)当电源故障,13CP 模块控制均衡风缸充风工作原理

当均衡风缸控制模块(ERCP)电源故障时,自动转换 13CP 模块和 16CP 模块联合控制均衡风缸充风,13CP 模块中 ERBU 电磁阀得电,柱塞下移,开启总风向 ERBU 气动阀充入控制压力,ERBU 气动阀获得控制压力,柱塞下移,关闭排风阀口,切断均衡风缸控制模块(ERCP)ERBU 管 A3 孔排大气通路,连通 16CP 模块的 ERBU 管 A2 孔与均衡风缸控制模块(ERCP)ERBU 管 A3 孔通路,均衡风缸充风。MV13S 电磁阀失电,活塞上移,开通 13 号管通大气通路。其工作原理图如图 2-2-155 所示。

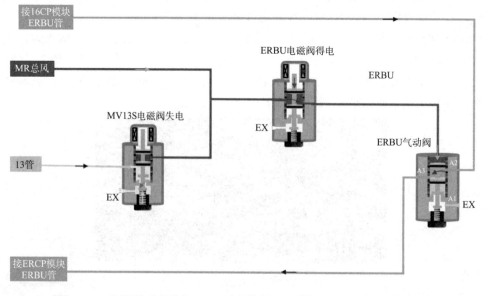

图 2-2-155　均衡风缸控制模块(ERCP)电源故障,13CP 模块均衡风缸充风工作原理图

(三)均衡风缸控制模块(ERCP)电源故障,13CP 模块控制均衡风缸排风工作原理

自动制动阀制动位发出指令信号,13CP 模块中 MV13S 失电,ERBU 电磁阀得电。16CP 模块缓解电磁阀得电,开启排风阀口,均衡风缸压缩空气经均衡风缸控制模块(ERCP)MVER 气动阀 A3 孔、A1 孔与 13 模块 ERBU 管连通,再由 13CP 模块 ERBU 气动阀 ERBU 管 A3 孔、A2 孔到达 16CP 模块 ERBU 管,经 16CP 缓解电磁阀(REL)排风阀口排向大气,均衡风缸排风。其工作原理图如图 2-2-156 所示。

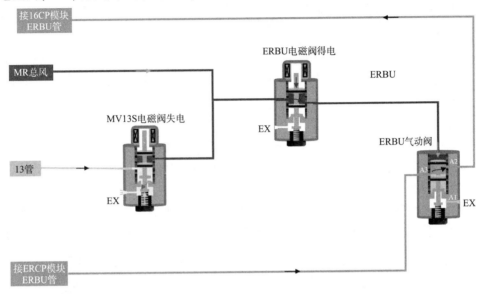

图 2-2-156　13CP 模块[均衡风缸控制模块(ERCP)故障]均衡风缸减压工作原理图

(四)单独制动阀手柄置于侧缓位,13CP 模块工作原理

单独制动阀手柄置于侧缓位发出指令信号,13CP 模块 MV13S 电磁阀得电,芯杆下移,关闭 13 号管排大气通路,连通总风向 13 号管充风通路。

同时 ERBU 电磁阀失电,开启 ERBU 气动阀上方控制压力经排风口排向大气通路。ERBU 气动阀失去控制压力柱塞上移,开启均衡风缸控制模块(ERCP)ERBU 管 A3 孔经排风口 A1 排向大气通路,同时,切断均衡风缸控制模块(ERCP)ERBU 管 A3 孔与 16CP 模块 ERBU 管 A2 孔通路,ERBU 气动阀管路内压缩空气到达 16CP 模块 ERBU 管,随作用风缸一起排向大气。其工作原理图如图 2-2-157 所示。

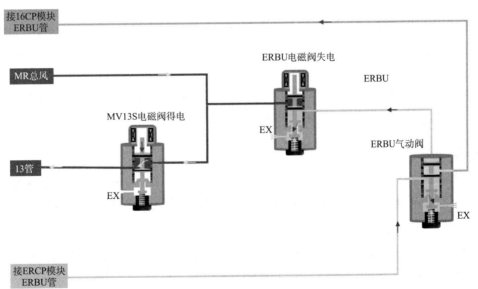

图 2-2-157　单独制动阀手柄置于侧缓位,13CP 模块工作原理图

单独制动阀手柄离开侧缓位发出指令信号,13CP 模块 MV13S 电磁阀失电,芯杆上移,开启 13 号管经排风阀口排向大气通路。ERBU 电磁阀仍处于失电状态。

三、13CP 模块结构

13CP 模块由管座、MV13S 电磁阀、ERBU 电磁阀、ERBU 气动阀等部件组成。

(一) 管座

13CP 模块的组装座,设有 5 个管子接孔,分别为 MR 总风、接 16CP 模块 ERBU 孔、接均衡风缸控制模块(ERCP)ERBU 孔、通 DPTV 模块的 BO 气动阀 13 管孔、ERBU 气动阀排大气孔。

(二) MV13S 电磁阀

自动制动阀制动位,施行单独缓解机车制动时,单独制动阀在侧缓位发出电信号,使电磁阀得电,关闭 13 号管排大气通路,开启总风向 13 号管充风通路,使制动缸控制模块(BCCP)BO 气动阀获得控制压力而动作,开启作用风缸和 16TV 管排大气通路,机车缓解。

1. MV13S 电磁阀得电工作原理

单独制动阀手柄置于侧缓位发出指令,MV13S 电磁阀得电,关闭排阀口,切断 13 号管排大气通路,同时,开启总风向 13 号充风通路。MV13S 电磁阀得电工作原理图如图 2-2-158 所示。

2. MV13S 电磁阀失电工作原理

单独制动阀手柄离开侧缓位发出指令,MV13S 电磁阀失电,切断总风向 13 号管充风通路,同时,带动排气阀离开阀座,开启排气阀口,13 号管连通排大气通路。MV13S 电磁阀失电工作原理图如图 2-2-159 所示。

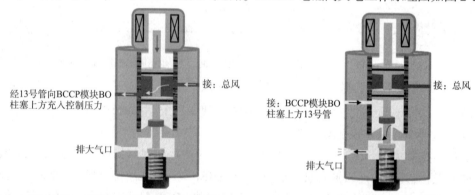

图 2-2-158 MV13S 电磁阀得电工作原理图　　图 2-2-159 MV13S 电磁阀失电工作原理图

(三) ERBU 电磁阀

当均衡风缸控制模块(ERCP)电源故障时,自动转换 ERBU 电磁阀得电,连通总风向 ERBU 气动阀柱塞上方充入控制压力,控制 ERBU 气动阀动作。

1. ERBU 电磁阀得电工作原理

当均衡风缸控制模块(ERCP)电源故障时,自动转换 ERBU 电磁阀得电,关闭排阀口,切断 ERBU 气动阀柱塞上方排大气通路,同时,开启总风向 ERBU 气动阀柱塞上方充风控制压力通路。其工作原理图如图 2-2-160 所示。

2. ERBU 电磁阀失电工作原理

ERBU 电磁阀正常情况失电状态,切断总风向 ERBU 气动阀柱塞上方充入控制压力通路,同时,带动排气阀离开阀座,开启排气阀口,ERBU 气动阀柱塞上方连通排大气通路。其工作原理图如图 2-2-161 所示。

(四) ERBU 气动阀

在均衡风缸控制模块(ERCP)电源故障时,ERBU 气动阀受 ERBU 电磁阀得电的控制,连通均衡风缸控制模块(ERCP)ERBU 管与 16 模块 ERBU 管通路,实现 16CP 模块替代均衡风缸控制模块(ERCP)控制均衡风缸充排气作用功能。

1. ERBU 气动阀动作工作原理

ERBU 气动阀柱塞上方获得的总风控制压力,柱塞下移,关闭排气阀口,切断均衡风缸控制模块(ERCP)

ERBU 管 A3 孔与 A1 孔排大气通路。同时,开启均衡风缸控制模块(ERCP)ERBU 管 A3 孔与 16CP 模块 ERBU 管 A2 孔通路,转换由 16CP 模块控制均衡风缸充排气作用。其工作原理图如图 2-2-162 所示。

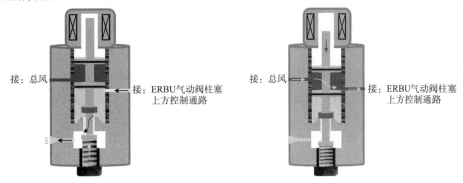

图 2-2-160　ERBU 电磁阀得电工作原理图　　　图 2-2-161　ERBU 电磁阀失电工作原理图

2. ERBU 气动阀释放工作原理

ERBU 气动阀柱塞上方失去了总风控制压力,柱塞在排气阀伸张作用上移,开启排气阀口,连通均衡风缸控制模块(ERCP)ERBU 管 A3 孔与 A1 孔排大气通路。同时,切断了均衡风缸控制模块(ERCP)ERBU 管 A3 孔与 16CP 模块 ERBU 管 A2 孔通路,均衡风缸控制模块(ERCP)控制均衡风缸充排气作用。其工作原理图如图 2-2-163 所示。

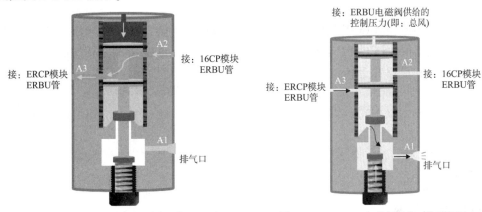

图 2-2-162　ERBU 气动阀动作工作原理图　　　图 2-2-163　ERBU 气动阀释放工作原理图

任务评价

序号	主要内容	考核要求	配分	评分标准	得分
1	13CP 模块组成及作用	能完整描述 13CP 模块结构组成及各个部件的作用	20	1. 部件组成描述错误,每处扣 1 分。 2. 部件作用描述错误,每处扣 2 分	
2	13CP 模块正常工作原理	能完整描述 13CP 模块正常工作原理	15	原理描述错误,每处扣 2 分	
3	均衡风缸控制模块(ERCP)电源故障,均衡风缸充风,13CP 模块工作原理	能完整描述均衡风缸控制模块(ERCP)电源故障,均衡风缸充风,13CP 模块工作原理	15		
4	均衡风缸控制模块(ERCP)电源故障,均衡风缸排风,13CP 模块工作原理	能完整描述均衡风缸控制模块(ERCP)电源故障,均衡风缸排风,13CP 模块工作原理	15		
5	单独制动阀手柄置于侧缓位,13CP 模块工作原理	能完整描述单独制动阀手柄置于侧缓位,13CP 模块工作原理	20		
6	单独制动阀手柄离开侧缓位,13CP 模块工作原理	能完整描述单独制动阀手柄离开侧缓位,13CP 模块工作原理	15		

任务 7　DBTV 控制模块认知

📧 任务导入

DBTV 模块是制动缸控制模块（BCCP）的备用模块,当制动缸控制模块（BCCP）电源故障或机车无动力回送时,DBTV 模块自动转换起动备用模式,替代制动缸控制模块（BCCP）功能,获得作用风缸控制压力,实现机车制动、缓解、保压作用。

思考:DBTV 模块的内部由哪些部件组成？它的工作原理是什么？

带着这些疑问,我们进入任务 7 的学习。学习前请扫描二维码 28 预习。

二维码28

DBTV控制模块认知

📧 任务目标

1. 理解 BCCP 气动阀、DBTV 气动阀、DB13 电磁阀的工作原理。
2. 掌握制动缸控制模块（BCCP）电源故障时,自动制动阀在运转位,DBTV 模块在列车管充风（缓解）工作原理。
3. 掌握制动缸控制模块（BCCP）电源故障时,自动制动阀在制动位,DBTV 模块在列车管排气（制动）工作原理。
4. 掌握制动缸控制模块（BCCP）电源故障时,单独制动阀在运转位,DBTV 模块缓解工作原理。
5. 掌握制动缸控制模块（BCCP）电源故障时,单独制动阀在制动位,DBTV 模块制动工作原理。
6. 掌握本机单独制动阀在运转位,无动力回送机车,DBTV 模块回送机车制动缸排气（缓解）工作原理。
7. 掌握机车无动力回送时,本务机车单独制动阀在制动位,回送机车 DBTV 模块的制动缸充风（制动）工作原理。

📧 任务实施

一、DBTV 模块位置

请在图 2-2-164 中标出 DBTV 模块的位置。

图 2-2-164　电空控制单元（EPCU）模块

二、DBTV 模块工作原理

（一）制动缸控制模块（BCCP）电源故障时,自动制动阀在制动位,DBTV 模块在列车管排气工作原理

请在图 2-2-165 中标出气路走向并描述其工作原理。

工作原理:

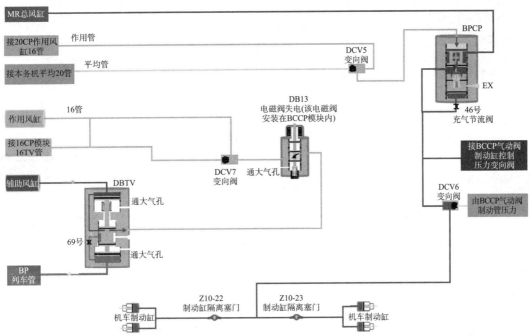

图 2-2-165　制动缸控制模块（BCCP）电源故障时，自动制动阀在制动位，DBTV 模块在列车管排气工作原理图

（二）制动缸控制模块（BCCP）电源故障时，自动制动阀在运转位，DBTV 模块在列车管充风工作原理

请在图 2-2-166 中标出气路走向并描述其工作原理。

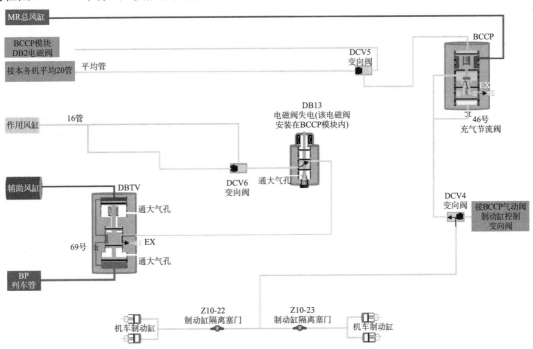

图 2-2-166　制动缸控制模块（BCCP）电源故障时，自动制动阀在运转位，DBTV 模块在列车管充风工作原理图

工作原理：

_____

_____

（三）制动缸控制模块（BCCP）电源故障时，单独制动阀在运转位，DBTV 模块工作原理

在图 2-2-167 中标出气路走向并描述其工作原理。

电力机车制动系统

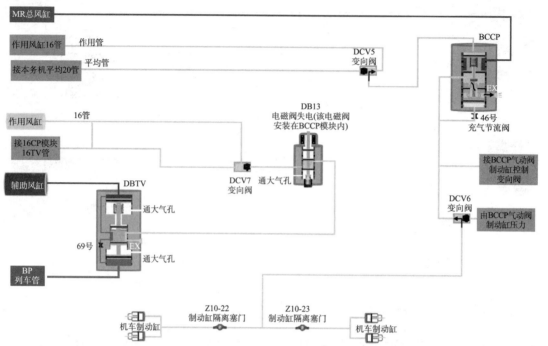

图 2-2-167　制动缸控制模块（BCCP）电源故障时，单独制动阀在运转位，DBTV 模块工作原理图

工作原理：

（四）制动缸控制模块（BCCP）电源故障时，单独制动阀在制动位，DBTV 模块制动工作原理

请在图 2-2-168 中标出气路走向并描述其工作原理。

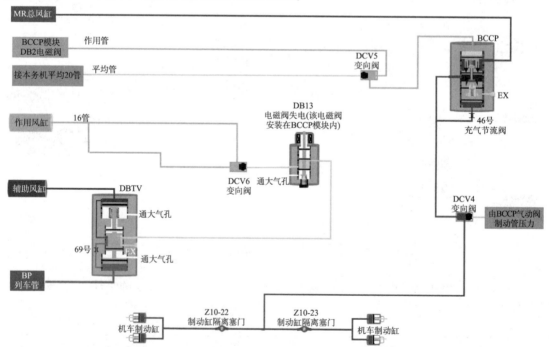

图 2-2-168　制动缸控制模块（BCCP）电源故障时，单独制动阀在制动位，DBTV 模块机车制动工作原理图

工作原理：

(五)本机单独制动阀在运转位,无动力回送机车,DBTV 模块回送机车制动缸排风工作原理

请在图 2-2-169 中标出气路走向并描述其工作原理。

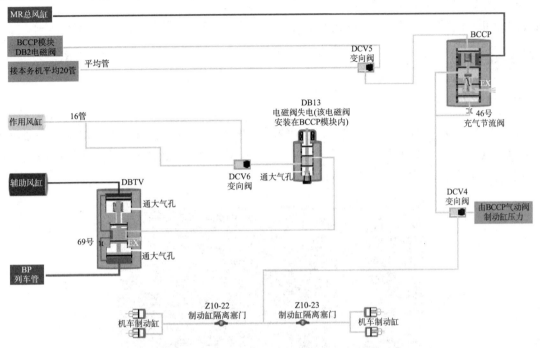

图 2-2-169　本机单独制动阀在运转位,无动力回送机车,DBTV 模块回送机车制动缸排气工作原理图

工作原理:

(六)机车无动力回送时,本务机车单独制动阀制动位,回送机车 DBTV 模块的制动缸充风工作原理

请在图 2-2-170 中标出气路走向并描述其工作原理。

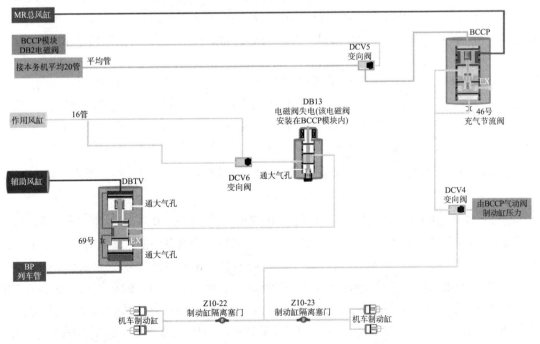

图 2-2-170　机车无动力回送时,本务机车单独制动阀制动位,回送机车 DBTV 模块的制动缸充风工作原理图

工作原理：
_____
_____
_____

注意：因 DBTV 模块是备用模块，其内部部件在其他模块中已学，此处不再重复描述。

相关知识

一、DBTV 模块作用

DBTV 模块是制动缸控制模块（BCCP）的备用模块，当制动缸控制模块（BCCP）电源故障或机车无动力回送时，DBTV 模块自动转换起动备用模式，替代制动缸控制模块（BCCP）功能，获得作用风缸控制压力，实现机车制动、缓解、保压作用。其位置如图 2-2-171 所示。

图 2-2-171　电空控制单元（EPCU）

二、DBTV 模块工作原理

（一）DBTV 模块备用模式

列车管充风，DBTV 模块中 DBTV 气动阀动作，柱塞上移，左侧联络槽沟通列车管向辅助风缸充风通路，作用风缸里的压缩空气经其他模块排向大气，DB13 电磁阀得电［该电磁阀实际安装在制动缸控制模块（BCCP）内］，柱塞下移，切断了作用风缸在 DBTV 模块内 DBTV 气动阀的排风气路。DBTV 模块内 BCCP 气动阀无动作，制动缸的压缩空气经 DCV4 变向阀从制动缸控制模块（BCCP）内的 BCCP 气动阀排向大气。

列车管排风，DBTV 模块中 DBTV 气动阀柱塞在辅助风缸压力作用下下移，辅助风缸的压缩空气经 DBTV 气动阀，只能到达 DB13 气动阀，不能给作用风缸充风。作用风缸由其他模块控制充风，因为制动缸控制模块（BCCP）内 DB2 电磁阀得电，作用风缸的风不能充入 DBTV 模块的 BCCP 气动阀上方，BCCP 气动阀无动作，制动缸的压缩空气由制动缸控制模块（BCCP）控制充风。

（二）制动缸控制模块（BCCP）电源故障时，自动制动阀在制动位，列车管排风，DBTV 模块工作原理

制动缸控制模块（BCCP）故障，DB13 电磁阀失电，芯杆上移，沟通 DBTV 气动阀与作用风缸通路。

列车管排风 DBTV 模块 DBTV 气动阀柱塞上方辅助风缸压力作用，推柱塞下移并压缩缓解弹簧，切断列车管压力向辅助风缸充风通路，开通了辅助风缸经 DB13 电磁阀、DCV6 变向阀向作用风缸充风气路，由于制动缸控制模块（BCCP）电源故障，DB2 电磁阀失电，所以作用风缸的压缩空气能通过 DB2 电磁阀到 DBTV 模块的 BCCP 气动阀上方，上方充入控制压力而动作，推柱塞下移，开启供气阀口，总风经供气阀口推 DCV4 变向阀右移，向机车制动缸充风，机车呈制动作用。当辅助风缸压力降至与列车管减压量相等时，DBTV 气动阀缓解柱塞弹簧伸张，柱塞稍行上移，切断辅助风缸向作用风缸充气通路，DBTV 气

动阀左右联络槽仍将列车管、作用风缸处于切断位。BCCP气动阀柱塞上下方压力相等时供气阀弹簧伸张，推供气阀与阀座密贴，关闭供气阀口，停止总风向制动缸充气，机车呈制动后的保压状态。其工作原理图如图2-2-172所示。

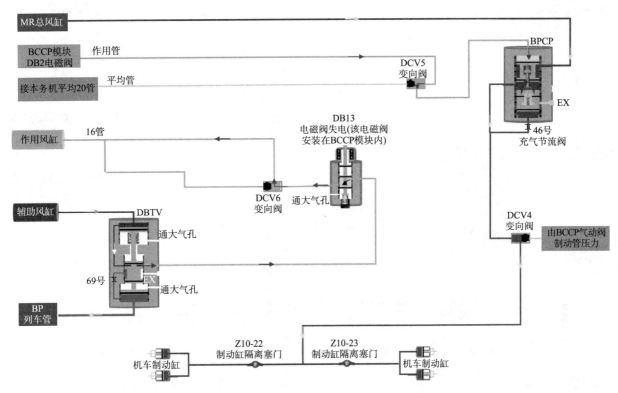

图2-2-172　自动制动阀置于制动位，列车管排风，DBTV模块工作原理图

（三）制动缸控制模块（BCCP）电源故障时，自动制动阀置于运转位，列车管充风，DBTV模块工作原理

列车管充风，DBTV模块DBTV气动阀柱塞上移，左侧联络槽沟通了列车管压力向辅助风缸充风通路，同时，右侧联络槽沟通了作用风缸经DCV6变向阀、DB13电磁阀（失电状态）从DBTV气动阀排大气通路，作用风缸排风，BCCP气动阀柱塞上方控制压力经DB2电磁阀（失电状态）随作用风缸排向大气。BCCP气动阀失去控制压力柱塞上移，开启排风阀口，制动缸压缩空气经DCV4变向阀从BCCP气动阀排风阀口排向大气，机车呈缓解状态。制动缸的压缩空气排空时，BCCP气动阀关闭排风阀口。其工作原理图如图2-2-173所示。

（四）制动缸控制模块（BCCP）电源故障时，单独制动阀置于制动位，DBTV模块工作原理

单独制动阀制动位发出指令信号，DBTV模块内DBTV气动阀处于保压状态，16CP模块控制向作用风缸充风，再由DB2电磁阀失电连通作用风缸使BCCP气动阀获得制动缸控制压力，柱塞下移，开启供气阀口，总风经供气阀口向机车制动缸充风，机车呈制动状态。其工作原理图如图2-2-174所示。

当压力达到设定值，16CP模块控制停止向作用风缸充气，BCCP气动阀柱塞上下方压力相等时，关闭供气阀口，停止总风向制动缸充气，机车呈制动后的保压状态。

（五）制动缸控制模块（BCCP）电源故障时，单独制动阀置于运转位，DBTV模块工作原理

单独制动阀运转位发出指令信号，DBTV模块内DBTV气动阀处于保压状态，16CP模块控制作用风缸排风，BCCP气动阀柱塞上方作用风缸控制压力经DB2电磁阀失电连通作用风缸，跟随作用风缸排向大气。BCCP气动阀失去控制压力开启排风阀口，制动缸经排风阀口排向大气，机车呈缓解状态。当制动缸压缩空气排空时，关闭BCCP气动阀排风阀口。其工作原理图如图2-2-175所示。

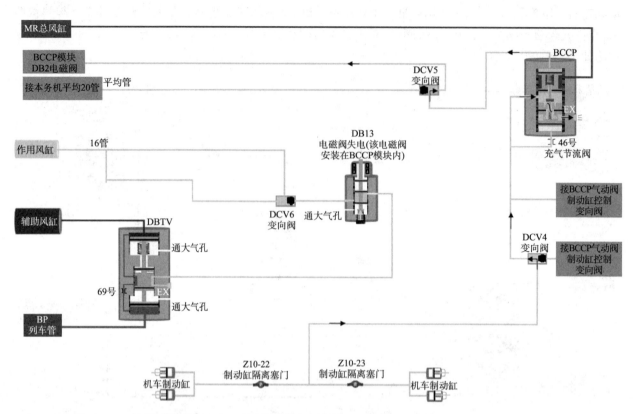

图 2-2-173　制动缸控制模块(BCCP)电源故障时，自动制动阀置于运转位，列车管充风，DBTV 模块工作原理图

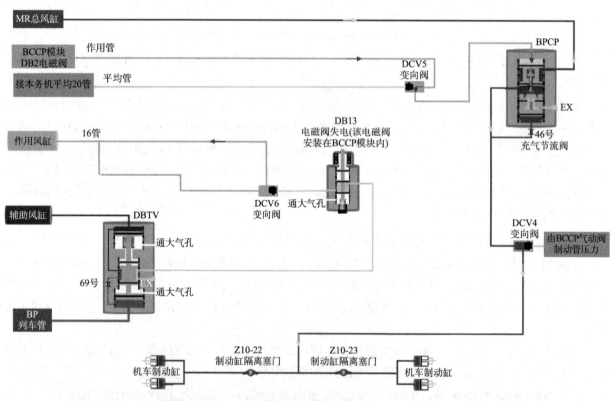

图 2-2-174　制动缸控制模块(BCCP)电源故障时，单独制动阀置于制动位，DBTV 模块工作原理图

(六)机车无动力回送时，打开平均管，单独制动阀制动位，回送机车 DBTV 模块的工作原理

本务机车单独制动阀制动位，本务机车平均管充风，经回送机车 20CP 模块的 20R 气动阀到达回送机车 DVTB 模块，推 DCV5 变向阀右移，平均管压缩空气到达 BCCP 气动阀上方，BCCP 气动阀获得控制

压力,柱塞下移,开启供气阀口,总风经供气阀口向制动缸充气,回送机车呈制动状态。其工作原理图如图 2-2-176 所示。

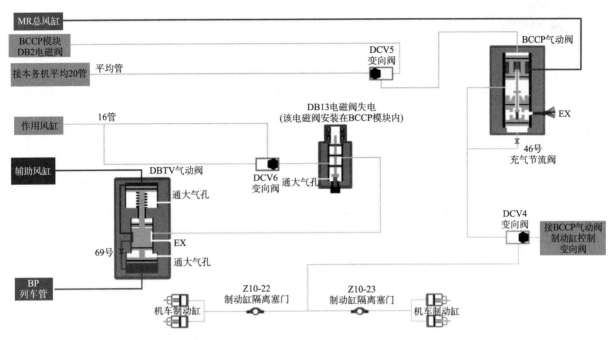

图 2-2-175　制动缸控制模块(BCCP)电源故障时,单独制动阀运转位,DBTV 模块工作原理图

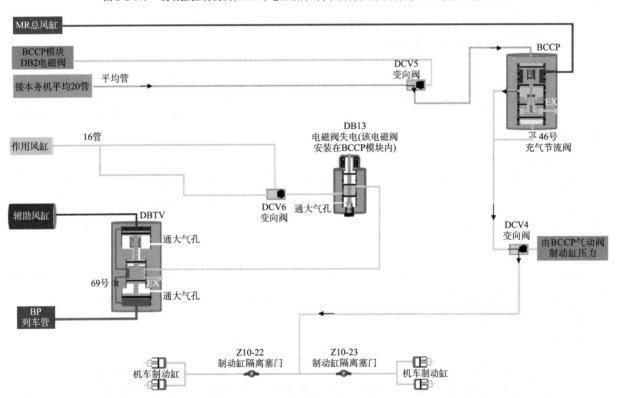

图 2-2-176　无动力回送时,打开平均管,单独制动阀制动位,回送机车 DBTV 模块的工作原理图

(七)机车无动力回送时,打开平均管,单独制动阀运转位,回送机车 DBTV 模块的工作原理

本务机车单独制动阀运转位,本务机车平均管排风,回送机车平均管压力经 20CP 模块的 20R 气动阀随本务机车平均管排向大气,回送机车 DBTV 模块 BCCP 气动阀柱塞上方失去控制压力,开启排风阀口,制动缸空气压力经排风口排向大气,回送机车呈缓解状态。其工作原理图如图 2-2-177 所示。

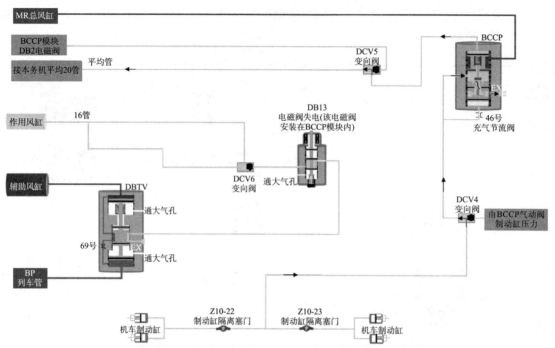

图 2-2-177　无动力回送时,打开平均管,单独制动阀运转位,回送机车 DBTV 模块的工作原理图

三、DBTV 模块结构

DBTV 模块由管座、BCCP 气动阀、DBTV 气动阀、DB13 电磁阀、DCV5/DCV4/DVC6 电磁阀、辅助风缸、充风限制孔、3 号作用风缸等部件组成。

（一）管座

DBTV 模块的安装座,设有 3 个连接管子接口中,即 BP 列车管、接 16CP 模块的 16TV 管（备份管）、接 13CP 模块的 13 号管。辅助风缸、作用风缸直接安装在管座上,DB13 电磁阀安装在制动缸控制模块（BCCP）内。

（二）BCCP 气动阀

BCCP 气动阀是在获得作用风缸空气压力变化,控制 BCCP 气动阀动作或释放,使总风向制动缸充风或将制动缸压力排向大气,实现机车制动、缓解、保压作用。其结构及工作原理参照制动缸控制模块（BCCP）中的 BCCP 气动阀。

（三）DBTV 气动阀

DBTV 气动阀是在列车管空气压力变化,控制 DBTV 气动阀动作,将辅助风缸空气压力经 BO 气动阀 16TV 管和作用风缸充风,或 16TV 管和作用风缸空气压力排向大气,实现列车管压力发生变化使机车制动、缓解、保压与辆车作用一致。其结构及工作原理参照制动缸控制模块（BCCP）中的 DBTV 气动阀。

（四）DB13 电磁阀

该电磁阀安装在制动缸控制模块（BCCP）内,当制动机接通电源时,DB13 电磁阀得电,切断 DBTV 气动阀与 DCV6 变向阀的通路。制动机失去电源时,连通 DBTV 气动阀与 DCV6 变向阀通路,起动 DBTV 气动阀的备用模式功能。

（五）DCV5 变向阀

当机车无动力回送时,本务机与附挂机车连挂后,将平均连接好,本务机的平均管压力变化,来控制补机 DBTV 模块 BCCP 气动阀动作或释放,实现补机机车制动、缓解、保压作用。

（六）DCV4 变向阀

当制动缸控制模块（BCCP）电源故障时,根据 DBTV 模块替代作用功能,防止 BCCP 气动阀误动作,影响机车制动作用,切断 BCCP 气动阀与制动缸的通路。

(七) DCV6 变向阀

为防止作用风缸和 16TV 管压力经 DBTV 气动阀排向大气,影响机车制动作用。当自动制动阀在运转位,单独制动阀在制动位时,切断作用风缸和 16TV 管与 DBTV 气动阀排大气通路。当列车管排风后,辅助风缸充入压力大于作用风缸压力时,将变向阀柱塞推向另一端,开通向作用风缸增压通路。

(八) 辅助风缸

储存列车管的规定压力,在列车管排风时,使机车制动缸产生控制(作用风缸)压力,实现机车制动作用的。

(九) 充风限制孔

充风限制孔用于限制列车管压力向辅助风缸充风速度,避免机车缓解过快,引起机车向前冲动。

(十) 作用风缸

将作用管容积增大,使作用管压力有效对 DBTV 模块 BCCP 气动阀一定的控制压力,控制机车制动缸压力变化。在列车管排风时,DBTV 模块的 DBTV 气动阀在辅助风缸压力作用柱塞下移,关闭列车管向辅助风缸充风通路,开启辅助风缸向作用风缸和 16TV 管充风通路,使 DBTV 模块 BCCP 气动阀获得控制压力,实现控制机车制动、缓解、保压作用

任务评价

序号	主要内容	考核要求	配分	评分标准	得分
1	DBTV 控制模块组成及作用	能完整描述 DBTV 控制模块结构组成及各个部件的作用	10	1. 部件组成描述错误,每处扣 1 分。 2. 部件作用描述错误,每处扣 2 分	
2	制动缸控制模块(BCCP)电源故障时,自动制动阀在运转位,DBTV 模块在列车管充风(缓解)工作原理	能完整描述制动缸控制模块(BCCP)电源故障时,自动制动阀在运转位,DBTV 模块在列车管充风(缓解)工作原理	15	原理描述错误,每处扣 2 分	
3	制动缸控制模块(BCCP)电源故障时,自动制动阀在制动位,DBTV 模块在列车管排气(制动)工作原理	能完整描述制动缸控制模块(BCCP)电源故障时,自动制动阀在制动位,DBTV 模块在列车管排气(制动)工作原理	15		
4	制动缸控制模块(BCCP)电源故障时,单独制动阀在运转位,DBTV 模块缓解工作原理	能完整描述制动缸控制模块(BCCP)电源故障时,单独制动阀在运转位,DBTV 模块缓解工作原理	15		
5	制动缸控制模块(BCCP)电源故障时,单独制动阀在制动位,DBTV 模块制动工作原理	能完整描述制动缸控制模块(BCCP)电源故障时,单独制动阀在制动位,DBTV 模块制动工作原理	15		
6	本机单独制动阀运转位,无动力回送机车,DBTV 模块回送机车制动缸排气(缓解)工作原理	能完整描述本机单独制动阀运转位,无动力回送机车,DBTV 模块回送机车制动缸排气(缓解)工作原理	15		
7	机车无动力回送时,本务机车单独制动阀在制动位,回送机车 DBTV 模块的制动缸充风(制动)工作原理	能完整描述机车无动力回送时,本务机车单独制动阀在制动位,回送机车 DBTV 模块的制动缸充风(制动)工作原理	15		

项目3 　CCB Ⅱ型电空制动机的操作

📖 项目描述

CCB Ⅱ型电空制动机的操作是根据自动制动阀和单独制动阀在不同的工作位置切换产生不同的工作状态,如制动、缓解、保压。

思考:当自动制动阀和单独制动阀在不同的工作位置,均衡风缸控制模块(ERCP)故障时或者需要无动力回送时,电空控制单元如何响应？电空控制单元内的模块的工作原理是什么？

任务1 　自动制动阀的操作

📖 任务导入

自动制动阀的操作,即单独制动手柄置于运转位,操作自动制动阀在不同的工作位置转换,电空控制单元的工作原理是什么？

带着这些疑问,我们进入任务1的学习。学习前请扫描二维码29预习。

二维码29
自动制动阀操作工作原理

📖 任务目标

1. 掌握自动制动阀置于运转位,单独制动阀置于运转位的工作原理。
2. 掌握自动制动阀置于制动位,单独制动阀置于运转位的工作原理。
3. 掌握自动制动阀置于重联位,单独制动阀置于运转位的工作原理。
4. 掌握自动制动阀置于紧急位,单独制动阀置于运转位的工作原理。

📖 任务实施

一、将自动制动阀置于运转位,单独制动阀置于运转位

请在图 2-3-1 中,画出电空控制单元中所有模块的气路走向,并描述其工作原理。

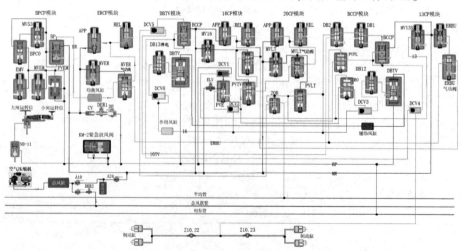

注:图中"大闸"是指"电空位电空制动控制器","小闸"是指"电空位空气制动阀"。

图 2-3-1 　自动制动阀置于运转位,单独制动阀置于运转位工作原理图

(1) 均衡风缸控制模块(ERCP)工作原理：

(2) 列车管控制模块(BPCP)工作原理：

(3) 制动缸控制模块(BCCP)工作原理：

(4) 16CP 模块工作原理：

(5) 20CP 模块工作原理：

(6) 13CP 模块工作原理：

(7) DBTV 模块工作原理：

二、将自动制动阀置于制动位，单独制动阀置于运转位

请在图 2-3-2 中，画出电空控制单元中所有模块的气路走向，并描述其工作原理。

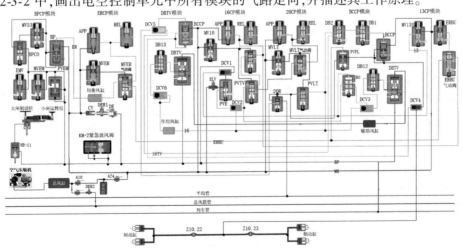

图 2-3-2　自动制动阀置于制动位，单独制动阀置于运转位工作原理图

(1) 均衡风缸控制模块（ERCP）工作原理：

(2) 列车管控制模块（BPCP）工作原理：

(3) 制动缸控制模块（BCCP）工作原理：

(4) 16CP 模块工作原理：

(5) 20CP 模块工作原理：

(6) 13CP 模块工作原理：

(7) DBTV 模块工作原理：

三、将自动制动阀置于重联位，单独制动阀置于运转位

请在图 2-3-3 中，画出电空控制单元中所有模块的气路走向，并描述其工作原理。

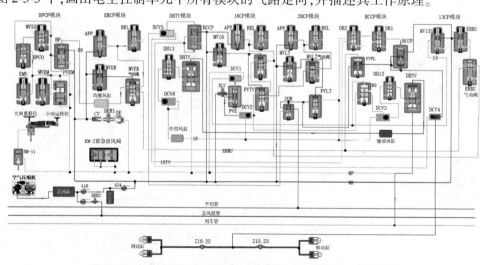

图 2-3-3　自动制动阀置于重联位，单独制动阀置于运转位工作原理图

(1)均衡风缸控制模块(ERCP)工作原理:

(2)列车管控制(BPCP)模块工作原理:

(3)制动缸控制模块(BCCP)工作原理:

(4)16CP 模块工作原理:

(5)20CP 模块工作原理:

(6)13CP 模块工作原理:

(7)DBTV 模块工作原理:

四、将自动制动阀置于紧急位,单独制动阀置于运转位

请在图 2-3-4 中,画出电空控制单元中所有模块的气路走向,并描述其工作原理。

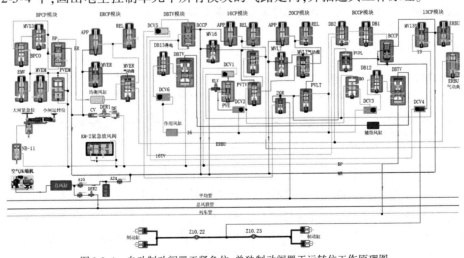

图 2-3-4　自动制动阀置于紧急位,单独制动阀置于运转位工作原理图

(1)均衡风缸控制模块(ERCP)工作原理:

(2)列车管控制模块(BPCP)工作原理:

(3)制动缸控制模块(BCCP)工作原理:

(4)16CP模块工作原理:

(5)20CP模块工作原理:

(6)13CP模块工作原理:

(7)DBTV模块工作原理:

相关知识

一、自动制动阀置于运转位,单独制动阀置于运转位

(一)均衡风缸控制模块(ERCP)控制均衡风缸充风

制动机电源接通,均衡风缸控制模块(ERCP)MVER电磁阀得电,下阀口开启,连通总风向MVER三通气动阀上方充入控制压力,三通气动阀柱塞下移,连通均衡风缸A3孔与A2孔通路。制动电磁阀得电,开启供气阀口,总风通过供气口向A2孔充风,连通A3孔向均衡风缸充入规定压力。

(二)列车管控制模块(BPCP)控制列车管充风

均衡风缸控制压力也充入到列车管控制模块BP气动阀上方,BP气动阀柱塞上方获得均衡风缸控制压力,开启供气阀口,总风经供气阀口向BPCO气动阀和MV53电磁阀充风。

MV53电磁阀得电,柱塞下移,总风经MV53电磁阀向BPCO气动阀充入控制压力,BPCO气动阀柱塞下移,开启总风向列车管的充风气路。BPCO气动阀获得控制压力,连通BP气动阀与列车管通路,列车管充风。

(三)制动缸控制模块(BCCP)控制机车制动缸排风

列车管充风,制动缸控制模块(BCCP)DBTV 气动阀柱塞上移,列车管向辅助风缸充风,作用风缸经 DCV2 变向阀到达 BO 气动阀、DCV3 变向阀,DB12 电磁阀得电,作用风缸压力经 DB12 电磁阀、DBTV 气动阀排向大气。

DB2、DB1 电磁阀得电,制动缸控制模块 BCCP 气动阀上方控制压力到达 16CP 模块 DCV2 变向阀,随作用风缸压力一起排向大气,制动缸控制模块 BCCP 气动阀失去作用风缸压力的控制,柱塞上移,开启排气阀口,制动缸压缩空经 DCV4 变向阀,制动缸控制模块 BCCP 气动阀排向大气,机车呈缓解状态。

(四)DBTV 模块工作原理

DBTV 模块内 DBTV 气动阀的动作与制动缸控制模块 BCCP 内 DBTV 气动阀动作一致。由于制动缸控制模块(BCCP)的 DB2 电磁阀在得电状态,切断作用风缸向制动缸控制模块 BCCP 气动阀提供控制压力。DB13 电磁阀在得电状态,切断辅助风缸向作用风缸充风通路。所以,DBTV 模块处于备份模式工作状态。

(五)16CP 模块工作原理

由于单独制动阀在运转位,16CP 模块制动电磁阀在失电状态,供气阀口处于关闭作用,切断向作用风缸充风通路。缓解电磁阀也失电状态,排风阀口处于关闭状态,切断作用风缸排大气通路。MV16 电磁阀处于得电状态,MV16 气动阀、PVTV 气动阀均有控制压力,管路内压缩空气随作用风缸一起排向大气。

PVE 紧急气动阀获得列车管控制压力动作,开启排风阀口,DCV2 变向阀一侧与排风口通大气,常用制动时,DCV2 变向阀柱塞关闭作用风缸与排风口通路,此时动作为常用制动,DCV6 变向阀关闭了此处作用风缸的排风口。

(六)20CP 模块工作原理控制平均管排风

制动电磁阀、缓解电磁阀均处于失电状态。MVLT 电磁阀得电,MVLT 气动阀获得总风控制压力,连通 A3 孔作用管与 A2 孔;PVLT 气动阀获得总风控制压力,连通作用风缸与 20R 气动阀通路,平均管的压缩空气通过 20R 气动阀、PVLT 气动阀随作用风缸排向大气。当 20R 气动阀经缩口缓慢失去控制压力,柱塞弹簧作用上移,切断 PVLT 气动阀作用管与平均管通路,同时,连通 DCV5 变向阀与平均管通路。

(七)13CP 模块正常工作原理

在 13CP 模块中,ERBU 电磁阀处于失电状态,切除 16CP 模块替代均衡风缸控制模块(ERCP)功能。当单独制动阀置于运转位时,MV13S 电磁阀处于失电状态,切断了总风向 13 号管充风通路。

当均衡风缸压力达到规定后,均衡风缸压力传感器传送信号,经微机处理器对设定值数据处理,控制制动电磁阀失电,关闭总风向均衡风缸供气通路,形成充气后保压状态。

当列车管充风量与均衡风缸充风量相等时,BP 气动阀供气阀弹簧伸张作用,关闭供气阀口,切断总风向列车充气通路,列车管呈充气后的保压状态。

当列车管停车充风,辅助风缸压力与列车管压力相等时,DBTV 气动阀在缓解弹簧伸张作用下,柱塞稍行上移,切断列车管向辅助风缸充风通路及作用风缸的排风气路。

当制动缸压力与控制压力相等时,制动缸控制模块 BCCP 气动阀供气阀弹簧伸张作用,关闭排气阀口。

20CP 模块中平均管压力与作用风缸压力同步变化。16CP 模块与 13CP 模块无动作。

自动制动阀置于运转位,单独制动阀置于运转位工作原理图如图 2-3-5 所示或见书后附图 2。

二、自动制动阀置于制动位,单独制动阀置于运转位

(一)均衡风缸控制模块(ERCP)控制均衡风缸排风

均衡风缸控制模块(ERCP)MVER 电磁阀得电,下阀口开启,连通总风向 MVER 三通气动阀上方充

入控制压力,三通气动阀柱塞下移,开启均衡风缸 A3 孔与 A2 孔通路。缓解电磁阀得电,开启排气阀口,均衡风缸压缩空气经 MVER 三通气动阀 A3 孔、A2 孔,缓解电磁阀排向大气。

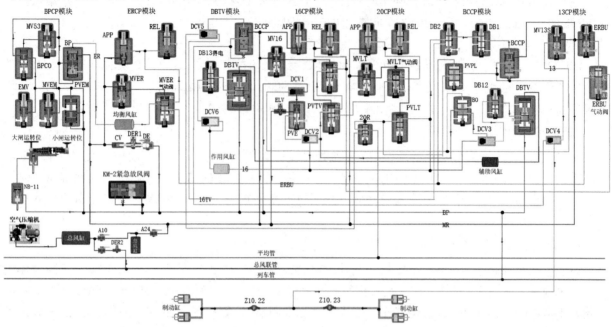

图 2-3-5　自动制动阀置于运转位,单独制动阀置于运转位工作原理图

（二）列车管控制模块(BPCP)控制列车管排风

列车管控制模块 BP 气动阀柱塞上方来自均衡风缸的控制压力下降,柱塞在排气阀弹簧作用下上移,供气阀关闭,开启排气阀口,MV53 电磁阀处于得电状态,列车管压缩空气经 BPCO 气动阀和 BP 气动阀由排气阀排大气,列车产生常用制动作用。

（三）制动缸控制模块(BCCP)控制机车制动缸排风

列车管排风,制动缸控制模块(BCCP)中 DBTV 气动阀柱塞在辅助风缸压力作用下下移,切断列车管压力向辅助风缸充风通路和作用风缸排风通路,开启辅助风缸压力经 DBTV 气动阀充风孔、DB12 电磁阀得电、DCV3 变向阀、BO 气动阀向作用风缸得充风通路。作用风缸充风,经 16 号管,DB2、DB1 电磁阀得电并向制动缸控制模块 BCCP 气动阀充入控制压力,制动缸控制模块 BCCP 气动阀获得控制压力,柱塞下移,开启供气阀口,总风经供气阀口,到 DCV4 变向阀、制动缸隔离塞门向制动缸充风,机车产生制动作用。

（四）DBTV 模块工作原理

DBTV 模块处于备份模式工作状态。

（五）16CP 模块工作原理

由于单独制动阀在运转位,16CP 模块制动电磁阀在失电状态,供气阀口处于关闭作用,切断向作用风缸充风通路。缓解电磁阀也失电状态,排风阀口处于关闭状态,切断作用风缸排大气通路。MV16 电磁阀处于得电状态,MV16 气动阀、PVTV 气动阀均有控制压力,管路也随作用风缸一起充风。

PVE 紧急气动阀列车管控制压力下降,但是压力值不低于 140kPa,PVE 紧急气动阀无动作。

（六）20CP 模块工作原理控制平均管充风

制动电磁阀、缓解电磁阀均处于失电状态。MVLT 电磁阀得电,MVLT 气动阀获得总风控制压力,连通 A3 孔作用管与 A2 孔;PVLT 气动阀获得总风控制压力,连通作用风缸与 20R 气动阀通路,作用风缸的压缩空气经 PVLT 气动阀向 20R 气动阀上方充入控制压力,20R 气动阀柱塞下移,连通作用风缸向平均管充风通路。

(七) 13CP 模块正常工作原理

在 13CP 模块中,ERBU 电磁阀、MV13S 电磁阀均处于失电状态。

当均衡风缸排风量减到与自动制动阀所在的作用位设定值指令,均衡风缸压力传感器传送信号,经微机处理器对设定值数据处理,控制缓解电磁阀失电,关闭排风阀口,停止均衡风缸排风,形成制动后的保压状态。

当列车管排风量与均衡风缸排风量相等时,BP 气动阀柱塞自重下移,关闭排气阀口,停止列车管排风,列车管呈制动后的保压状态。

当 DBTV 气动阀柱塞下方列车管压力停止减压,而辅助风缸压力降至与列车管相等时,在 DBTV 气动阀缓解弹簧伸张作用下,柱塞稍行上移,切断辅助风缸向作用风缸充风通路,左右联络槽仍在切断位,作用风缸停止增压。当制动缸压力与控制压力相等时,制动缸控制模块 BCCP 气动阀供气阀弹簧伸张,关闭供气阀口,机车呈制动后的保压状态。

在 20CP 模块中平均管压力与作用风缸压力同步变化。16CP 模块与 13CP 模块无动作。

自动制动阀置于制动位,单独制动阀置于运转位工作原理图如图 2-3-6 所示。

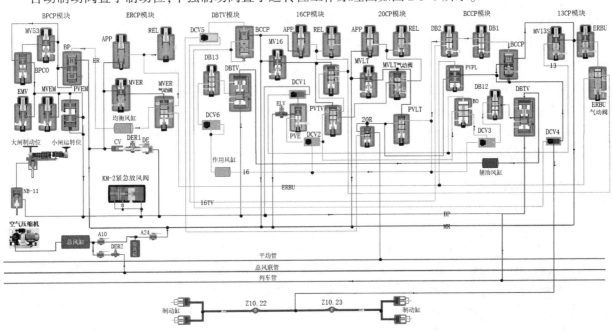

图 2-3-6 自动制动阀置于制动位,单独制动阀置于运转位工作原理图

三、自动制动阀置于重联位,单独制动阀置于运转位

(一) 均衡风缸控制模块(ERCP)控制均衡风缸排风

制动机电源接通,均衡风缸控制模块(ERCP)MVER 电磁阀得电,MVER 三通气动阀上方充入控制压力,柱塞下移,连通均衡风缸 A3 孔与 A2 孔通路。缓解电磁阀得电,开启排气阀口,均衡风缸压缩空气经 MVER 三通气动阀 A3 孔和 A2 孔,缓解电磁阀排向大气,压力降为 0。

(二) 列车管控制模块(BPCP)控制列车管排风

(BPCP)BP 气动阀柱塞上方来自均衡风缸控制压力下降,开启排气阀口,列车管压缩空气经 BPCO 气动阀和 BP 气动阀由排气阀排大气,列车产生常用制动作用。当列车管压力下降至 70kPa 以下时,BPCO 气动阀柱塞弹簧作用,顶柱塞上移,切断列车管压力由 BP 气动阀排大气通路。

(三) 16CP 模块工作原理

自动制动阀重联位,16CP 模块中 MV16 电磁阀得电,柱塞下移,总风压缩空气经 MV16 电磁阀到达 MV16 三通气动阀和 PVTV 三通气动阀上方,气动阀获得控制压力,柱塞下移,连通 A2 孔和 A3 孔。同时,到达 ELV 紧急限压阀、PVE 紧急气动阀。

列车管压力低于 140kPa 时,PVE 紧急阀柱塞上方失去列车管的控制压力,柱塞在排风阀弹簧伸张作用上移,总风经 ELV 紧急限压阀提供的 450kPa 压力经 C2 充气节流孔,PVE 紧急气动阀,推 DCV2 变向阀右移,向作用风缸充风,作用风缸充入不超过 450kPa 压力,机车产生常用制动作用。同时,通向 20CP 作用管压缩空气到达 PVTV 三通气动阀 A1 孔。

(四) 20CP 模块工作原理控制平均管充风

制动电磁阀、缓解电磁阀均处于失电状态。MVLT 电磁阀得电,MVLT 气动阀获得总风控制压力,连通 A3 孔作用管与 A2 孔;PVLT 气动阀获得总风控制压力,连通作用风缸与 20R 气动阀通路,作用风缸的压缩空气经 PVLT 气动阀向 20R 气动阀上方充入控制压力,20R 气动阀柱塞下移,连通作用风缸向平均管充风通路。

(五) 制动缸控制模块(BCCP)控制机车制动缸充风

列车管排风,制动缸控制模块(BCCP)中 DBTV 气动阀柱塞在辅助风缸压力作用下下移,切断列车管压力向辅助风缸充风通路和作用风缸排风通路,开启辅助风缸压力经 DBTV 气动阀充风孔、DB12 电磁阀得电到达 DCV3 变向阀,因 DCV3 变向阀堵住了辅助风缸气路,辅助风缸不能给作用风缸充风。

作用风缸的风来自 16CP 模块 ELV 紧急限压阀和 PVE 紧急气动阀的充风气路。作用风缸充风,经 16 号管、DB2、DB1 电磁阀得电并向制动缸控制模块 BCCP 气动阀充入控制压力,制动缸控制模块 BCCP 气动阀获得控制压力,柱塞下移,开启供气阀口,总风经供气阀口,到 DCV4、制动缸隔离塞门向制动缸充风,机车产生常用制动作用,制动缸压力为 450KPa。

(六) DBTV 模块工作原理

DBTV 模块处于备份模式工作状态。

(七) 13CP 模块正常工作原理

在 13CP 模块中,ERBU 电磁阀、MV13S 电磁阀均处于失电状态。

自动制动阀置于重联位,单独制动阀置于运转位工作原理图如图 2-3-7 所示。

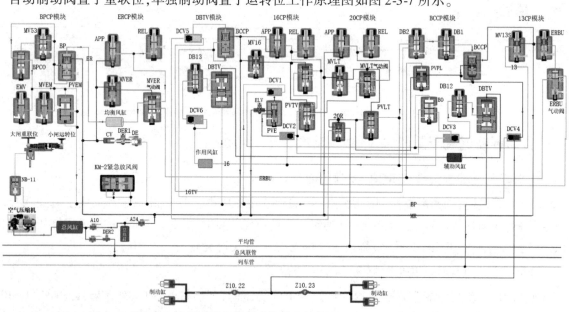

图 2-3-7 自动制动阀置于重联位,单独制动阀置于运转位工作原理图

四、自动制动阀置于紧急位,单独制动阀置于运转位

(一) 均衡风缸控制模块(ERCP)控制均衡风缸排风

制动机电源接通,均衡风缸控制模块(ERCP)MVER 电磁阀得电,MVER 三通气动阀上方充入控制压

力,柱塞下移,连通均衡风缸 A3 孔与 A2 孔通路。缓解电磁阀得电,开启排气阀口,均衡风缸压缩空气经 MVER 三通气动阀 A3、A2 孔,缓解电磁阀排向大气,压力降为 0。

(二) BPCP 模块控制列车管快速排风

自动制动阀在紧急制动位发出指令信号,MV53 电磁阀失电,关闭列车管从 BP 气动阀的排风气路 NB-11 紧急气动放风阀(机械控制)动作将列车管压力排向大气,MVEM-24V 紧急电磁阀得电,开启排气阀口,列车管压力经排阀口排向大气,PVEM 气动阀柱塞上方列车管压力下降,柱塞下方列车管压力推柱塞上移,开启列车管排大气通路,加快列车管排气速度。

列车管压力急剧下降,KM-2 紧急放风阀活塞左侧列车管控制压力也随着急剧下降,活塞左右产生较大压差,活塞右侧列车管作用压力,推活塞并压缩缓解弹簧,带动活塞杆及排气阀向左移动,KM-2 紧急放风阀开启排气阀口,列车管压力经排气阀口排向大气,加速列车管压力排大气的速度,实现列车紧急制动作用。当列车管压力下降至 70kPa 以下时,BPCO 气动阀柱塞弹簧作用,顶柱塞上移,切断列车管压力由 BP 气动阀排大气通路,BP 气动阀上下压力相等时,在弹簧作用下,关闭排风阀口。

(三) 16CP 模块工作原理

自动制动阀紧急位,16CP 模块中 MV16 电磁阀得电,柱塞下移,总风压缩空气经 MV16 电磁阀到达 MV16 三通气动阀和 PVTV 三通气动阀上方,气动阀获得控制压力,柱塞下移,连通 A2 孔和 A3 孔。同时到达 ELV 紧急限压阀,到达 PVE 紧急气动阀。

列车管压力降为 0,PVE 紧急气动阀柱塞上方失去列车管的控制压力,柱塞在排风阀弹簧伸张作用上移,总风经 ELV 紧急限压阀提供的 450kPa 压力经 C2 节流孔,PVE 紧急气动阀,推 DCV2 变向阀右移,向作用风缸充风,作用风缸充入不超过 450kPa 压力,机车产生紧急制动作用。同时通向 20CP 作用管压缩空气到达 PVTV 三通气动阀 A1 孔。

(四) 20CP 模块工作原理控制平均管充风

制动电磁阀、缓解电磁阀电磁均处于失电状态。MVLT 电磁阀得电,MVLT 气动阀获得总风控制压力,连通 A3 孔作用管与 A2 孔;PVLT 气动阀获得总风控制压力,连通作用风缸与 20R 气动阀通路,作用风缸的压缩空气经 PVLT 气动阀向 20R 气动阀上方充入控制压力,20R 气动阀柱塞下移,连通作用风缸向平均管充风通路。

(五) 制动缸控制模块(BCCP)控制机车制动缸充风

列车管排风为 0,制动缸控制模块(BCCP)中 DBTV 气动阀柱塞在辅助风缸压力作用下下移,切断列车管压力向辅助风缸充风通路和作用风缸排风通路,开启辅助风缸压力经 DBTV 气动阀充风孔、DB12 得电电磁阀、DCV3 变向阀,因 DCV3 变向阀堵住了辅助风缸气路,辅助风缸不能给作用风缸充风。

作用风缸的风来自 16CP 模块 ELV 紧急限压阀和 PVE 紧急气动阀的充风气路。作用风缸充风,经 16 号管,DB2、DB1 电磁阀得电向制动缸控制模块 BCCP 气动阀充入控制压力,制动缸控制模块(BCCP)气动阀获得控制压力,柱塞下移,开启供气阀口,总风经供气阀口,到 DCV4、制动缸隔离塞门向制动缸充风,机车产生紧急制动作用。

(六) DBTV 模块工作原理

DBTV 模块处于备份模式工作状态。

(七) 13CP 模块正常工作原理

在 13CP 模块中,ERBU 电磁阀、MV13S 电磁阀均处于失电状态。

当均衡风缸减压量压力降为 0 时,根据自动制动阀紧急制动位设定值指令信号,由均衡风缸压力传感器反馈信号,经微机处理器对设定值数据处理,控制制动电磁阀失电,芯杆在排气阀弹簧伸张作用下,推排风阀与阀座密贴,关闭排风阀口,切断均衡风缸排大气通路。

当列车管排风量与均衡风缸排风量相等时,BP气动阀柱塞自重下移,关闭排气阀口,停止列车管排风,列车管呈制动后的保压状态。

当总风充入机车制动缸450kPa压力与制动缸控制模块BCCP气动阀柱塞上方作用风缸控制压力相等时,供气阀弹簧伸张作用,推供气阀与阀座密贴,关闭供气阀口,切断总风向制动缸充气通路,机车呈紧急制动后的保压状态。

自动制动阀置于紧急位,单独制动阀置于运转位工作原理图如图2-3-8所示。

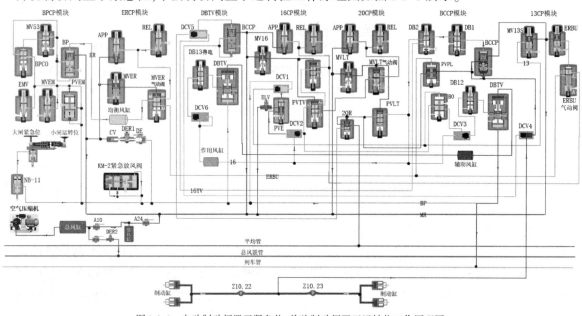

图2-3-8 自动制动阀置于紧急位,单独制动阀置于运转位工作原理图

任务评价

序号	主要内容	考核要求	配分	评分标准	得分
1	自动制动阀置于运转位,单独制动手阀置于运转位	能完成自动制动阀置于运转位、单独制动手阀置于运转位的操作并描述其工作原理	25	原理描述错误,每处扣2分	
2	自动制动阀置于制动位,单独制动手阀置于运转位	能完成自动制动阀置于制动位、单独制动手阀置于运转位的操作并描述其工作原理	25		
3	自动制动阀置于重联位,单独制动手阀置于运转位	能完成自动制动阀置于重联位、单独制动手阀置于运转位的操作并描述其工作原理	25		
4	自动制动阀置于紧急位,单独制动手阀置于运转位	能完成自动制动阀置于紧急位、单独制动手阀置于运转位的操作并描述其工作原理	25		

任务2 单独制动阀的操作

任务导入

单独制动阀的操作,即操作单独制动阀在不同的工作位置转换,电空控制单元的工作原理是什么?

带着这些疑问,我们进入任务2的学习。学习前请扫描二维码30预习。

二维码30
单独制动阀操作工作原理

任务目标

1. 掌握自动制动阀置于运转位,单独制动阀置于运转位的工作原理。
2. 掌握自动制动阀置于运转位,单独制动阀置于制动位的工作原理。
3. 掌握自动制动阀置于制动位,单独制动阀置于侧缓位的工作原理。
4. 掌握自动制动阀置于重联位,单独制动阀置于侧缓位的工作原理。
5. 掌握自动制动阀置于紧急位,单独制动阀置于侧缓位的工作原理。

任务实施

一、将自动制动阀置于运转位,单独制动阀置于运转位

请在图 2-3-9 中,画出电空控制单元中所有模块的气路走向,并描述其工作原理。

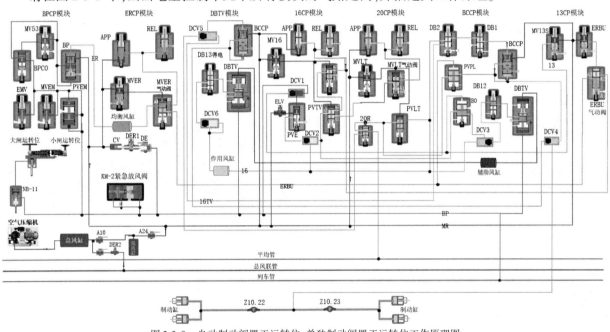

图 2-3-9 自动制动阀置于运转位,单独制动阀置于运转位工作原理图

(1)均衡风缸控制模块(ERCP)工作原理:

_____

_____

(2)列车管控制模块(BPCP)工作原理:

_____

_____

(3)制动缸控制模块(BCCP)工作原理:

_____

_____

(4)16CP模块工作原理:

_____

_____

(5) 13CP 模块工作原理：

(6) 20CP 模块工作原理：

(7) DBTV 模块工作原理：

二、将自动制动阀置于运转位，单独制动阀置于制动位

请在图 2-3-10 中，画出电空控制单元中所有模块的气路走向，并描述其工作原理。

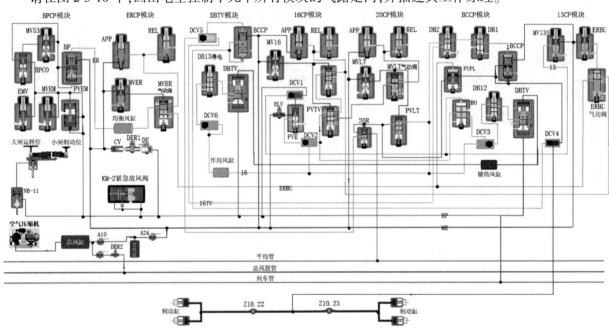

图 2-3-10　自动制动阀置于运转位，单独制动阀置于制动位工作原理图

(1) 均衡风缸控制模块(ERCP)工作原理：

(2) 列车管控制模块(BPCP)工作原理：

(3) 制动缸控制模块(BCCP)工作原理：

(4) 16CP 模块工作原理:

(5) 13CP 模块工作原理:

(6) 20CP 模块工作原理:

(7) DBTV 模块工作原理:

三、将自动制动阀制动位,单独制动阀置于侧缓位

请在图 2-3-11 中,画出电空控制单元中所有模块的气路走向,并描述其工作原理。

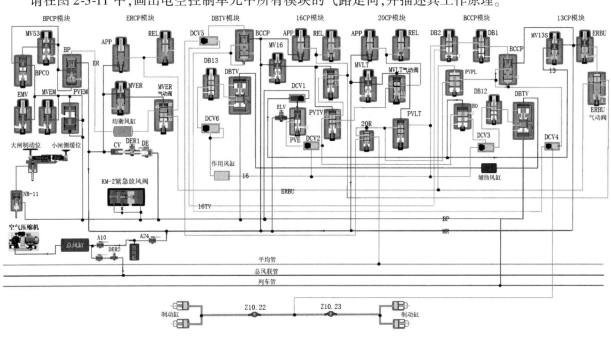

图 2-3-11　自动制动阀置于制动位,单独制动阀置于侧缓位工作原理图

(1) 均衡风缸控制模块(ERCP)工作原理:

(2) 列车管控制模块(BPCP)工作原理:

(3)制动缸控制模块(BCCP)工作原理:

(4)16CP模块工作原理:

(5)13CP模块工作原理:

(6)20CP模块工作原理:

(7)DBTV模块工作原理:

四、将自动制动阀置于重联位,单独制动阀置于侧缓位

请在图2-3-12中,画出电空控制单元中所有模块的气路走向,并描述其工作原理。

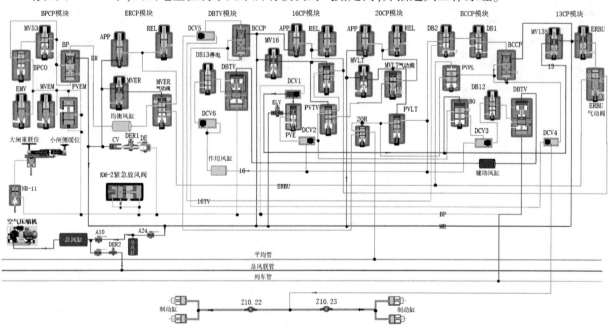

图2-3-12 自动制动阀置于重联位,单独制动阀置于侧缓位工作原理图

(1)均衡风缸控制模块(ERCP)工作原理:

(2)列车管控制模块(BPCP)工作原理：

(3)制动缸控制模块(BCCP)工作原理：

(4)16CP模块工作原理：

(5)13CP模块工作原理：

(6)20CP模块工作原理：

(7)DBTV模块工作原理：

五、将自动制动阀置于紧急位，单独制动阀置于侧缓位

请在图2-3-13中，画出电空控制单元中所有模块的气路走向，并描述其工作原理。

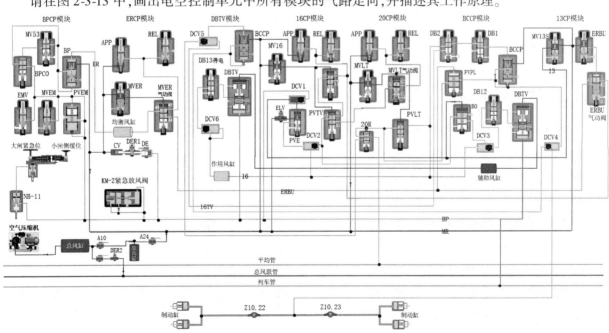

图2-3-13　自动制动阀置于紧急位，单独制动阀置于侧缓位工作原理图

(1)均衡风缸控制模块(ERCP)工作原理:

(2)列车管控制模块(BPCP)工作原理:

(3)制动缸控制模块(BCCP)工作原理:

(4)16CP 模块工作原理:

(5)13CP 模块工作原理:

(6)20CP 模块工作原理:

(7)DBTV 模块工作原理:

相关知识

一、自动制动阀运转位,单独制动手阀运转位

(一)均衡风缸控制模块(ERCP)均衡风缸充风至保压状态工作原理

自动制动阀运转位发出设定值指令信号,均衡风缸达到规定压力时,均衡风缸压力传感器传送信号,经微机处理器对设定值数据处理,控制制动电磁阀失电,关闭总风向均衡风缸充风通路,均衡风缸形成充风后保压状态。

(二)列车管控制模块(BPCP)列车管充风至保压状态工作原理

自动制动阀置于运转位时,BP 气动阀柱塞下方列车管压力与柱塞上方的均衡风缸均衡时,停止总风向列车充风,列车管形成充风后的保压状态。

EMV 紧急电磁阀、MVEM 电磁阀均在失电状态,PVEM 紧急气动放风阀处于切断列车管排大气通路。

(三)DBTV 模块工作原理

DBTV 模块无动作处于备份模式工作状态。

(四) 16CP 模块工作原理

自动制动阀运转位,单独制动阀在运转位发出指令电信号,16CP 模块缓解电磁阀得电,开启排风阀口,作用风缸压缩空气经 DCV2 变向阀、PVTV 气动阀 A3 孔与 A2 孔和 MV16 模块三通气动阀 A3 孔与 A2 孔由缓解电磁阀排风阀口排向大气。

(五) 20CP 模块工作原理

制动电磁阀、缓解电磁阀均处于失电状态。MVLT 电磁阀得电,MVLT 气动阀获得总风控制压力,连通 A3 孔作用管与 A1 孔;PVLT 气动阀获得总风控制压力,连通作用风缸与 20R 气动阀通路,平均管的压缩空气通过 20R 气动阀、PVLT 气动阀随作用风缸排向大气。

(六) 制动缸控制模块(BCCP)工作原理

作用风缸压缩空气排向大气,DB2、DB1 电磁阀得电,制动缸控制模块 BCCP 气动阀柱塞上方控制压力下降,随作用风缸和 16 号管排向大气,排风阀在弹簧作用离开阀座,开启排风阀口,制动缸经排风阀口排向大气,机车呈缓解状态。

16T 作用风缸压力传感器反馈信号,经微机处理器对设定值数据处理,控制缓解电磁阀失电,排风阀在弹簧作用,关闭排风阀口,切断作用风缸排大气通路。

(七) 13CP 模块处于正常位工作原理

在 13CP 模块中,ERBU 电磁阀、MV13S 电磁阀均处于失电状态。

20CP 模块中平均管压力与作用风缸压力同步变化。

当制动缸压力与控制压力相等时,制动缸控制模块 BCCP 气动阀供气阀弹簧伸张作用,关闭排气阀口。自动制动阀置于运转位,单独制动阀置于运转位工作原理图如图 2-3-14 所示。

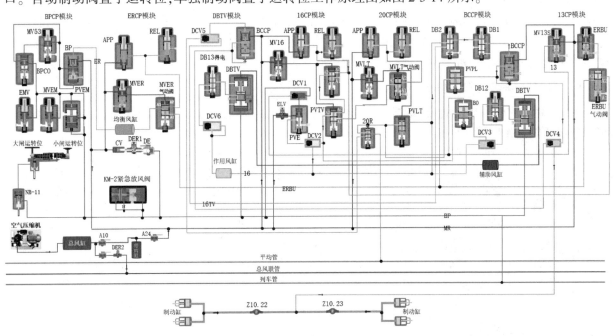

图 2-3-14 自动制动阀置于运转位,单独制动阀置于运转位工作原理图

二、自动制动阀置于运转位,单独制动阀置于制动位

(一) 均衡风缸控制模块(ERCP)无动作工作原理

均衡风缸控制模块(ERCP)无动作均衡风缸呈保压状态。

(二) 列车管控制模块(BPCP)无动作工作原理

列车管控制模块(BPCP)无动作列车管呈保压状态。

(三) DBTV 模块工作原理

DBTV 模块处于备份模式工作状态。

(四) 16CP 模块工作原理

MV16 电磁阀得电，MV16 气动阀获得控制压力连通 A3 孔与 A2 孔。PVTV 气动阀获得控制压力连通作用风缸充排风 A2 孔与作用风缸 3 孔通路。

单独制动阀制动位发出设定值指令信号，16CP 模块制动电磁阀得电，开启供气阀口，总风经供气阀口由 MV16 气动阀 A2 孔与 A3 孔至 PVTV 气动阀 A2 孔与 A3 孔充风，推 DCV2 变向阀柱塞移动到另一端，开通总风向作用风缸充风通路，机车制动作用。

当作用风缸压力达到给定压力值时，16T 作用管压力传感器反馈信号，经微机处理器对设定值数据处理，控制制动电磁阀失电，关闭供气阀口，切断总风向作用风缸充风通路，机车呈制动后的保压状态。

(五) 20CP 模块工作原理

MVLT 电磁阀得电，MVLT 气动阀获得总风控制压力，连通 A3 孔与 A2 孔。制动电磁阀、缓解电磁阀均处于失电状态。单独制动阀制动位，作用风管增压，PVLT 气动阀连通作用管与 20R 气动阀获得控制压力，切断 DCV5 变向阀与平均管通路，连通作用风缸向平均管充风通路。

(六) 制动缸控制模块 (BCCP) 列车管充风后的保压状态，机车制动缸充风工作原理

当列车管达到规定压力时，DBTV 气动阀柱塞处于缓解状态，列车管压力经充风联络槽向辅助风缸充风，同时，作用风缸压力经缓解联络槽连通排风口排向大气，因 DCV3 变向阀柱塞切断作用风缸与 DB12 电磁阀的连通，所以作用风缸与 DBTV 气动阀排大气口未沟通。

作用风缸压力经 DB2、DB1 电磁阀得电并向制动缸控制模块 BCCP 气动阀柱塞上方充入作用风缸控制压力，开启供气阀口，总风由供气阀口经 DCV4 变向阀向机车制动缸充风，机车呈制动作用。当总风充入机车制动缸压力与制动缸控制模块 BCCP 气动阀柱塞上方作用风缸控制压力相等时，关闭供气阀口，停止总风向制动缸充风，机车呈制动后的保压状态。

(七) 13CP 模块正常工作原理

在 13CP 模块中，ERBU 电磁阀、MV13S 电磁阀均处于失电状态。自动制动阀置于运转位，单独制动阀置于制动位工作原理图如图 2-3-15 所示。

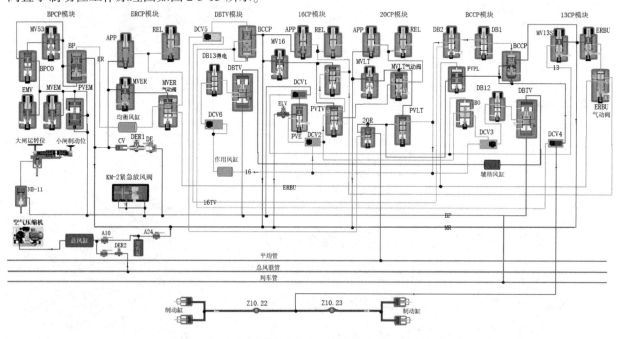

图 2-3-15　自动制动阀运转位，单独制动阀制动位工作原理图

三、自动制动阀制动位,单独制动阀侧缓位

(一)均衡风缸控制模块(ERCP)均衡风缸排风保压状态工作原理

均衡风缸排风量减到与自动制动阀所在的作用位设定值指令信号,由均衡风缸压力传感器反馈信号,经 IPM 微机处理器对设定值数据处理,控制缓解电磁阀关闭排风阀口,均衡风缸呈排风后保压状态。

(二)列车管控制模块(BPCP)列车管排风保压状态工作原理

当列车管压力排风量与均衡风缸排风量相等时,BP 气动阀柱塞自重下移,关闭排风阀口,切断列车管排大气通路,列车管呈制动后的保压状态。

(三)DBTV 模块工作原理

DBTV 模块处于备份模式工作状态。

(四)16CP 模块工作原理

单独制动阀在侧缓位,13 号单缓管有总风压力,由于总风压力大于列车管压力,推 DCV1 变向阀柱塞移动到另一端,开通总风向 PVE 紧急气动阀柱塞上方充入总风控制压力,开启排风阀口,DCV2 变向阀柱塞一端与 PVE 紧急气动阀排风阀口通大气,自动制动阀常用制动位时,虽然 PVE 紧急气动阀获得控制压力,由于 DCV2 变向阀柱塞关闭作用风缸经 PVE 紧急气动阀排大气通路,作用风缸压力不经此处排大气。

(五)20CP 模块工作原理

单独制动阀侧缓位,13 号管充入总风压力,制动缸控制模块(BCCP)BO 气动阀获得总风控制压力,开通作用风缸排大气通路,平均管压力经 20R 气动阀连通 PVLT 气动阀随作用风缸排向大气。

(六)制动缸控制模块(BCCP)列车管保压状态,机车制动缸排风工作原理

单独制动阀侧缓位时,BO 气动阀获得总风控制压力,开通作用风缸排大气通路。制动缸控制模块 BCCP 气动阀失去作用风缸控制压力,开启排风阀口,机车制动缸压力经排风阀口排向大气,机车呈缓解状态。

单独制动阀手柄离开侧缓位,DBTV 气动阀柱塞上方辅助风缸压力与下方列车管压力均衡处于保压状态,所以,作用风缸无压力充入,机车制动缸缓解后压力不再回升。

(七)13CP 模块工作原理

单独制动阀侧缓位,MV13S 电磁阀得电,总风给 13 号管充风。单独制动手柄离开侧缓位时,13CP 模块 MV13S 电磁阀失电,切断总风与 13 号管,开启 13 号管排风通路。自动制动阀置于制动位,单独制动阀置于侧缓位工作原理图如图 2-3-16 所示。

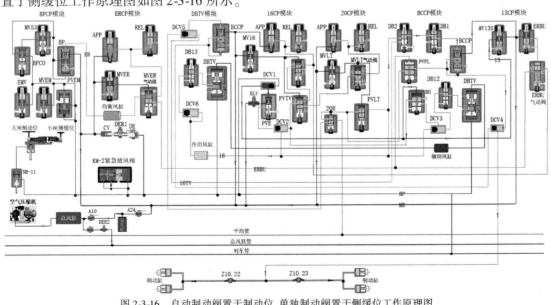

图 2-3-16 自动制动阀置于制动位,单独制动阀置于侧缓位工作原理图

四、自动制动阀重联位,单独制动阀侧缓位

(1)单独制动阀侧缓位时,均衡风缸控制模块(ERCP)无动作均衡风缸压力为0。

(2)列车管控制模块(BPCP)无动作列车管压力为0。

(3)DBTV模块无动作处于备份模式工作状态。

(4)13CP模块工作原理:

单独制动阀手柄置于侧缓位发出指令信号,13CP模块MV13S电磁阀得电,柱塞下移,关闭13号管排大气通路,连通总风向13号管充风通路。ERBU电磁阀处于失电状态。

(5)16CP模块工作原理:

16CP模块制动电磁阀在失电状态,缓解电磁阀也失电状态,MV16电磁阀处于得电状态,总风经13号管到达16CP模块,推DCV1变向阀右移,PVE紧急气动阀获得控制压力,柱塞下移,作用风缸压缩空气经在右侧的DCV2变向阀,从PVE紧急气动阀排向大气。

(6)20CP模块工作原理:

制动电磁阀、缓解电磁阀均处于失电状态。MVLT电磁阀得电,MVLT气动阀连通作用风缸经PVLT气动阀与20R气动阀上方通路,平均管的压缩空气通过20R气动阀、PVLT气动阀随作用风缸排向大气。

(7)制动缸控制模块(BCCP)工作原理:

作用风缸压缩空气排向大气,DB2、DB1电磁阀得电,制动缸控制模块BCCP气动阀柱塞上方控制压力下降,随作用风缸和16号管排大气,排风阀在弹簧作用离开阀座,开启排风阀口,制动缸经排风阀口排向大气,机车呈缓解状态。

单独制动阀离开侧缓位,16CP模块PVE紧急阀上方控制压力为0,柱塞上移,总风经ELV紧急限压阀、PVE紧急气动阀继续向总用风缸充风,平均管充风,制动缸控制模块BCCP气动阀获得控制压力,总风向制动缸充入450kPa压力。随后关闭制动缸控制模块BCCP气动阀充风阀口。自动制动阀置于重联位,单独制动阀置于侧缓位工作原理图如图2-3-17所示。

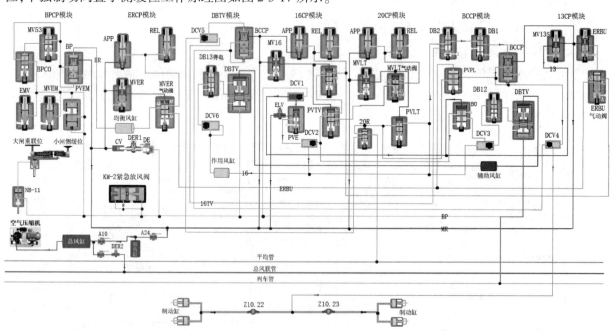

图2-3-17 自动制动阀置于重联位,单独制动阀置于侧缓位工作原理图

五、自动制动阀置于紧急位、单独制动阀置于侧缓位

(1)单独制动阀侧缓位时,均衡风缸控制模块(ERCP)无动作均衡风缸压力为0。

(2)列车管控制模块 BPCP 无动作列车管压力为0。

(3)DBTV 模块无动作处于备份模式工作状态。

(4)16CP 模块工作原理：

16CP 模块 MV16 电磁阀得电，制动电磁阀在失电状态，缓解电磁阀也失电状态。

单独制动阀侧缓位，13 号管充入总风压力，推 DCV1 变向阀柱塞移动到另一端，PVE 紧急气动阀柱塞上方获得总风控制压力，开启排风阀口，作用风缸压力经 PVE 紧急气动阀排风阀口排向大气。

(5)20CP 模块工作原理：

制动电磁阀、缓解电磁阀均处于失电状态。作用风缸压力排向大气，平均管压力经 20R 气动阀连通 PVLT 气动阀随作用风管排向大气。当 20R 气动阀失去作用风缸控制压力，柱塞弹簧上移，连通 DCV5 变向阀与平均管通路，同时，切断作用风缸与平均管通路。

(6)制动缸控制模块（BCCP）列车管压力降为0(紧急制动)，机车制动缸排风工作原理：

单独制动阀侧缓位，13 号管充入总风压力，BO 气动阀获得总风控制压力，切断 DCV3 变向阀与作用风缸通路，开启作用风缸排大气通路。

制动缸控制模块 BCCP 气动阀柱塞上方失去作用风缸控制压力，开启排风阀口，制动缸压力经排风阀口排向大气，机车呈紧急制动后的缓解状态。

(7)13CP 模块工作原理：

单独制动阀置于侧缓位，13CP 模块 MV13S 电磁阀得电，连通总风向 13 号管充风通路，推 DCV1 变向阀柱塞到另一端，开通向 PVE 紧急气动阀柱塞上方充入总风控制压力，开启排风阀口，连通 DCV2 变向阀一端与作用风缸排大气通路，机车呈紧急制动后缓解状态。

单独制动阀手柄离开侧缓位，13CP 模块 MV13S 电磁阀失电，开启 13 号管排大气通路。PVE 紧急气动失去总风控制压力，连通 ELV 限压阀限压(450kPa)压力与 DCV2 变向阀又向作用风缸充风通路，作用风缸压力又达到 450kPa，机车制动缸又呈紧急制动状态。当总风充入机车制动缸 450kPa 压力与制动缸控制模块 BCCP 气动阀柱塞上方作用风缸控制压力相等时，关闭供气阀口，停止总风向制动缸充风，机车呈紧急制动后的保压状态。自动制动阀置于紧急位，单独制动阀置于侧缓位工作原理图如图 2-3-18 所示。

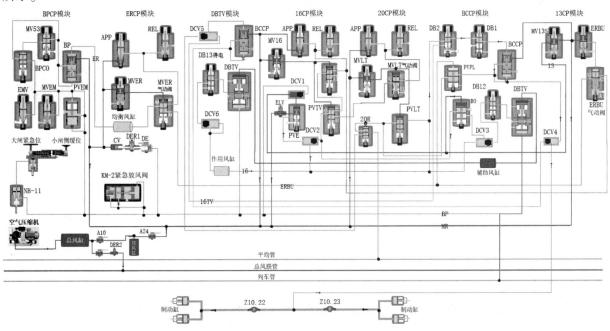

图 2-3-18　自动制动阀置于紧急位，单独制动阀置于侧缓位工作原理图

任务评价

序号	主要内容	考核要求	配分	评分标准	得分
1	自动制动阀置于运转位,单独制动手阀置于运转位	能完成自动制动阀置于运转位、单独制动手阀置于运转位的操作并描述其工作原理	20	原理描述错误,每处扣2分	
2	自动制动阀置于运转位,单独制动手阀置于制动位	能完成自动制动阀置于运转位、单独制动手阀置于制动位的操作并描述其工作原理	20		
3	自动制动阀置于制动位,单独制动手阀置于侧缓位	能完成自动制动阀置于制动位、单独制动手阀置于侧缓位的操作并描述其工作原理	20		
3	自动制动阀置于重联位,单独制动手阀置于侧缓位	能完成自动制动阀置于重联位、单独制动手阀置于侧缓位的操作并描述其工作原理	20		
4	自动制动阀置于紧急位,单独制动手阀置于侧缓位	能完成自动制动阀置于紧急位、单独制动手阀置于侧缓位的操作并描述其工作原理	20		

任务3　均衡风缸控制模块(ERCP)电源故障的操作

任务导入

当均衡风缸控制模块(ERCP)电源故障时,自动切换13CP控制模块和16CP控制模块一起控制均衡风缸压力的变化,这时电空控制单元的工作原理是怎么的呢?

带着这些疑问,我们进入任务3的学习。学习前请扫描二维码31预习。

二维码31
ERCP模块电源故障操作工作原理

任务目标

1. 掌握均衡风缸控制模块(ERCP)电源故障时,自动制动阀置于运转位,单独制动阀置于运转位的工作原理。

2. 掌握均衡风缸控制模块(ERCP)电源故障时,自动制动阀置于制动位,单独制动阀置于运转位的工作原理。

3. 掌握均衡风缸控制模块(ERCP)电源故障时,自动制动阀置于运转位,单独制动阀置于制动位的工作原理。

4. 掌握均衡风缸控制模块(ERCP)电源故障时,自动制动阀置于运转位,单独制动阀置于运转位的工作原理。

任务实施

一、均衡风缸控制模块(ERCP)电源故障时,将自动制动阀置于运转位,单独制动阀置于运转位

请在图2-3-19中,画出电空控制单元中所有模块的气路走向,并描述其工作原理。

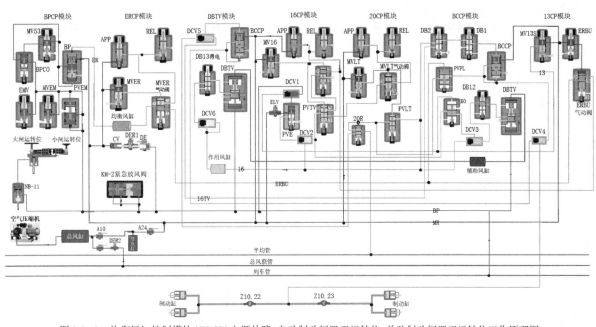

图 2-3-19　均衡风缸控制模块（ERCP）电源故障，自动制动阀置于运转位，单独制动阀置于运转位工作原理图

(1) 均衡风缸控制模块（ERCP）工作原理：

(2) 列车控制模块（BPCP）工作原理：

(3) 制动缸控制模块（BCCP）工作原理：

(4) 16CP 模块工作原理：

(5) 13CP 模块工作原理：

(6) 20CP 模块工作原理：

(7) DBTV 模块工作原理：

二、均衡风缸控制模块(ERCP)电源故障时,将自动制动阀置于制动位,单独制动阀置于运转位

请在图 2-3-20 中,画出电空控制单元中所有模块的气路走向,并描述其工作原理。

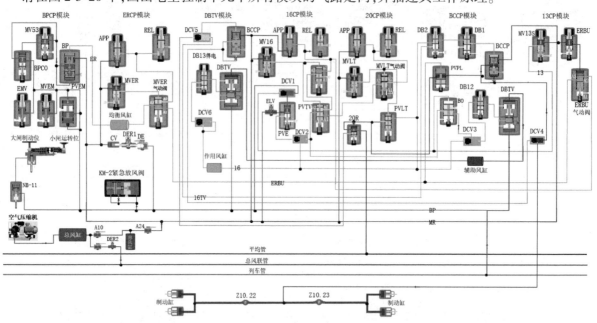

图 2-3-20　均衡风缸控制模块(ERCP)电源故障,自动制动阀置于制动位、单独制动阀置于运转位工作原理图

(1)均衡风缸控制模块(ERCP)工作原理:

(2)列车管控制模块(BPCP)工作原理:

(3)制动缸控制模块(BCCP)工作原理:

(4)16CP 模块工作原理:

(5)13CP 模块工作原理:

(6)20CP 模块工作原理:

(7) DBTV 模块工作原理：

三、均衡风缸控制模块(ERCP)电源故障时，将自动制动阀置于运转位，单独制动阀置于制动位

请在图 2-3-21 中，画出电空控制单元中所有模块的气路走向，并描述其工作原理。

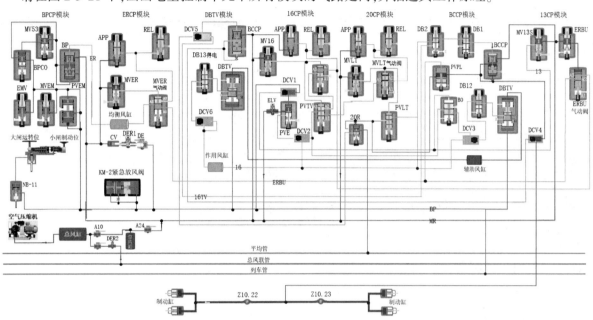

图 2-3-21　均衡风缸控制模块(ERCP)电源故障，自动制动阀置于运转位，单独制动阀置于制动位工作原理图

(1) 均衡风缸控制模块(ERCP)工作原理：

(2) 列车管控制模块(BPCP)工作原理：

(3) 制动缸控制模块(BCCP)工作原理：

(4) 16CP 模块工作原理：

(5) 13CP 模块工作原理：

(6)20CP 模块工作原理：

(7)DBTV 模块工作原理：

四、均衡风缸控制模块(ERCP)电源故障时,将自动制动阀置于运转位,单独制动阀置于运转位

请在图 2-3-22 中,画出电空控制单元中所有模块的气路走向,并描述其工作原理。

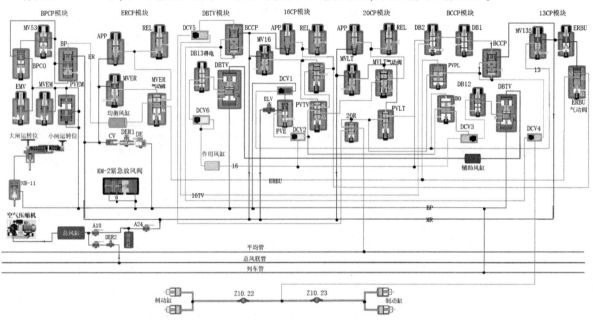

图 2-3-22　均衡风缸控制模块(ERCP)电源故障,自动制动阀置于运转位,单独制动阀置于运转位工作原理图

(1)均衡风缸控制模块(ERCP)工作原理：

(2)列车管控制模块(BPCP)工作原理：

(3)制动缸控制模块(BCCP)工作原理：

(4)16CP 模块工作原理：

(5)13CP 模块工作原理：

_____

_____

_____

(6)20CP 模块工作原理：

_____

_____

_____

(7)DBTV 模块工作原理：

_____

_____

_____

相关知识

一、均衡风缸控制模块(ERCP)电源故障时，自动制动阀运转位，单独制动阀运转位

均衡风缸控制模块(ERCP)发生电源故障，制动电磁阀、缓解电磁阀、MVER 电磁阀失电，MVER 三通气动阀无控制压力。16CP 模块 MV16 电磁阀失电。

(一)自动制动阀运转位，16CP 模块工作原理

自动制动阀运转位发出设定值指令，16CP 模块制动电磁阀得电，开启供气阀口，总风由供气阀口向制动电磁阀 APP 向 ERBU 管充风，到达 13CP 模块。

(二)均衡风缸控制模块(ERCP)电源故障，13CP 模块工作原理

13CP 模块中 ERBU 电磁阀得电，开启总风向 ERBU 气动阀充入控制压力，ERBU 气动阀获得控制压力，连通 16CP 模块的 ERBU 管与均衡风缸控制模块(ERCP)的 ERBU 管通路，向均衡风缸充风。

(三)列车管控制模块(BPCP)工作原理

均衡风缸控制压力也充入到列车管控制模块(BPCP)BP 气动阀上方，BP 气动阀柱塞上方获得均衡风缸控制压力，开启供气阀口，总风经供气阀口向 BPCO 气动阀和 MV53 电磁阀充风。

总风经 MV53 电磁阀向 BPCO 气动阀充入控制压力，BPCO 气动阀柱塞下移，开启总风向列车管的充风气路。BPCO 气动阀获得控制压力，连通 BP 气动阀与列车管通路，列车管充风。

(四)均衡风缸控制模块(ERCP)电源故障，制动缸控制模块(BCCP)工作原理

列车管充风，制动缸控制模块(BCCP)中 DBTV 气动阀动作，柱塞上移，左侧联络槽沟通列车管向辅助风缸充风通路，作用风缸的压缩空气经 BO 气动阀、DCV3 变向阀、DB12 电磁阀得电，到达 DBTV 气动阀从而排向大气。DB2、DB1 电磁阀得电，制动缸控制模块 BCCP 气动阀控制压力随 16 号管和作用风缸排向大气，制动缸控制模块 BCCP 气动阀柱塞上移开启排风阀口，制动缸压缩空气经制动缸隔离塞门，DCV4 变向阀从制动缸控制模块 BCCP 气动阀排向大气机车呈缓解状态。

制动缸控制模块(BCCP)PVPL 气动阀上方获得均衡风缸控制压力而动作，开通制动缸与平均管通路。

(五)20CP 模块工作原理控制平均管排风

当机车制动缸压力下降时，20R 气动阀柱塞上方制动缸压力受充气节流孔限制，缓慢随制动缸排向大气，平均管压力经 20R 气动阀连通也随制动缸排大气。

(六)DBTV 模块处于备份模式工作状态

当均衡风缸达到所需压力，均衡风缸压力传感器反馈信号，经微机处理器对设定值数据处理，控制

16CP模块制动电磁阀失电,供气阀口关闭,停止向均衡风缸充风,呈保压状态。

当列车管压力达到设定值时,BP气动阀供气阀弹簧伸张作用,关闭供气阀口,切断向列车充气通路,形成充风后的保压状态。

当制动缸压力与控制压力相等时,供气阀弹簧伸张作用,关闭供气阀口,机车呈制动后的保压状态,平均管压力也不再变化。

均衡风缸控制模块(ERCP)电源故障,自动制动阀置于运转位,单独制动阀置于运转位工作原理图如图2-3-23所示。

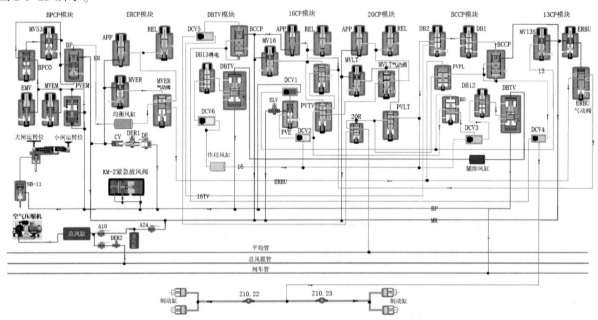

图2-3-23　均衡风缸控制模块(ERCP)电源故障,自动制动阀置于运转位,单独制动阀置于运转位工作原理图

二、均衡风缸控制模块(ERCP)电源故障时,自动制动阀置于制动位、单独制动阀置于运转位

(一)自动制动阀置于制动位,16CP模块工作原理

自动制动阀置于制动位发出设定值指令,16CP模块缓解电磁阀得电,开启排风阀口,均衡风缸压缩空气经13CP模块、ERBU气动阀(ERBU电磁阀得电,ERBU气动阀获得控制压力)到达16CP模块ERBU管,经过缓解电磁阀排向大气。

(二)列车管控制模块(BPCP)工作原理

列车管控制模块(BPCP)BP气动阀柱塞上方来自均衡风缸的控制压力下降,开启排气阀口,列车管压缩空气经BPCO气动阀和BP气动阀由排气阀排大气。

(三)制动缸控制模块(BCCP)工作原理

列车管排风,制动缸控制模块(BCCP)中DBTV气动阀柱塞在辅助风缸压力作用下移,开启辅助风缸压力经DBTV气动阀充风孔、DB12得电电磁阀、DCV3变向阀、BO气动阀向作用风缸得充风通路。作用风缸充风,经16号管,DB2、DB1电磁阀得电向制动缸控制模块BCCP气动阀充入控制压力,制动缸控制模块BCCP气动阀获得控制压力,柱塞下移,开启供气阀口,总风经供气阀口,到DCV4变向阀、制动缸隔离塞门向制动缸充风,机车产生制动作用。

制动缸控制模块(BCCP)PVPL气动阀上方获得均衡风缸控制压力而动作,开通制动缸与平均管通路。

(四)20CP模块工作原理控制平均管排风

当机车制动缸压力上升时,20R气动阀柱塞上方充入制动缸控制压力,柱塞下移,制动缸压缩空气经

PVPL 气动阀、20R 气动阀向平均管充风。

(五) DBTV 模块处于备份模式工作状态

当均衡风缸压力达到设定值,均衡风缸压力传感器反馈信号,经微机处理器对设定值数据处理,控制 16CP 模块缓解电磁阀失电,关闭排风阀口,停止均衡风缸排大气通路,全列车呈制动后的保压状态。

当列车管停止减压时,DBTV 气动阀上方辅助风缸压力与下方列车管压力相等时,柱塞上移,关闭辅助风缸向作用风缸充气通路。

当作用风缸压力不变时,当制动缸压力与控制压力相等时,制动缸控制模块 BCCP 气动阀供气阀弹簧伸张,关闭供气阀口,机车呈制动后的保压状态,平均管压力也不再变化。均衡风缸控制模块(ERCP)电源故障,自动制动阀置于制动位,单独制动阀置于运转位工作原理图如图 2-3-24 所示。

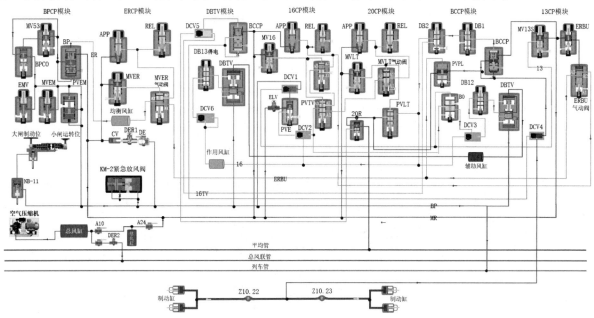

图 2-3-24　均衡风缸控制模块(ERCP)电源故障,自动制动阀置于制动位,单独制动阀置于运转位工作原理图

三、均衡风缸控制模块(ERCP)电源故障时,自动制动阀置于运转位,单独制动阀置于制动位

(一) 单独制动阀置于制动位时,16CP 模块工作原理

制动电磁阀失电,缓解电磁阀失电,此时均衡风缸呈保压状态,MV16 电磁阀失电,MV16 气动阀和 PVTV 气动阀上方失去控制压力,PVE 紧急气动阀上方有来自列车管的控制压力。

(二) 13CP 模块工作原理

MV13S 电磁阀处于失电状态,ERBU 电磁处于得电状态,ERBU 气动阀有控制压力,连通均衡风缸模块与 16CP 模块。

(三) 均衡风缸控制模块(ERCP)工作原理

均衡风缸控制模块(ERCP)电源故障,制动电磁阀失电,缓解电磁阀失电,MVER 电磁阀失电,MVER 气动阀无控制压力,连通 A3 孔和 A1 孔,均衡风缸受 16CP 和 13CP 联合控制,呈保压状态。

(四) 列车管控制模块(BPCP)工作原理

MV53 电磁阀得电,BPCO 气动阀有控制压力,但是均衡风缸呈保压状态,BP 气动阀关闭,列车管压力也呈保压状态,即不充风也不排风。

(五) 20CP 模块工作原理

单独控制机车,空气制动阀置于制动位,MVLT 电磁阀呈失电状态,MVLT 气动阀无控制压力,接通

A3孔和A2孔,20CP模块制动电磁阀得电,芯杆下移,打开供气阀口,总风经供气阀口A2孔和A3孔,16CP模块PVTV气动阀A1孔和A3孔,DCV2变向阀向作用风缸充风。

(六) 制动缸控制模块(BCCP)工作原理

作用风缸充风,经16号管,DB2、DB1电磁阀得电向制动缸控制模块BCCP气动阀充入控制压力,制动缸控制模块BCCP气动阀获得控制压力,柱塞下移,开启供气阀口,总风经供气阀口,到DCV4变向阀、制动缸隔离塞门向制动缸充风,机车产生制动作用。

制动缸控制模块(BCCP)PVPL气动阀上方获得均衡风缸控制压力而动作,开通制动缸与平均管通路。

当机车制动缸压力上升时,20R气动阀柱塞上方充入制动缸控制压力,柱塞下移,制动缸压缩空气经PVPL气动阀、20R气动阀向平均管充风。

(七) DBTV模块处于备份模式工作状态

当作用风缸压力达到单独制动阀制动位设定值时,在压力传感器反馈信号,经微机处理器对设定值数据处理后,控制20CP模块制动电磁阀失电,关闭供气阀口,切断总风向作用风缸充风通路,同时制动缸控制模块BCCP气动阀上下压力相等,在弹簧作用下,关闭供气阀口,机车呈制动后的保压状态,平均管压力也不再变化。均衡风缸控制模块(ERCP)电源故障,自动制动阀置于运转位,单独制动阀置于制动位工作原理图如图2-3-25所示。

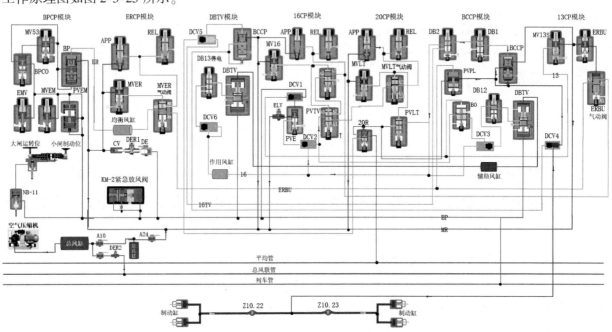

图2-3-25 均衡风缸控制模块(ERCP)电源故障,自动制动阀置于运转位,单独制动阀置于制动位工作原理图

四、均衡风缸控制模块(ERCP)电源故障时,自动制动阀置于运转位,单独制动阀置于运转位

(一) 单独制动阀置于运转位时,16CP模块工作原理

制动电磁阀失电,缓解电磁阀失电,此时均衡风缸呈保压状态,MV16电磁阀失电,MV16气动阀和PVTV气动阀上方失去控制压力,PVE紧急阀上方有来自列车管的控制压力。

(二) 13CP模块工作原理

MV13S电磁阀处于失电状态,ERBU电磁处于得电状态,ERBU气动阀有控制压力,连通均衡风缸模块与16CP模块。

(三)均衡风缸控制模块(ERCP)工作原理

均衡风缸控制模块(ERCP)电源故障,制动电磁阀失电,缓解电磁阀失电,MVER电磁阀失电,MVER气动阀无控制压力,连通A3和A1孔,均衡风缸受16CP和13CP联合控制,呈保压状态。

(四)列车管控制模块(BPCP)工作原理

MV53电磁阀得电,BPCO气动阀有控制压力,但是均衡风缸呈保压状态,BP气动阀关闭,列车管压力也呈保压状态,即不充风也不排风。

(五)20CP模块工作原理

单独控制机车,空气制动阀由制动位置于运转位,MVLT电磁阀呈失电状态,MVLT气动阀无控制压力,接通A3和A2孔,20CP模块缓解电磁阀得电,芯杆下移,开启排风阀口。作用风缸的压缩空气经DCV2变向阀、16CP模块PVTV气动阀A3孔和A1孔、16CP模块MVLT气动阀A3孔和A2孔,缓解电磁阀REL排向大气。

(六)制动缸控制模块(BCCP)工作原理

作用风缸压缩空气排向大气,DB2、DB1电磁阀得电,制动缸控制模块BCCP气动阀控制压力随16号管和作用风缸排向大气,制动缸控制模块BCCP气动阀柱塞上移开启排风阀口,制动缸压缩空气经制动缸隔离塞门、DCV4变向阀从制动缸控制模块BCCP气动阀排向大气机车呈缓解状态。

制动缸控制模块(BCCP)PVPL气动阀上方获得均衡风缸控制压力而动作,开通制动缸与平均管通路。

当机车制动缸压力下降时,20R气动阀柱塞上方制动缸压力受充气节流孔限制,缓慢随制动缸排向大气,平均管压力经20R气动阀连通也随制动缸排大气。

(七)DBTV模块处于备份模式工作状态

压力降至单独制动阀运转位设定值时,压力传感器反馈信号,经微机处理器对设定值数据处理后,控制缓解电磁阀失电,关闭排风阀口,切断作用风缸排大气通路,同时制动缸控制模块BCCP气动阀上下压力相等,在弹簧作用下,关闭排气阀口,机车呈缓解状态,平均管压力也不再变化,此时压力值为0。均衡风缸控制模块(ERCP)电源故障,自动制动阀置于运转位、单独制动阀置于运转位工作原理图如图2-3-26所示。

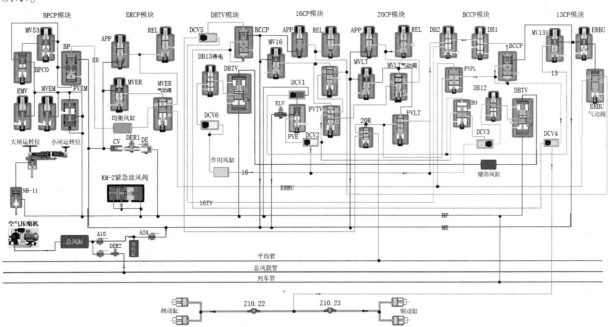

图2-3-26 均衡风缸控制模块(ERCP)电源故障,自动制动阀置于运转位、单独制动阀置于运转位工作原理图

任务评价

序号	主要内容	考核要求	配分	评分标准	得分
1	均衡风缸控制模块(ERCP)故障时,自动制动阀置于运转位、单独制动手阀置于运转位	能完成均衡风缸控制模块(ERCP)故障时,自动制动阀置于运转位,单独制动手阀置于运转位的操作并描述其工作原理	25	原理描述错误,每处扣2分	
2	均衡风缸控制模块(ERCP)故障时,自动制动阀置于制动位、单独制动手阀置于运转位	能完成均衡风缸控制模块(ERCP)故障时,自动制动阀置于制动位,单独制动手阀置于运转位的操作并描述其工作原理	25		
3	均衡风缸控制模块(ERCP)故障时,自动制动阀置于运转位、单独制动手阀置于制动位	能完成均衡风缸控制模块(ERCP)故障时,自动制动阀置于运转位,单独制动手阀置于制动位的操作并描述其工作原理	25		
4	均衡风缸控制模块(ERCP)故障时,自动制动阀置于运转位、单独制动手阀置于运转位	能完成均衡风缸控制模块(ERCP)故障时,自动制动阀置于运转位,单独制动手阀置于运转位的操作并描述其工作原理	25		

任务4 制动缸控制模块故障的操作

任务导入

当制动缸控制模块(BCCP)故障时,自动切换DBTV控制模块替代制动缸控制模块(BCCP)功能,来控制制动缸的充排风,这时电空控制单元的工作原理是什么?

带着这些疑问,我们进入任务4的学习。学习前请扫描二维码32预习。

二维码32
BCCP模块电源故障操作工作原理

任务目标

1. 掌握制动缸控制模块(BCCP)故障时,自动制动阀置于运转位,单独制动阀置于运转位的工作原理。

2. 掌握制动缸控制模块(BCCP)故障时,自动制动阀置于制动位,单独制动阀置于运转位的工作原理。

3. 掌握制动缸控制模块(BCCP)故障时,自动制动阀置于运转位,单独制动阀置于制动位的工作原理。

4. 掌握制动缸控制模块(BCCP)故障时,自动制动阀置于运转位,单独制动阀置于运转位的工作原理。

任务实施

一、制动缸控制模块(BCCP)电源故障时,将自动制动阀置于运转位,单独制动阀置于运转位

请在图2-3-27中,画出电空控制单元中所有模块的气路走向,并描述其工作原理。

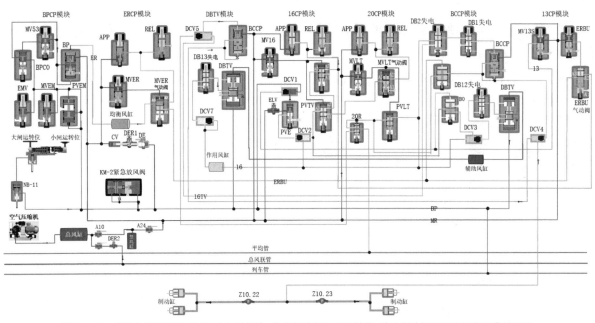

图 2-3-27　制动缸控制模块(BCCP)电源故障,自动制动阀置于运转位,单独制动阀置于运转位工作原理图

(1)均衡风缸控制模块(ERCP)工作原理:

(2)列车管控制模块(BPCP)工作原理:

(3)制动缸控制模块(BCCP)工作原理:

(4)16CP 模块工作原理:

(5)13CP 模块工作原理:

(6)20CP 模块工作原理:

(7)DBTV 模块工作原理:

二、制动缸控制模块(BCCP)电源故障时,将自动制动阀置于制动位,单独制动阀置于运转位

请在图 2-3-28 中,画出电空控制单元中所有模块的气路走向,并描述其工作原理。

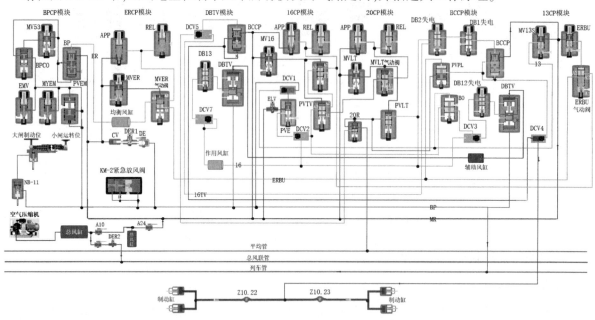

图 2-3-28　制动缸控制模块(BCCP)电源故障,自动制动阀置于制动位,单独制动阀置于运转位工作原理图

(1)均衡风缸控制模块(ERCP)工作原理:

(2)列车管控制模块(BPCP)工作原理:

(3)制动缸控制模块(BCCP)工作原理:

(4)16CP 模块工作原理:

(5)13CP 模块工作原理:

(6)20CP 模块工作原理:

(7) DBTV 模块工作原理：

三、制动缸控制模块(BCCP)电源故障时，将自动制动阀置于运转位，单独制动阀置于制动位

请在图 2-3-29 中，画出电空控制单元中所有模块的气路走向，并描述其工作原理。

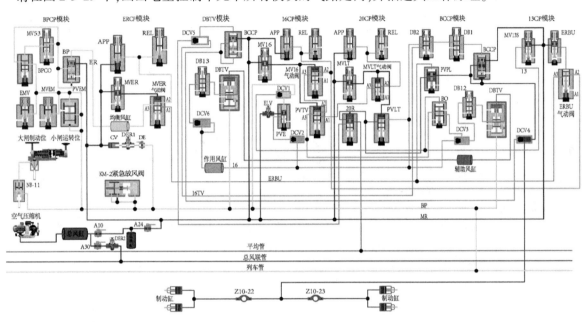

图 2-3-29　制动缸控制模块(BCCP)电源故障，自动制动阀置于运转位、单独制动阀置于制动位工作原理图

(1) 均衡风缸控制模块(ERCP)工作原理：

(2) 列车管控制模块(BPCP)工作原理：

(3) 制动缸控制模块(BCCP)工作原理：

(4) 16CP 模块工作原理：

(5) 13CP 模块工作原理：

(6)20CP 模块工作原理：

(7)DBTV 模块工作原理：

四、制动缸控制模块(BCCP)电源故障时,将自动制动阀置于运转位,单独制动阀置于运转位

请在图 2-3-30 中,画出电空控制单元中所有模块的气路走向,并描述其工作原理。

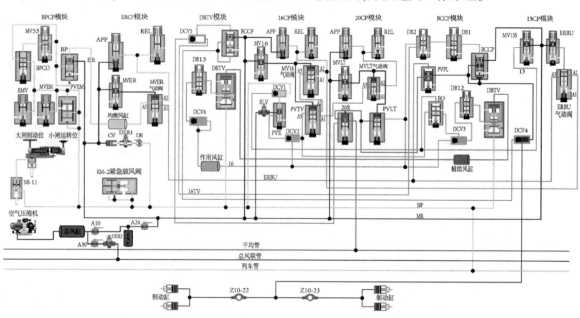

图 2-3-30　制动缸控制模块(BCCP)电源故障,自动制动阀置于运转位,单独制动阀置于运转位工作原理图

(1)均衡风缸控制模块(ERCP)工作原理：

(2)列车管控制模块(BPCP)工作原理：

(3)制动缸控制模块(BCCP)工作原理：

(4)16CP 模块工作原理：

(5) 13CP 模块工作原理：

(6) 20CP 模块工作原理：

(7) DBTV 模块工作原理：

相关知识

制动缸控制模块（BCCP）电源故障，DB1、DB2、DB12、DB13 电磁阀失电。

DBTV 模块自动转换替代制动缸控制模块（BCCP）作用功能。由 DBTV 模块中的 BCCP 气动阀控制制动缸的压力。

一、制动缸控制模块（BCCP）电源故障时，自动制动阀置于运转位、单独制动阀置于运转位

(一) 均衡风缸控制模块（ERCP）控制均衡风缸充风

制动电磁阀得电，开启供气阀口，总风通过供气口向 A2 孔充风，连通 A3 孔向均衡风缸充入规定压力。

(二) 列车管控制模块（BPCP）控制列车管充风

均衡风缸控制压力充入到 BPCP 模块 BP 气动阀上方，BP 气动阀柱塞上方获得均衡风缸控制压力，开启供气阀口，总风经供气阀口向 BPCO 气动阀和 MV53 电磁阀充风，开启总风向列车管的充风气路，列车管充风。

(三) DBTV 模块工作原理

列车管充风，DBTV 模块 DBTV 气动阀柱塞上移，左侧联络槽沟通了列车管压力向辅助风缸充风通路，右侧联络槽沟通了作用风缸经 DCV6 变向阀、DB13 电磁阀从 DBTV 气动阀排大气通路，作用风缸排风。制动缸控制模块 BCCP 气动阀柱塞上方控制压力经 DB2 电磁阀（失电状态）随作用风缸排向大气。制动缸控制模块 BCCP 气动阀失去控制压力柱塞上移，开启排风阀口，制动缸压缩空气经 DCV4 变向阀从制动缸控制模块 BCCP 气动阀排风阀口排向大气，机车呈缓解状态。

(四) 16CP 模块工作原理

单独制动阀在运转位，16CP 模块制动电磁阀、缓解电磁阀失电状态，MV16 电磁阀处于得电状态，MV16 气动阀、PVTV 气动阀均有控制压力，管路内压缩空气随作用风缸一起排向大气。

(五) 20CP 模块控制平均管排风工作原理

平均管的压缩空气通过 20R 气动阀、PVLT 气动阀随作用风缸排向大气。当 20R 气动阀经缩口缓慢失去控制压力，柱塞弹簧作用上移，连通 DCV5 变向阀与平均管通路。

(六) 13CP 模块正常工作原理

在 13CP 模块中，ERBU 电磁阀、MV13S 电磁阀均处于失电状态。

当均衡风缸压力达到规定后，均衡风缸压力传感器传送信号，经微机处理器对设定值数据处理，控制制动电磁阀失电，关闭总风向均衡风缸供气通路，形成充气后保压状态。

列车管充风量与均衡风缸充风量相等时,BP气动阀供气阀弹簧伸张作用,关闭供气阀口,切断总风向列车充气通路,列车管呈充气后的保压状态。

当制动缸压力与控制压力相等时,BCCP气动阀供气阀弹簧伸张作用,关闭排气阀口。

20CP模块中平均管压力与作用风缸压力同步变化。16CP模块与13CP模块无动作。制动缸控制模块(BCCP)电源故障时,自动制动阀置于运转位,单独制动阀置于运转位工作原理图如图2-3-31所示。

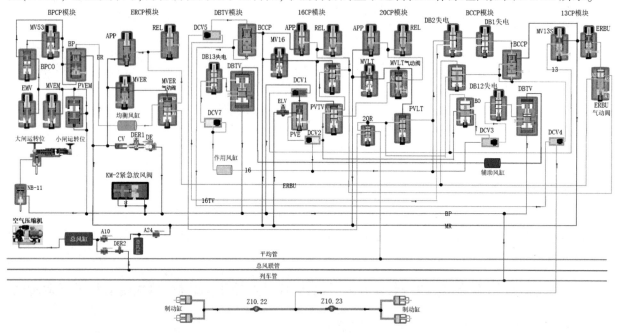

图2-3-31　制动缸控制模块(BCCP)电源故障时,自动制动阀置于运转位,单独制动阀置于运转位工作原理图

二、制动缸控制模块(BCCP)电源故障时,自动制动阀置于制动位,单独制动阀置于运转位

(一)均衡风缸控制模块(ERCP)控制均衡风缸排风

缓解电磁阀得电,开启排气阀口,均衡风缸压缩空气经MVER三通气动阀A3孔和A2孔,缓解电磁阀排向大气。

(二)列车管控制模块(BPCP)控制列车管排风

列车管控制模块(BPCP)BP气动阀柱塞上方来自均衡风缸的控制压力下降,开启排气阀口,列车管压缩空气经BPCO气动阀和BP气动阀由排气阀排大气,列车产生常用制动作用。

(三)DBTV模块工作原理

列车管排风DBTV模块DBTV气动阀柱塞上方辅助风缸压力作用,推柱塞下移并压缩缓解弹簧,开通了辅助风缸经DB13电磁阀、DCV6变向阀向作用风缸充风气路,由于制动缸控制模块(BCCP)电源故障,DB2电磁阀失电,所以作用风缸的压缩空气能通过DB2电磁阀到DBTV模块的BCCP气动阀上方,上方充入控制压力而动作,推柱塞下移,开启供气阀口,总风经供气阀口推DCV4变向阀右移,向机车制动缸充风,机车呈制动作用。

(四)16CP模块工作原理

单独制动阀置于运转位,16CP模块制动电磁阀、缓解电磁阀失电状态,MV16电磁阀处于得电状态,MV16气动阀、PVTV气动阀均有控制压力,管路也随作用风缸一起充风。

(五)20CP模块工作原理控制平均管充风

作用风缸的压缩空气经PVLT气动阀向20R气动阀上方充入控制压力,20R气动阀柱塞下移,连通作用风缸向平均管充风通路。

（六）13CP 模块工作原理

13CP 模块中，ERBU 电磁阀、MV13S 电磁阀均处于失电状态。

当均衡风缸排风量减到与自动制动阀所在的作用位设定值指令，均衡风缸压力传感器传送信号，经微机处理器对设定值数据处理，控制缓解电磁阀失电，关闭排风阀口，停止均衡风缸排风，形成制动后的保压状态。

列车管排风量与均衡风缸排风量相等时，BP 气动阀柱塞自重下移，关闭排气阀口，停止列车管排风，列车管呈制动后的保压状态。

当 DBTV 气动阀柱塞下方列车管压力停止减压，而辅助风缸压力降至与列车管相等时，在 DBTV 气动阀缓解弹簧伸张作用下，柱塞稍行上移，切断辅助风缸向作用风缸充风通路，左右联络槽仍在切断位，作用风缸停止增压。当制动缸压力与控制压力相等时，BCCP 气动阀供气阀弹簧伸张，关闭供气阀口，机车呈制动后的保压状态。

20CP 模块中平均管压力与作用风缸压力同步变化。16CP 模块与 13CP 模块无动作。制动缸控制模块（BCCP）电源故障时，自动制动阀置于制动位，单独制动阀置于运转位工作原理图如图 2-3-32 所示。

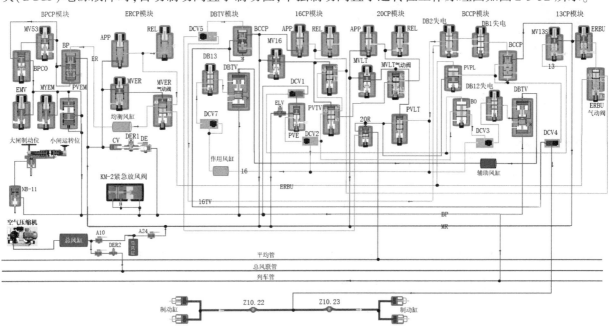

图 2-3-32　制动缸控制模块（BCCP）电源故障时，自动制动阀置于制动位，单独制动阀置于运转位工作原理图

三、制动缸控制模块（BCCP）电源故障时，自动制动阀置于运转位，单独制动阀置于制动位

（1）均衡风缸控制模块（ERCP）无动作均衡风缸呈保压状态。

（2）列车管控制模块（BPCP）无动作列车管呈保压状态。

（3）13CP 模块处于正常位工作原理。

（4）16CP 模块工作原理：

16CP 模块中 MV16 电磁阀得电，柱塞下移，总风压缩空气经 MV16 电磁阀到达 MV16 三通气动阀和 PVTV 三通气动阀上方，气动阀获得控制压力，柱塞下移，连通 A2 孔和 A3 孔。同时到达 ELV 紧急限压阀，到达 PVE 紧急气动阀。

自动制动阀置于运转位、单独制动阀置于制动位发出设定值指令电信号，16CP 模块制动电磁阀得电，开启供气阀口，总风经制动电磁阀，MV16 三通气动阀 A2 孔和 A3 孔，PVTV 三通气动阀 A2 孔和 A3 孔，DCV2 变向阀向作用风缸充风，机车制动作用。

（5）20CP 模块工作原理：

制动电磁阀、缓解电磁阀电磁均处于失电状态。MVLT 电磁阀得电，MVLT 气动阀获得总风控制压力,连通 A3 孔作用管与 A2 孔;PVLT 气动阀获得总风控制压力,连通作用风缸与 20R 气动阀通路,作用风缸的压缩空气经 PVLT 气动阀向 20R 气动阀上方充入控制压力,20R 气动阀柱塞下移,连通作用风缸向平均管充风通路。

(6)DBTV 模块工作原理:

单独制动阀置于制动位发出指令信号,DBTV 模块内 DBTV 气动阀处于保压状态,16CP 模块控制向作用风缸充风,再由 DB2 失电电磁连通作用风缸使 BCCP 气动阀获得制动缸控制压力,柱塞下移,开启供气阀口,总风经供气阀口向机车制动缸充风,机车呈制动作用。

当压力达到设定值,16CP 模块控制停止向作用风缸充气,BCCP 气动阀柱塞上下方压力相等时,关闭供气阀口,停止总风向制动缸充气,机车呈制动后的保压状态。如图 2-3-33 所示。

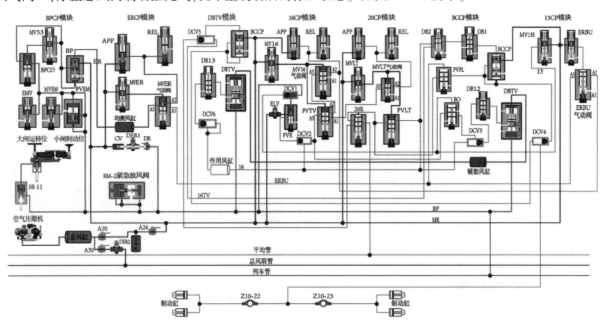

图 2-3-33　制动缸控制模块(BCCP)电源故障时,自动制动阀置于运转位,单独制动阀置于制动位工作原理图

四、制动缸控制模块(BCCP)电源故障时,自动制动阀置于运转位,单独制动阀置于运转位

(1)均衡风缸控制模块(ERCP)无动作均衡风缸呈保压状态。

(2)列车管控制模块(BPCP)无动作列车管呈保压状态。

(3)13CP 模块处于正常位工作原理。

(4)16CP 模块工作原理:

16CP 模块中 MV16 电磁阀得电,柱塞下移,总风压缩空气经 MV16 电磁阀到达 MV16 三通气动阀和 PVTV 三通气动阀上方,气动阀获得控制压力,柱塞下移,连通 A2 孔和 A3 孔。同时,到达 ELV 紧急限压阀和 PVE 紧急气动阀。

自动制动阀运转位,单独制动阀在运转位发出指令电信号,16CP 模块缓解电磁阀得电,开启排风阀口,作用风缸压缩空气经 DCV2 变向阀、PVTV 气动阀 A3 孔与 A2 孔和 MV16 模块三通气动阀 A3 孔与 A2 孔,由缓解电磁阀排风阀口排向大气。

(5)20CP 模块工作原理:

制动电磁阀、缓解电磁阀均处于失电状态。MVLT 电磁阀得电,MVLT 气动阀获得总风控制压力,连通 A3 孔作用管与 A2 孔;PVLT 气动阀获得总风控制压力,连通作用风缸与 20R 气动阀通路,平均管的压缩空气通过 20R 气动阀、PVLT 气动阀随作用风缸排向大气。

(6)DBTV 模块工作原理:

单独制动阀置于运转位发出指令信号,DBTV 模块内 DBTV 气动阀处于保压状态,16CP 模块控制作用风缸排风,BCCP气动阀柱塞上方作用风缸控制压力经 DB2 失电电磁阀连通作用风缸,跟随作用风缸排向大气。BCCP气动阀失去控制压力开启排风阀口,制动缸经排风阀口排向大气,机车呈缓解状态。当制动缸压缩空气排空时,关闭 BCCP 气动阀排风阀口。

16T 作用风缸压力传感器反馈信号,经微机处理器对设定值数据处理,控制缓解电磁阀失电,排风阀在弹簧作用,关闭排风阀口,切断作用风缸排大气通路。

20CP 模块中平均管压力与作用风缸压力同步变化。

当制动缸压力与控制压力相等时,BCCP气动阀供气阀弹簧伸张作用,关闭排气阀口。其原理如图 2-3-34 所示。

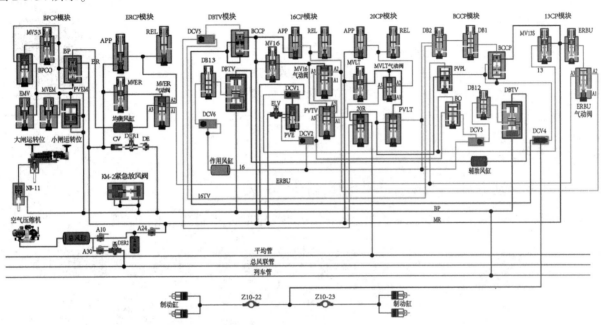

图 2-3-34　制动缸控制模块(BCCP)电源故障时,自动制动阀置于运转位,单独制动阀置于运转位工作原理图

任务评价

序号	主要内容	考核要求	配分	评分标准	得分
1	制动缸控制模块(BCCP)电源故障时,自动制动阀置于运转位,单独制动手阀置于运转位	能完成制动缸控制模块(BCCP)故障时,自动制动阀置于运转位、单独制动手阀置于运转位的操作并描述其工作原理	25	原理描述错误,每处扣2分	
2	制动缸控制模块(BCCP)电源故障时,自动制动阀置于制动位,单独制动手阀置于运转位	能完成制动缸控制模块(BCCP)故障时,自动制动阀置于制动位、单独制动手阀置于运转位的操作并描述其工作原理	25		
3	制动缸控制模块(BCCP)电源故障时,自动制动阀置于运转位,单独制动手阀置于制动位	能完成制动缸控制模块(BCCP)故障时,自动制动阀置于运转位、单独制动手阀置于制动位的操作并描述其工作原理	25		
4	制动缸控制模块(BCCP)电源故障时,自动制动阀置于运转位,单独制动手阀置于运转位	能完成制动缸控制模块(BCCP)故障时,自动制动阀置于运转位、单独制动手阀置于运转位的操作并描述其工作原理	25		

任务 5 无动力回送的操作

📖 任务导入

机车无动力回送时,分为平均管打开和未打开两种情况。

思考:两种情况下电空控制单元的工作原理是什么?

带着这些疑问,我们进入任务 5 的学习。学习前请扫描二维码 33 预习。

二维码33
无动力回送操作
工作原理

📖 任务目标

1. 掌握无动力回送时,未打开平均管,制动缸充风的工作原理。
2. 掌握无动力回送时,未打开平均管,制动缸排风的工作原理。
3. 掌握无动力回送时,打开平均管,制动缸充风的工作原理。
4. 掌握无动力回送时,打开平均管,制动缸排风的工作原理。

📖 任务实施

一、机车无动力回送时,未打开平均管,制动缸充风

请在图 2-3-35 中,画出电空控制单元中所有模块的气路走向,并描述其工作原理。

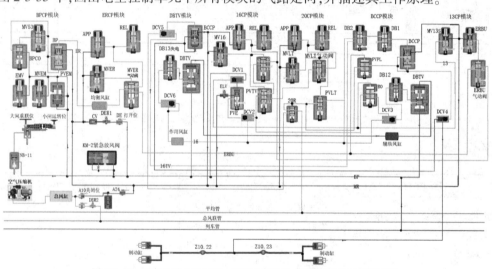

图 2-3-35 机车无动力回送时,未打开平均管,制动缸充风工作原理图

(1)均衡风缸控制模块(ERCP)工作原理:

_____

_____

_____

(2)列车管控制模块(BPCP)工作原理:

_____

_____

_____

(3)制动缸控制模块(BCCP)工作原理:

_____

_____

_____

(4)16CP 模块工作原理：

(5)13CP 模块工作原理：

(6)20CP 模块工作原理：

(7)DBTV 模块工作原理：

二、机车无动力回送时，未打开平均管，列车管充风，制动缸排风

请在图 2-3-36 中，画出电空控制单元中所有模块的气路走向，并描述其工作原理。

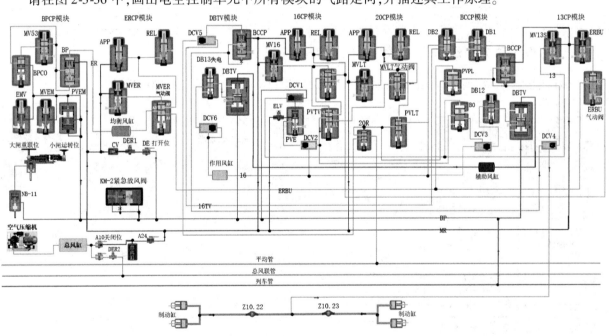

图 2-3-36　机车无动力回送时，未打开平均管，制动缸排风工作原理图

(1)均衡风缸控制模块(ERCP)工作原理：

(2)列车管控制模块(BPCP)工作原理：

(3)制动缸控制模块(BCCP)工作原理：

(4)16CP模块工作原理：

(5)13CP模块工作原理：

(6)20CP模块工作原理：

(7)DBTV模块工作原理：

三、机车无动力回送时，平均管打开，制动缸充风

请在图2-3-37中，画出电空控制单元中所有模块的气路走向，并描述其工作原理。

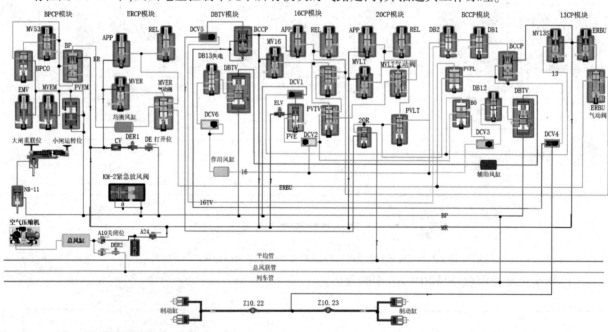

图2-3-37　机车无动力回送时，打开平均管，制动缸充风工作原理图

(1)均衡风缸控制模块(ERCP)工作原理：

(2)列车管控制模块(BPCP)工作原理：

(3)制动缸控制模块(BCCP)工作原理：

(4)16CP模块工作原理：

(5)13CP模块工作原理：

(6)20CP模块工作原理：

(7)DBTV模块工作原理：

四、机车无动力回送时，平均管打开，制动缸排风

请在图2-3-38中，画出电空控制单元中所有模块的气路走向，并描述其工作原理。

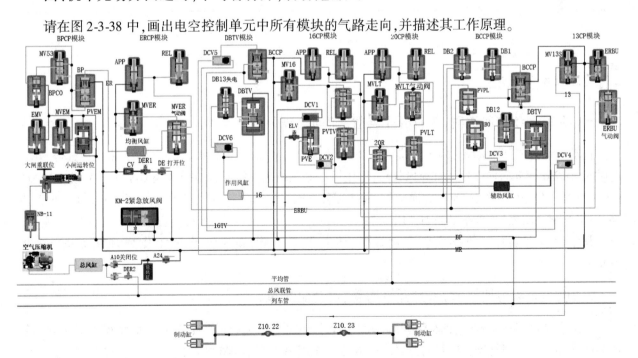

图2-3-38　机车无动力回送时，平均管打开，制动缸排风工作原理图

(1) 均衡风缸控制模块(ERCP)工作原理：

(2) 列车管控制模块(BPCP)工作原理：

(3) 制动缸控制模块(BCCP)工作原理：

(4) 16CP 模块工作原理：

(5) 13CP 模块工作原理：

(6) 20CP 模块工作原理：

(7) DBTV 模块工作原理：

相关知识

一、机车无动力回送时，未打开平均管，制动缸充风

自动制动阀置于制动位，列车管排风，DBTV 模块 DBTV 气动阀柱塞下移，开通了辅助风缸经 DB13 电磁阀、DCV6 变向阀向作用风缸充风气路，作用风缸的压缩空气能通过 DB2 电磁阀到 DBTV 模块的 BCCP 气动阀上方，上方充入控制压力而动作，柱塞下移，开启供气阀口，总风经供气阀口推 DCV4 变向阀右移，向机车制动缸充风，机车呈制动作用。

其他模块无动作。机车无动力回送时，未打开平均管，制动缸充风工作原理图如图 2-3-39 所示。

二、机车无动力回送时，未打开平均管，制动缸排风

自动制动阀置于运转位，列车管充风，DBTV 模块 DBTV 气动阀柱塞上移，左侧联络槽沟通了列车管压力向辅助风缸充风通路，同时，右侧联络槽沟通了作用风缸经 DCV6 变向阀、DB13 电磁阀(失电状态)从 DBTV 气动阀排大气通路，作用风缸排风。

在 DBTV 模块中，BCCP 气动阀柱塞上方控制压力经 DB2 电磁阀（失电状态）随作用风缸排向大气。BCCP 气动阀失去控制压力柱塞上移，开启排风阀口，制动缸压缩空气经 DCV4 变向阀从 BCCP 气动阀排风阀口排向大气，机车呈缓解状态。

其他模块无动作。机车无动力回送时，未打开平均管，制动缸排风工作原理图如图 2-3-40 所示。

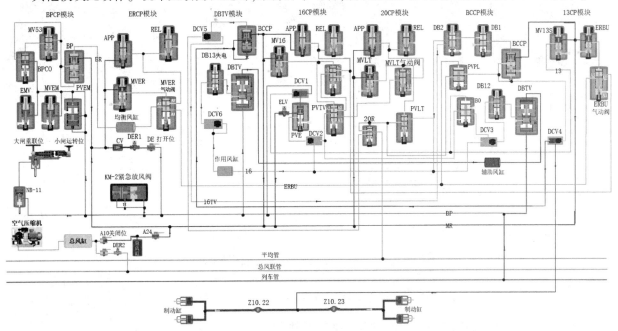

图 2-3-39　机车无动力回送时，未打开平均管，制动缸充风工作原理图

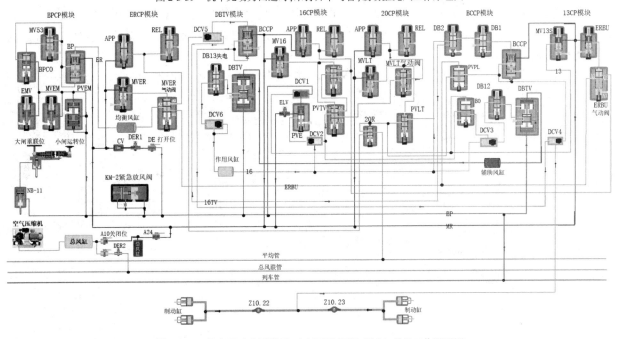

图 2-3-40　机车无动力回送时，未打开平均管，制动缸排风工作原理图

三、机车无动力回送时，平均管打开，制动缸充风

单独制动阀置于制动位，平均管充风 20CP 模块制动电磁阀失电，缓解电磁阀失电，MVLT 电磁阀失电，芯杆上移，开启排风阀口，MVLT、PVLT 气动阀柱塞上方控制压力经排风阀口排向大气。20R 气动阀无控制压力，连通平均管与 DBTV 控制模块。

平均管产生压力，经无动力机车平均管传递，再经 20R 气动阀连通推 DCV5 变向阀柱塞到另一端，开通 DBTV 模块 BCCP 气动阀获得平均管控制压力动作，总风向制动缸充风，无动力机车呈制动状态。当

BCCP 气动阀上下方压力相等时,关闭供气阀口,呈保压状态。

其他模块无动作。机车无动力回送时,平均管打开,制动缸充风工作原理图如图 2-3-41 所示。

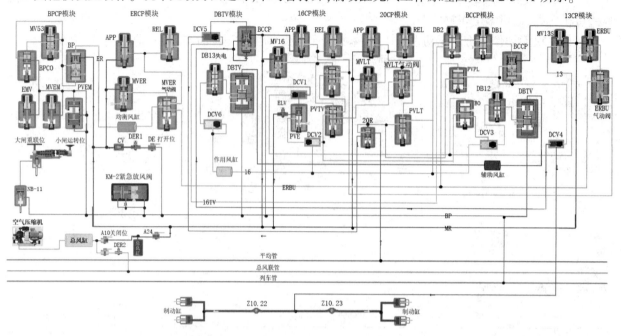

图 2-3-41　机车无动力回送时,平均管打开,制动缸充风工作原理图

四、机车无动力回送时,平均管打开,制动缸排风

单独制动阀置于运转位,平均管排风时,经无动力机车平均管传递,DBTV 模块 BCCP 气动阀来自平均管控制压力,经 20R 气动阀随着平均管排向大气,DBTV 模块 BCCP 气动阀控制制动缸排风,无动力机车呈缓解状态。

其他模块无动作。机车无动力回送时,平均管打开,制动缸排风工作原理图如图 2-3-42 所示。

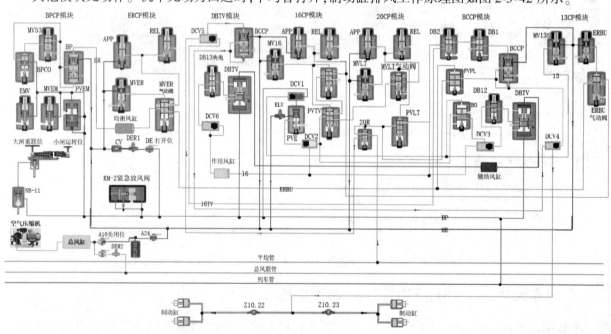

图 2-3-42　机车无动力回送时,平均管打开,制动缸排风工作原理图

五、知识拓展

CCB Ⅱ型电空制动机五步闸性能试验检查

操作步骤	自动制动阀（大闸）						单独制动阀（小闸）				检查性能技术要求
	运转位	初制位	制动区	全制位	抑制位	重联位	紧急位	侧缓位	运转位	制动区	全制位	
第一步	1—2 （阶梯图：2→3→4）											(1)总风缸压力为825~900kPa，均衡风缸及列车管，压力为500kPa或600kPa，制动缸压力为0。 (2)自动制动手柄在初制动位减压40~60kPa，制动缸压力为70~110kPa；保压1min，列车管泄漏不得超过20kPa。 (3)自动制动手柄在制动区移动3~4次，观察阶段制动是否稳定，列车管减压量与制动缸压力的是否按比例上升，自动制动手柄移置全制位，列车管的减压量为140kPa或170kPa，制动缸压力应为350kPa或420kPa； (4)自动制动阀回运转位，均衡风缸及列车管恢复定压，制动缸压力为0
第二步	8———			5				6———7				(5)自动制动手柄移到全制动位，均衡风缸5~7s减压量为140kPa或170kPa，制动缸压力6~8s增加到350kPa或420kPa。 (6)单独自动阀侧缓位，制动缸压力降为0。 (7)复位良好，制动缸压力不回升。 (8)自动制动阀回运转位，均衡风缸及列车管恢复定压，制动缸压力为0
第三步	10———					9———						(9)自动制动阀置重联位，均衡风缸以常用制动速度降低到0（不发生紧急制动现象），列车管压力降至70kPa，制动缸压力上升到450kPa±15kPa。 (10)自动制动阀回运转位，均衡风缸及列车管恢复定压，制动缸降为0
第四步	14———						11	12———13				(11)自动制动手柄移到紧急位，列车管压力在3s降为0，均衡风缸压力快速降至为0。制动缸压力在3~5s上升至200kPa，并最终达到450kPa±15kPa。 (12)单独制动手柄置于侧缓，制动缸压力降到0。 (13)离开单独制动手柄复位良好，制动缸压力回升至450kPa。 (14)待紧急制动放风阀复位后需要60s，自动制动手柄才能回置运转位，列车管方能充风（缓解）
第五步									16———17 18———	15		(15)单独制动手柄移置制动区，阶段制动作用应稳定上升，制动缸压力最高为300kPa。 (16)单独制动手柄阶段回到运转位，阶段缓解作用应良好。 (17)单独制动手柄由运转位移至全制位，制动缸压力4s内上升至280kPa以上。 (18)单独制动手柄移至运转位，制动缸压力5s内缓解至35kPa以下

任务评价

序号	主要内容	考核要求	配分	评分标准	得分
1	无动力回送时，未打开平均管，制动缸充风	能描述无动力回送时，未打开平均管，制动缸充风的工作原理	25	原理描述错误，每处扣2分	
2	无动力回送时，未打开平均管，制动缸排风	能描述无动力回送时，未打开平均管，制动缸排风的工作原理	25		
3	无动力回送时，打开平均管，制动缸充风	能描述无动力回送时，打开平均管，制动缸充风的工作原理	25		
4	无动力回送时，打开平均管，制动缸排风	能描述无动力回送时，打开平均管，制动缸排风的工作原理	25		

附录1 "电力机车制动系统"课程教学参考标准

适用专业:铁道机车　　　　　　　　　　　课程代码:Z203
开设时间:第4学期　　　　　　　　　　　学时数:56
学分:3.5学分

一、课程概述

1. 课程性质

"电力机车制动系统"是铁道机车专业的核心专业针对铁路机务部门从业人员所从事的驾驶、检修、调试等关键岗位,经过对企业岗位典型工作任务的调研和分析后,归纳总结出来的为适应铁道机车检修、运用、调试司乘驾驶等能力而设置的一门核心专业课程。

2. 课程任务

"电力机车制动系统"课程通过与电力机车制动机相关的实际项目学习,让他们熟练掌握直流电力机车 DK-1 型制动机和交流电力机车 CCBII 型制动机的结构组成及工作原理,熟悉电力机车制动机的操作与检查、维护,从而满足企业对相应岗位的职业能力需求。

3. 课程要求

通过课程的学习培养学生在铁道机车驾驶、检修、调试员等岗位职业能力,分析问题、解决问题的能力。另外还能够全面培养学生安全意识、责任意识、团队协作、新时期铁路精神等多方面综合素质,养成良好的职业道德。为成为铁道机车调试、驾驶、检修员等的打下坚实的基础。

二、教学目标

1. 知识目标

(1)掌握制动机的系统组成及工作原理。
(2)掌握制动机的控制关系。
(3)掌握 DK-1 型制动机阀类部件结构及工作原理。
(4)掌握 DK-1 制动机的综合作用。
(5)掌握 CCBⅡ制动机的组成及工作原理。
(6)掌握 CCBⅡ制动机的综合作用。
(7)掌握制动机的操作方法。
(8)掌握制动机的五步闸试验方法。

2. 能力目标

(1)具备电空位操作 DK-1 型制动机的能力。
(2)具备空气位操作 DK-1 型制动机的能力。
(3)具备操作 CCBII 型电空制动机自动制动的能力。
(4)具备操作 CCBII 型电空制动机单独制动的能力。
(5)具备 ERCP 模块故障操作 CBⅡ制动机的能力。
(6)具备 BCCP 模块故障操作 CBⅡ制动机的能力。
(7)具备无火回送操作 CBII 制动机的能力。

3. 素质目标

(1)培养学生民族自豪感。
(2)培养学生责任、安全意识。

(3)良好的沟通能力及团队协作精神。
(4)培养学生规范化、标准化作业意识。
(5)培养学生具有新时期铁路精神。

三、与前后所学课程的关系

1. 与前面所学课程的关系

本课程的前面所学课程主要是"铁道概论""制图基础""电工实训""钳工实训"等课程。通过这些课程的学习,使学生掌握铁道机车的基本概念以及具备看图和绘图的基本能力和技能,具备识图、零部件结构分析能力的基本能力和技能,为本课程的学习奠定基础。

2. 与后面所学课程的关系

本课程的后面所学课程是"电力机车的操纵""电力机车非正常行车与应急故障处理"等。这些课程的学习是以本课程所学习的电力机车制动系统作为基础,如学生能通过本课程的学习,具备一定的故障检查能力,将对学生学通学精这些课程起到很好的促进作用。

四、教学内容与学时分配

根据职业岗位电力机车司机的要求,将本课程的教学内容分解为2个模块6个项目见附表1-1。

课程项目结构与学时分配表　　　　　　　　　　　　　　　附表1-1

序号	教学项目名称		教学目标	教学内容与训练项目	建议学时	备注
1	模块1 DK-1型电空制动机的基础知识及操作	项目1 DK-1型电空制动机认知	1.掌握DK-1型电空制动机风源系统的组成及作用; 2.掌握DK-1型电空制动机的控制关系; 3.掌握DK-1型电空制动机的组成部件及作用	1.制动理论相关概念; 2.空气制动机的工作原理; 3.风源系统的组成和各部件的功能; 4.空气压缩机及空气干燥器结构组成及工作原理; 5.DK-1型电空制动机组成	4	建议实践课时2课时
2		项目2 DK-1型电空制动机组成部件拆装	1.掌握电空制动控制器的结构及工作原理; 2.掌握空气制动阀的结构及工作原理; 3.掌握电空阀的结构及工作原理; 4.掌握中继阀的结构及工作原理; 5.掌握分配阀的结构及工作原理; 6.掌握紧急阀的结构及工作原理; 7.掌握电动放风阀的结构及工作原理; 8.掌握重联阀的结构及工作原理; 9.辅助部件的结构及工作原理	1.电空制动控制器拆装; 2.空气制动阀拆装; 3.电空阀拆装; 4.中继阀拆装; 5.分配阀拆装; 6.电动放风阀拆装; 7.紧急阀拆装; 8.重联阀拆装; 9.辅助部件拆装	16	建议实践课时16课时
3		项目3 DK-1型电空制动机的操作	1.掌握电空位操作方法; 2.掌握电空位转空气位的操作方法; 3.掌握空气位操作方法; 4.掌握五步闸试验方法	1.电空位电空制动控制器(大闸)的操作; 2.电空位空气制动阀(小闸)的操作; 3.空气位的操作	6	建议实践课时2课时

续上表

序号	教学项目名称	教学目标	教学内容与训练项目	建议学时	备注
4	模块2 CCBⅡ型电空制动机的基础知识及操作	项目1 CCBⅡ型电空制动机总体认知	1. 掌握CCBⅡ型电空制动机风源系统的组成及作用； 2. 掌握CCBⅡ型电空制动机的控制关系； 3. 掌握CCBⅡ型电空制动机的组成部件及作用	1. 风源系统的组成和各部件的功能； 2. 空气压缩机及空气干燥器结构组成及工作原理； 3. CCBⅡ型电空制动机组成	4	建议实践课时2课时
5		项目2 CCBⅡ型电空制动机电空控制单元认知	1. 掌握ERCP模块工作原理； 2. 掌握BPCP模块工作原理； 3. 掌握BCCP模块工作原理； 4. 掌握16CP模块工作原理； 5. 掌握20CP模块工作原理； 6. 掌握13CP模块工作原理； 7. 掌握DBTV模块工作原理	1. ERCP模块工作原理； 2. BPCP模块工作原理； 3. BCCP模块工作原理； 4. 16CP模块工作原理； 5. 20CP模块工作原理； 6. 13CP模块工作原理； 7. DBTV模块工作原理	14	
6		项目3 CCBⅡ型电空制动机的操作	1. 掌握CCBⅡ型制动机自动制动手柄(大闸)的操作方法； 2. 掌握CCBⅡ型电空制动机单独制动手柄(小闸)的操作方法； 3. 掌握ERCP电源故障的操作方法； 4. 掌握无火回送的操作方法	1. CCBⅡ型电空制动机自动制动手柄(大闸)的操作； 2. CCBⅡ型电空制动机单独制动手柄(小闸)的操作； 3. ERCP电源故障的操作； 4. 无火回送的操作； 5. 五步闸试验方法	8	建议实践课时4课时
7	机动		1. 掌握车辆制动机的组成及工作原理	1. 车辆制动机的组成； 2. 车辆制动机的工作原理	2	根据实际情况调整授课内容与时间
8	考核		考试	考试	2	
合计					56	

五、教材的选用

1. 教材选取的原则

按照国家规定选用与课程标准相配套的高职规划优质教材，禁止不合格的教材进入课堂。学校建立了由专业教师、行业专家和教研人员等参与的教材选用机构，完善教材选用制度，经过规范程序择优选用教材。

2. 推荐教材

《电力机车制动系统》，李丹主编，书号ISBN 978-7-114-18210。

3. 参考的教学资料

主要教学软件有制动机操纵与维护多媒体教学软件、硬件有电力机车制动设备实物及模拟仿真制动操纵与仿真实训室、机务段现场。

主要参考中国大学 MOOC 在线开放课程"电力机车制动机的操作与维护",请扫二维码 1。

"铁道机车专业教学资源库"请扫二维码 2

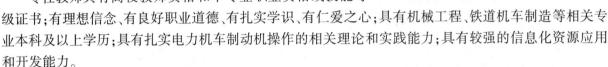

六、教师要求

专任教师具有高校教师资格和本专业职业资格或技能等级证书;有理想信念、有良好职业道德、有扎实学识、有仁爱之心;具有机械工程、铁道机车制造等相关专业本科及以上学历;具有扎实电力机车制动机操作的相关理论和实践能力;具有较强的信息化资源应用和开发能力。

兼任教师主要从相关企业聘任,具备良好的思想政治素质、职业道德和工匠精神,具有扎实的电力机车制动机操作的专业知识和丰富的实际工作经验,具有中级及以上相关专业技术职称,能承担本课程教学、实习实训指导等教学任务。

七、学习场地、设施要求

课程所需的多媒体教室、实训室。

八、课程资源的开发与利用

积极开发和利用网络教学资源,主要包括:课程标准、实训指导书、授课计划、电子教案、教学资源库等教学文件,多媒体教学课件、习题、案例库、试题库、网络方案、布线标准、工具软件、国家级或省级精品在线开放课程等资源,已有铁道机车教学资源库课程资源。

九、考核方式与标准

高等职业教育培养高素质技术技能型人才,不但要重视学生职业技能和职业素养培养,还要求学生掌握一定的专业基础理论知识,以利于今后可持续发展。因此需要加强理论知识、职业技能和职业素养等方面的考核评定。

本课程采用过程性评价和终结性评价相结合的方法进行,既有理论知识考核,又有学生学习态度、思维能力、动手能力、解决问题的能力等方面的综合考核,具体评价方法和内容见附表 1-2。

"电力机车制动系统"课程评价方法和内容　　　　附表 1-2

考核类型	考核方式	考核内容
理论知识 (50%)	过程性考核 (10%)	课堂提问、课堂纪律、平时作业、单元测试等
	终结性考核 (40%)	期末闭卷理论考试,评价知识目标学习效果。 重点考核交/直流电力机车制动机结构组成、工作原理。
职业技能 (40%)	过程性考核 (10%)	实训表现、实际操作能力、观察能力、解决问题的能力等。
	终结性考核 (30%)	期末技能考试,评价技能目标达成程度。 重点考核对交/直流电力机车制动机的操作,DK-1 型电空制动机电空位自动制动作用的操作;DK-1 型电空制动机电空位单独制动作用的操作;DK-1 型电空制动机空气位制动作用的操作;CCB Ⅱ 型电空制动机自动制动作用的操作;CCB Ⅱ 型电空制动机单独制动作用的操作。
职业素养 (10%)	过程性考核	到课考勤,学习及工作态度、6S 管理表现、质量观念、安全意识、合作精神、敬业精神、团队意识等纳入职业技能考核,在教学过程中记录评价

附录2　本教材专业术语中英文对照表

序号	英文简称及全称	中文全称
1	EBV, Electronic Brake Valve	电子制动阀
2	LCDM, Locomotive Cab Display Module	制动显示屏
3	IPM, Integrated Processor Module	微机处理器
4	RIM, Relay Interface Module	继电器接口模块
5	EPCU, Electro-Pneumatic Control Unit	电空控制单元
6	ERCP, Equalizing Reservoir Control Portion	均衡风缸控制模块
7	BPCP, Brake Pipe Control Portion	列车管控制模块
8	BPCO, Brake Pipe Cut-off valve	列车管遮断阀
9	BCCP, Brake Cylinder Control Portion	制动缸控制模块
10	16CP, 16Pipe Control Portion	16号管控制模块
11	20CP, 20Pipe Control Portion	20号管控制模块
12	13CP, 13Pipe Control Portion	13号管控制模块
13	DBTV 模块, DB Triple Valve	DBTV 模块（三通阀）
14	PSJB, Power Supply Junction Box	电源接线盒
15	EMV, Emergency Magnet Valve	紧急电磁阀
16	PVEM, Pneumatic Emergency Pressure Vent	空气紧急压力排风
17	BPT, Brake Pipe Transducer	列车管传感器
18	MRT, Main Reservoir Transducer	总风缸压力传感器
19	FLT, Flow Transducer	流量传感器
20	TP-BP, Test Point-Brake Pipe	测试堵-列车管
21	TP-F, Test Point-Flow Transducer	流量传感器测试堵
22	MR, Main Reservoir	总风缸
23	REL, Release Magnet Valve	缓解电磁阀
24	APP 制动电磁阀, Applicationg Magnet Valve	APP 制动电磁阀
25	ERBU, Equalizing Reservoir Back-up	均衡风缸后备
26	MV, Magnet Valve	电磁阀
27	PVTV, Pilot Valve-Triple Valve	导向阀-两位三通阀
28	DCV, Double Check Valve	双向止回阀
29	PVE, Pressure Valve Emergency	紧急压力阀
30	ELV, Emergency Limiting Valve	紧急限压阀
31	BCT, Brake Cylinder Transducer	制动缸传感器
32	MVLT, Magnet Valve Lead/Trail	本机/补机电磁阀
33	PVTV, Pilot Valve Lead/Trail	本机/补机导向阀

参 考 文 献

[1] 李益民.电力机车制动机[M].北京:中国铁道出版社,2019.
[2] 张曙光.HXD3型电力机车[M].北京:中国铁道出版社,2009.
[3] 刘豫湘.DK-1型电空制动机与电力机车空气管路系统[M].北京:中国铁道出版社,2020.
[4] 李益民.机车制动系统[M].北京:中国铁道出版社,2021.